Anmerkung: Dies stellt den zweiten Band unserer Matrix of Destiny-Reihe dar. Welche neuen Räume in deinem Bewusstsein könnten deine Realität transformieren?

Verlag: BoD • Books on Demand GmbH, In de Tarpen 42, 22848 Norderstedt
Druck: Libri Plureos GmbH, Friedensallee 273, 22763 Hamburg

Lektorat: Sandra Wallrafen

Umschlag & Layout: Tobias Wolf & Tatjana van Eeden

Homepage: https://changeyourmatrix.com

ISBN: 978-3-7597-8399-8

TOBIAS WOLF
&
TATJANA VAN EEDEN

MATRIX OF DESTINY

ENTDECKE DAS UNENDLICHE POTENZIAL IN
DIR UND ERWECKE DIE MAGIE DES LEBENS

ERKENNE DEINE WAHRE KRAFT IN DIR

FINDE DEINEN INNEREN FRIEDEN

ERNEURE DICH JETZT

MANIFESTIERE

LASS LOS

Danksagung

Liebe Sandra,

mit dieser Danksagung möchten wir unsere tiefe Dankbarkeit für deine herausragende Arbeit an unserem Buch zum Ausdruck bringen. Deine sorgfältige und einfühlsame Lektoratsarbeit hat unsere Text nicht nur sprachlich, sondern auch inhaltlich auf ein höheres Niveau gehoben.

Egal zu welcher Zeit, in müden Stunden, mit deiner Fähigkeit, dass dir sofort Dinge ins Auge springen, hast du stets liebevoll und respektvoll die richtigen Worte gefunden. Deine scharfsinnigen Anmerkungen, dein Blick fürs Detail und dein unermüdlicher Einsatz haben maßgeblich dazu beigetragen, dass dieses Buch nun in seiner besten Form vorliegt. Du hast nicht nur Fehler korrigiert, sondern auch dafür gesorgt, dass unsere Stimme und unsere Botschaften klar und präzise zum Ausdruck kommen.

Danke für deine Geduld, deine Professionalität und deine wertvolle Unterstützung während des gesamten Prozesses. Ohne dich wäre dieses Projekt nicht das geworden, was es heute ist.

Mit herzlichem Dank und großer Wertschätzung,

Tobi & Tatjana

Danksagung

Mama,

durch diese wundervolle Methode bin ich mit der Ahnenenergie auf eine Weise in Kontakt gekommen, die ich mir sonst wohl nie so intensiv hätte erarbeiten können. Ich möchte dir von Herzen danken – für dich, für unsere gemeinsame Zeit und für all die Unterstützung, die du mir und meinen liebevollen Kindern, Esther Raja und Lennart Niklas Che, gegeben hast. Dein Engagement in der Ahnenforschung, das Bereitstellen der vielen Namen und Geburtsdaten, hat mich in meiner Arbeit mit den Ahnen erheblich weitergebracht. Es ist ein wertvolles Erbe, das ich mit großer Dankbarkeit annehme.

Ich kann jedem nur raten, für seine Nachkommen so viel wie möglich aus den Ahnenlinien zu erarbeiten. Denn durch diese Arbeit wird es für unsere Kinder und deren Kinder leichter, und die Energie unseres Planeten klärt sich, wird feiner und subtiler.

Auch möchte ich meinem Stiefvater Juju danken, der leider nicht mehr unter uns ist. Unsere Zeit miteinander war nicht immer einfach, aber genau durch diese manchmal holprigen Momente bin ich zu dem Menschen geworden, der ich heute bin. Ich umarme all meine Vorfahren und bitte um Transformation aller Energien, die es benötigen, damit die auf Erden Lebenden ein leichteres und erfüllteres Leben haben.

Mit all meiner Liebe und Dankbarkeit,

Tatjana

Bewusstsein beinhaltet alles
und bewertet nichts

In diesem Buch betonen wir die wertfreie Betrachtung aller Zahlen und Erkenntnisse! Jede Zahl und die damit verbundene Energie haben individuelle Stärken und Schwächen, ohne eindeutige qualitative Bewertung im herkömmlichen Sinne. Die Methoden, Vorgehensweisen und Anregungen in diesem Buch wurden ausgiebig getestet, jedoch liegt die Anwendung stets in der eigenen Verantwortung.

Der Autor/die Autorin und der Verlag übernehmen keine Garantie und schließen jegliche Haftung für den Inhalt des Buches aus. Bei ernsthaften gesundheitlichen Beschwerden wird dringend empfohlen, einen Arzt oder Heilpraktiker zu konsultieren. Da energetische Arbeit in die Tiefe des menschlichen Wesens eindringt und Veränderungen durch freigesetzte Vibrationen bewirken kann, sollte eine numerologische Analyse nur mit ausdrücklicher Zustimmung des Betroffenen erfolgen.

INHALTSVERZEICHNIS

Einleitung   **16**

Die Kraft der transformativen Fragen in der Matrix   **18**
Die universellen Gesetze der Anziehung 20
Die Kraft der Fragen 22
Die Kunst der Fragen 28
Die transformative Kraft der Fragen 31
Anwendung in der Praxis: Die transformative Kraft der Fragen 32
Empfangen: Eine Kunst des Lebens 36
Zusammenfassung 37

Die Alchemie der persönlichen Emotionen und die Matrix   **38**
Die sieben Schritte der emotionalen Alchemie 41
Schritt eins: Kalzinierung 52
Schritt zwei: Auflösung 56
Schritt drei: Trennung 59
Schritt vier: Verbindung 62
Schritt fünf: Fermentation 65
Schritt sechs: Destillation 72
Schritt sieben: Koagulation 75
Dein Weg zum Alchemisten 78

Willkommen zur faszinierenden Welt der Matrix of Fate   **80**
Worüber erzählt die Matrix of Fate? 80
Die Bedeutung der Archetypen im Tarot 82
Anwendung dieses Buches 86
Wurzel, Schlüssel und Schloss: Die archetypischen Dimensionen 88
Plus- und Minus-Energien sowie Licht- und Schattenenergie 91
Die Macht der Beobachtung: Quantenphysik und die Realität 93

Die Welt der Archetypen und der Selbstentdeckung   **96**
Archetypen im Plus und Minus 98
I „Der Magus der Macht" 100
II „Hüterin des Silbersterns" 102

III „Die Tochter der Mächtigen".....................104

IV „Der Oberste der Mächtigen" 106

V „Der Magus der ewigen Götter".....................108

VI „Die Kinder der göttlichen Stimme"...............110

VII „Das Kind der Wassermächte"....................112

VIII „Die Tochter der Herrin der Wahrheit".........114

IX „Der Prophet des Ewigen"..........................116

X „Der Herr der Lebenskräfte"........................118

XI „Die Tochter des flammenden Schwertes" 120

XII „Der Herr der Herrscher der Mächtigen" 122

XIII „Das Kind der großen Veränderer" 125

XIV „Die Tochter der Versöhner"......................128

XV „Der Herr der Pforten der Materie" 130

XVI „Der Geist der mächtigen Wasser"...............132

XVII „Die Tochter des Firmaments" 134

XVIII „Der Herrscher des Flusses und des Rückflusses" 136

XIX „Die Herrscherin des Feuers der Welten" 138

XX „Der Geist des Urfeuers" 140

XXI „Tiefe Verbundenheit: Befreiung aus inneren Fesseln" 143

XXII „Der Geist des Äthers" 145

Die Berechnung der Matrix   **147**

Deutung/Berechnung der Erdlinie und der Himmelslinie..........150

Berechnung des Ahnen-Quadrats......................155

Unsere Reiseziele – Der Zweck 157

Komfortzone 164

Geld und Liebe......................................166

Paarkompatibilität: Energien und persönliche Aufgaben 170

Gesundheitskarte: Die transformative Kraft der Wiedergenesung....176

Entschlüsselung der Gesundheits- und Chakrenkarte 186

Die zwei Berechnungsarten der Matrix: Ein Vergleich 190

Häuser und Kanäle in der Matrix   **192**

Haus A: Eltern-Kind-Kanal 192

Haus B: Kanal der spirituellen Talente...............194

Haus C und der Geldkanal 196
Haus D: Der Karmische Schwanz. 198
Haus E: Komfortzone und verborgene Programme 201
Kanal: Macht der Familie und Sexualität 202
Ahnenkanäle aus 7 Generationen 203
Die zwei Berechnungsarten der Matrix of Fate 205
Der Geldkanal. 207
Herausforderungen und Chancen in Beziehungen 209

Gesundheitskarte/Chakrenkarte   **211**
Verständnis der Chakren. 211
Bedeutung der Chakren 215
Die vier Zwecke 216

Weitere Matrizenarten   **221**
Die Kompatibilitätsmatrix 221
Die Kindermatrix. 223

Die verborgenen Programme   **228**
Systematisierung der Programme durch 9 Schlüssel 231

Der Matrix Code   **233**
Ein tiefer Einblick in 30 Codes. 233
Code 03-18-15 - Schlüssel 9. 236
Code 04-17-13 - Schlüssel 7. 239
Code 04-19-15 - Schlüssel 2. 242
Code 04-21-17 - Schlüssel 6. 244
Code 05-14-19 - Schlüssel 2. 246
Code 05-17-12 - Schlüssel 7. 250
Code 06-05-17 - Schlüssel 1. 252
Code 06-16-10 - Schlüssel 5. 255
Code 06-18-12 - Schlüssel 9. 258
Code 06-22-16 - Schlüssel 8. 261
Code 07-06-17 - Schlüssel 3. 265
Code 07-21-14 - Schlüssel 6. 267
Code 08-07-17 - Schlüssel 5. 271

Code 08-13-05 - Schlüssel 8. 273
Code 09-03-21 - Schlüssel 6. 276
Code 09-08-17 - Schlüssel 7. 281
Code 09-13-04 - Schlüssel 8. 283
Code 09-16-07 - Schlüssel 5. 287
Code 09-20-11 - Schlüssel 4. 290
Code 11-09-16 - Schlüssel 9. 293
Code 13-16-03 - Schlüssel 5. 296
Code 18-10-10 - Schlüssel 2. 299
Code 18-11-11 - Schlüssel 4. 302
Code 19-05-04 - Schlüssel 1. 305
Code 19-08-07 - Schlüssel 7. 308
Code 19-09-08 - Schlüssel 9. 313
Code 19-09-10 - Schlüssel 2. 316
Code 20-05-03 - Schlüssel 1. 319
Code 20-07-05 - Schlüssel 5. 323
Code 20-09-07 - Schlüssel 9. 326

Anhang **329**
Häufig gestellte Fragen (FAQ) 339
Vertiefung in die Welt der Esoterik 342

Kapitel 1

EINLEITUNG

Hast du dich jemals gefragt, welche verborgenen Einflüsse dein Leben prägen? Bist du neugierig darauf, wie die verschiedenen Aspekte deiner Persönlichkeit, deiner Beziehungen, deiner Herausforderungen und deiner Potenziale miteinander verwoben sind? Was wäre, wenn es ein Werkzeug gäbe, das dir helfen könnte, all diese Facetten systematisch zu erfassen und zu verstehen?

Die Matrix of Fate, auch als Matrix of Destiny bekannt, könnte genau dieses Werkzeug sein. Hast du schon einmal darüber nachgedacht, was der Begriff „Matrix" wirklich bedeutet? Er verweist auf ein Netz oder Raster, das verschiedene Lebensbereiche miteinander verbindet und strukturiert. Wie könnte dein Leben aussehen, wenn du dieses Netz entschlüsseln könntest?

Ein zentrales Symbol der Matrix of Fate ist das Quadrat-im-Quadrat-Symbol, auch bekannt als der achtzackige Stern. Was könnte dieses kraftvolle Symbol für dich bedeuten? Wusstest du, dass es tiefe historische Wurzeln hat und in verschiedenen Kulturen und Religionen verwendet wurde? Stell dir vor, es ist in historischen Kontexten wie dem Fort Elvas in Portugal aufgetaucht und findet sich auch in orthodoxen Kirchen sowie anderen religiösen Stätten weltweit. Könnte dies darauf hindeuten, dass die Symbolik schon früh weit verbreitet war?

In der Kabbala symbolisiert das „Quadrat im Quadrat" die Beziehung zwischen Gott und der materiellen Welt sowie zwischen der Welt der Geister und der physischen Welt. Was könnte das äußere Quadrat für dich darstellen? Und was, wenn das innere Quadrat die spirituelle Welt und tiefgreifende Ideen und Ideale repräsentiert?

Wie könnte das Oktagramm, ein Symbol mit einer langen Tradition, in deinem Leben eine Rolle spielen? Im Christentum wird es beispielsweise als Stern der Weisen oder Magier betrachtet, der den Weg zur Geburt Jesu zeigt. Was, wenn es in verschiedenen Kulturen und Religionen als Symbol für Spiritualität, Weisheit und Wissen verwendet wird?

Hast du je darüber nachgedacht, wie eine geometrische Figur wie das Oktagramm verschiedene Realitätsebenen und Bewusstseinsschichten verbinden kann? In seinem Buch „Dramatic Universe. Band 3" beschreibt John Bennett das Oktagramm als eine archetypische Form, die als Schlüssel zu vielen symbolischen Systemen und Traditionen dient. Könnte die „Arena" in der Mitte des Oktagramms der Raum sein, in dem diese Verbindungen stattfinden und sich entfalten?

Die Begriffe „Matrix des Schicksals" und „Matrix der Bestimmung" werden oft synonym verwendet. Hast du dich jemals gefragt, was der Unterschied zwischen „Schicksal" und „Bestimmung" ist? Was, wenn „Schicksal" sich auf vorbestimmte Ereignisse in unserem Leben und unsere Reaktionen darauf bezieht, während „Bestimmung" unsere aktive Rolle betont, das Leben zu formen und zu gestalten? Welche Möglichkeiten könnten sich dir eröffnen, wenn du das Potenzial hättest, bewusste Entscheidungen zu treffen, die deinen Lebensweg verändern?

Diese beiden Konzepte bieten eine umfassende Sichtweise. Wie könnten sie dir helfen, sowohl die unausweichlichen Umstände deines Lebens zu verstehen als auch die Möglichkeiten, dein Schicksal aktiv zu gestalten? Die Matrix des Schicksals ist ein komplexes System mit unendlichen Perspektiven und Chancen für persönliches Wachstum und Selbsterkenntnis. Bist du bereit, dieses faszinierende Werkzeug zu entdecken und zu nutzen?

DIE KRAFT DER TRANSFORMATIVEN FRAGEN IN DER MATRIX

In der Matrix of Fate liegt eine tiefe Wahrheit verborgen: Wir haben die Fähigkeit, unser eigenes Leben zu erschaffen. Diese Erkenntnis entfaltet sich, wenn wir beginnen, mit all unseren 12 Sinnen wirklich hinzuschauen und die Welt um uns herum mit voller Aufmerksamkeit wahrzunehmen. Jede Erfahrung, jede Begegnung und jedes Gefühl trägt zur Gestaltung unseres Lebens bei. Doch wie können wir die richtigen Wahlen treffen, wenn wir nicht daran glauben, dass wir das Universum oder den Schöpfer um Hilfe bitten und tatsächlich alles empfangen können, was wir benötigen?

Oftmals fühlen wir uns von äußeren Umständen, Erwartungen und Glaubenssätzen eingeschränkt, die uns davon abhalten, unser volles Potenzial zu erkennen und auszuleben. Diese Beschränkungen entstehen nicht nur durch äußere Einflüsse, sondern auch durch unsere eigenen Überzeugungen und Zweifel. Es ist, als ob wir durch ein unsichtbares Netz von Begrenzungen navigieren, das uns daran hindert, die wahre Fülle des Lebens zu erfahren.

Die universellen Gesetze der Anziehung spielen eine zentrale Rolle dabei, diese Begrenzungen zu überwinden. Sie lehren uns, dass wir mehr sind als nur eine Ansammlung von Gedanken, Gefühlen und Erfahrungen. Diese Gesetze erinnern uns daran, dass wir das großartige und mächtige Selbst sind, dass wir zu sein scheinen oder für das wir bestimmt sind. Indem wir lernen, diese Gesetze bewusst anzuwenden, können wir unser Leben aktiv und kraftvoll gestalten.

Ein wesentlicher Schlüssel zu dieser Gestaltungskraft liegt in der Kunst der transformativen Fragen. Fragen haben die einzigartige Fähigkeit, unser Bewusstsein zu erweitern – Bewusstsein ist alles und bewertet nichts - und uns zu neuen Möglichkeiten zu führen. Sie lenken unsere Aufmerksamkeit weg von den Begrenzungen hin zu den Potenzialen. Doch diese Fragen dürfen nicht aus einem Zustand des Mangels oder der Angst gestellt werden, sondern aus einem Ort der Offenheit und des Vertrauens.

Sie sollen nicht mit dem Verstand beantwortet werden, sondern dazu dienen, die Energie ins Universum zu senden und alles zu empfangen, was möglich ist.

In diesem Kapitel möchten wir die transformative Kraft der Fragen näher betrachten. Wir werden erkunden, wie Fragen als Werkzeuge der Selbstentdeckung und -ermächtigung genutzt werden können, sowohl im Selbststudium als auch in der Arbeit mit Klienten. Durch das bewusste Stellen dieser Fragen lenken wir unsere Aufmerksamkeit und Energie auf das, was wir in unserem Leben erschaffen möchten.

Die Matrix of Fate ermutigt uns, unsere eigene Realität zu gestalten und dabei die universellen Gesetze der Anziehung zu nutzen. Indem wir diese Fragen in unserem Alltag integrieren, öffnen wir uns für neue Möglichkeiten und verbessern unsere Fähigkeit, bewusst zu manifestieren.

DIE UNIVERSELLEN GESETZE DER ANZIEHUNG

Hier kommen die universellen Gesetze der Anziehung ins Spiel, die weit über das hinausgehen, was ein Meister lehren kann. Diese Gesetze sind nicht bloß theoretische Konzepte oder spirituelle Mystiken; sie sind fundamentale Prinzipien, die das gesamte Universum durchdringen und formen. Sie lehren uns, dass wir mehr sind als nur eine Ansammlung von Gedanken, Gefühlen und Erfahrungen. Sie erinnern uns daran, dass wir das großartige und mächtige Selbst sind, dass wir zu sein scheinen oder für das wir bestimmt sind.

Die universellen Gesetze der Anziehung basieren auf dem Prinzip, dass Gleiches Gleiches anzieht. Unsere Gedanken, Gefühle und Überzeugungen senden ständig Schwingungen aus, die ähnliche Schwingungen anziehen. Wenn wir uns auf Mangel, Angst oder Zweifel konzentrieren, ziehen wir mehr von diesen negativen Erfahrungen in unser Leben. Wenn wir jedoch Liebe, Freude und Fülle ausstrahlen, ziehen wir positive Erfahrungen und Gelegenheiten an.

Ein zentrales Element dieser Gesetze ist die Erkenntnis, dass wir Schöpfer unserer Realität sind. Unsere innere Welt spiegelt sich in unserer äußeren Welt wider. Was wir tief in unserem Inneren glauben und fühlen, manifestiert sich als unsere äußere Realität. Dies bedeutet, dass wir die Macht haben, unser Leben zu verändern, indem wir unsere Gedanken und Gefühle bewusst lenken. Dies erfordert eine aktive und bewusste Auseinandersetzung mit unseren inneren Überzeugungen und Mustern.

Die universellen Gesetze der Anziehung erinnern uns auch daran, dass wir in einem Universum leben, das unendlich und grenzenlos ist. Es gibt keine Begrenzungen außer denen, die wir uns selbst auferlegen. Jede Herausforderung, jeder Wunsch und jedes Ziel kann erreicht werden, wenn wir uns in Einklang mit diesen universellen Prinzipien bringen. Dies erfordert Mut, Offenheit und die Bereitschaft, über unsere bisherigen Grenzen hinauszudenken.

Ein weiterer wichtiger Aspekt der universellen Gesetze der Anziehung ist das Konzept des Empfangens. Oft sind wir darauf konditioniert, zu geben und zu tun, aber wir haben Schwierigkeiten, zu empfangen. Diese Gesetze lehren uns, dass Empfangen ein wesentlicher Teil des Schöpfungsprozesses ist. Wir müssen bereit sein, die Fülle des Universums zu empfangen und anzuerkennen, dass wir es wert sind, all das Gute in unserem Leben zu erfahren.

Um die universellen Gesetze der Anziehung effektiv zu nutzen, ist es hilfreich, transformative Fragen zu stellen. Diese Fragen öffnen unser Bewusstsein für neue Möglichkeiten und lenken unsere Aufmerksamkeit auf das, was wir wirklich wollen. Sie helfen uns, unsere Energie zu fokussieren und positive Schwingungen auszusenden. Anstatt uns auf das zu konzentrieren, was uns fehlt oder was wir vermeiden wollen, richten wir unsere Aufmerksamkeit auf das, was wir erschaffen und erleben möchten.

Die universellen Gesetze der Anziehung bieten uns eine kraftvolle Möglichkeit, unser Leben zu gestalten. Sie erinnern uns daran, dass wir nicht Opfer unserer Umstände sind, sondern die Schöpfer unserer Realität. Indem wir uns bewusst mit diesen Prinzipien verbinden und lernen, unsere Gedanken und Gefühle zu lenken, können wir ein Leben voller Freude, Fülle und Erfüllung erschaffen. Die Matrix of Fate lädt uns ein, diese Gesetze zu nutzen, um unser großartiges und mächtiges Selbst zu entfalten und die Realität zu gestalten, die wir uns wünschen.

DIE KRAFT DER FRAGEN

Um Zugang zu dieser Macht zu erhalten, müssen wir lernen, die richtigen Fragen zu stellen. Fragen haben die Fähigkeit, Türen zu neuen Möglichkeiten zu öffnen. Sie lenken unsere Aufmerksamkeit auf das, was möglich ist, anstatt auf das, was uns begrenzt. Wenn wir Fragen stellen, laden wir das Universum ein, uns Antworten zu geben. Wir schaffen Raum für Veränderungen und Transformation.

Die Kraft der Fragen liegt in ihrer Fähigkeit, unser Bewusstsein zu erweitern und unsere Wahrnehmung zu verändern. Bewusstsein enthält alles und bewertet nichts. Wenn wir uns in einer Situation festgefahren fühlen oder vor Herausforderungen stehen, können Fragen uns helfen, neue Perspektiven zu gewinnen und Lösungen zu finden, die wir vorher nicht gesehen haben. Fragen sind wie Schlüssel, die verborgene Türen in unserem Geist und im Universum öffnen.

Fragen ermutigen uns, über unsere bisherigen Grenzen hinauszudenken und neue Möglichkeiten zu erkunden. Sie fordern uns heraus, unsere Komfortzone zu verlassen und uns mit dem Unbekannten auseinanderzusetzen. Indem wir Fragen stellen, aktivieren wir unser kreatives Denken und Regen unsere Vorstellungskraft an. Wir beginnen, über das nachzudenken, was möglich ist, anstatt uns auf das zu konzentrieren, was uns einschränkt.

Fragen und das Gesetz der Anziehung

Fragen sind ein unglaublich mächtiges Werkzeug, um das Gesetz der Anziehung zu aktivieren. Aber warum sind Fragen so wirkungsvoll? Wenn wir Fragen stellen, senden wir eine klare Absicht ins Universum und signalisieren unsere Bereitschaft, neue Möglichkeiten zu empfangen. Fragen haben die Kraft, unser Bewusstsein und unser Herz zu öffnen, sodass wir die Antworten und Gelegenheiten, die das Universum uns bieten möchte, tatsächlich wahrnehmen können.

Hast du jemals bemerkt, wie sich deine Perspektive ändert, wenn du eine Frage stellst? Anstatt in alten Denkmustern gefangen zu bleiben, öffnet sich ein Raum für neue Gedanken, neue Einsichten und neue Wege.

Wenn du zum Beispiel fragst: „Was ist sonst noch möglich?", verschiebst du deinen Fokus von dem, was begrenzt ist, zu dem, was erweitert werden kann. Du beginnst, über deine bisherigen Grenzen hinauszudenken und öffnest dich für das Unbekannte.

Fragen bringen uns in einen Zustand der Offenheit und des Empfangens. Was wäre, wenn du jeden Tag mit einer Frage beginnen könntest, die dein Herz und deinen Geist öffnet? Stell dir vor, du wachst auf und fragst dich: „Wie kann ich heute mehr Freude und Leichtigkeit in mein Leben einladen?" Diese Frage allein setzt eine Welle positiver Energie in Bewegung und bereitet dich darauf vor, die schönen Dinge, die der Tag zu bieten hat, wahrzunehmen und zu empfangen.

Das Gesetz der Anziehung besagt, dass wir das in unser Leben ziehen, worauf wir unsere Aufmerksamkeit richten. Wenn wir Fragen stellen, richten wir unsere Aufmerksamkeit auf die Suche nach Antworten und Lösungen. Was wäre, wenn du die Macht hättest, durch Fragen die Richtung deines Lebens zu lenken? Wenn du fragst: „Welche wunderbaren Überraschungen hält das Leben heute für mich bereit?", öffnest du dich für die Magie und Wunder des Alltags.

Fragen helfen uns auch, unsere inneren Blockaden zu überwinden. Oft sind wir so sehr in unseren eigenen begrenzenden Überzeugungen verhaftet, dass wir nicht sehen, welche Möglichkeiten vor uns liegen. Indem wir fragen: „Welche Überzeugungen kann ich heute loslassen, um mehr Freiheit zu erleben?", setzen wir einen Prozess der inneren Reinigung und Befreiung in Gang. Wir erlauben uns, alte Muster zu durchbrechen und Raum für Neues zu schaffen.

Ein weiterer kraftvoller Aspekt von Fragen ist, dass sie uns in den gegenwärtigen Moment bringen. Wenn wir fragen: „Was kann ich in diesem Augenblick tun, um mich besser zu fühlen?", konzentrieren wir uns auf das Hier und Jetzt und nehmen unsere eigene Macht wahr, unser Leben in diesem Moment zu gestalten. Fragen bringen uns aus dem Kopf heraus und ins Herz hinein, wo wahre Veränderung und Heilung stattfinden können.

Wie oft stellen wir jedoch Fragen, erwarten aber keine wirklichen Antworten? Was wäre, wenn du wüsstest, dass jede Frage, die du stellst, eine Antwort vom Universum hervorruft? Vielleicht nicht sofort und vielleicht nicht in der Form, die du erwartest, aber die Antworten kommen. Kannst du dir vorstellen, wie viel kraftvoller deine Fragen wären, wenn du wirklich daran glauben würdest, dass das Universum dir zuhört und antwortet?

Fragen sind der Schlüssel, um das Gesetz der Anziehung aktiv zu nutzen. Sie sind wie magische Schlüssel, die Türen zu neuen Realitäten öffnen. Was wäre, wenn du heute damit beginnst, bewusst kraftvolle Fragen zu stellen? Wie würde sich dein Leben verändern, wenn du jeden Tag neugierig und offen für die Antworten des Universums wärst? Stell dir vor, welche Wunder und Möglichkeiten sich vor dir entfalten könnten, wenn du die Kunst des Fragens meisterst und wirklich bereit bist, zu empfangen. Bist du bereit, die Kraft der Fragen zu nutzen und die Fülle des Lebens zu erleben?

Fragen als Katalysatoren für persönliches Wachstum Fragen sind ein unglaublich mächtiges Werkzeug, um das Gesetz der Anziehung zu aktivieren. Aber warum sind Fragen so wirkungsvoll? Wenn wir Fragen stellen, senden wir eine klare Absicht ins Universum und signalisieren unsere Bereitschaft, neue Möglichkeiten zu empfangen. Fragen haben die Kraft, unser Bewusstsein und unser Herz zu öffnen, sodass wir die Antworten und Gelegenheiten, die das Universum uns bieten möchte, tatsächlich wahrnehmen können.

Hast du jemals innegehalten und dir eine tiefgehende Frage gestellt? Fragen wie „Was hindert mich daran, mein volles Potenzial zu entfalten?" oder „Welche alten Glaubenssätze darf ich loslassen, um mein wahres Selbst zu leben?" können kraftvolle Werkzeuge der Selbstentdeckung sein. Sie bringen uns dazu, unsere inneren Überzeugungen und Muster zu hinterfragen und zu reflektieren. Was wäre, wenn du dir jeden Tag Zeit nehmen würdest, um dich selbst ehrlich zu befragen? Welche Türen könnten sich öffnen?

Wenn wir uns selbst ehrliche und tiefgehende Fragen stellen, können wir unsere inneren Überzeugungen und Muster erkennen. Oft sind es genau diese verborgenen Überzeugungen, die uns daran hindern, unser volles Potenzial zu entfalten. Welche Glaubenssätze hast du über dich selbst, die dich zurückhalten? Fragen helfen uns, diese Überzeugungen an die Oberfläche zu bringen, wo wir sie bewusst betrachten und transformieren können. Was würde sich in deinem Leben ändern, wenn du die Überzeugungen loslassen könntest, die dir nicht mehr dienen?

Fragen laden uns ein, tiefer in unser Inneres zu schauen und Aspekte von uns selbst zu entdecken, die wir vielleicht übersehen haben. Sie bieten uns die Möglichkeit, mehr über unsere Ängste, Wünsche und Träume zu erfahren. Was wäre, wenn du dir erlaubst, neugierig auf dich selbst zu sein? Welche Schätze könntest du in deinem Inneren finden? Selbstentdeckung ist ein fortlaufender Prozess, der durch das Stellen von Fragen immer wieder angeregt wird.

Fragen helfen uns, vom Verstand ins Herz zu gelangen. Sie bringen uns dazu, nicht nur logisch über Dinge nachzudenken, sondern auch unsere Gefühle und Intuition einzubeziehen. Wie oft stellst du dir Fragen, die dein Herz berühren? Fragen wie „Was brauche ich wirklich, um glücklich zu sein?" oder „Wie kann ich mehr Liebe und Mitgefühl in mein Leben bringen?" öffnen den Raum für emotionale Heilung und Wachstum.

Hast du jemals bemerkt, dass Heilung oft mit einer Frage beginnt? Fragen können der erste Schritt sein, um alte Wunden zu heilen und neue Perspektiven zu gewinnen. Was wäre, wenn du deine Heilungsreise mit Fragen beginnen könntest? Fragen wie „Was darf ich loslassen, um inneren Frieden zu finden?" oder „Wie kann ich mich selbst mehr lieben und akzeptieren?" können transformative Wirkung haben. Heilung ist ein Prozess, der durch das bewusste Stellen von Fragen beschleunigt werden kann.

Wie wäre es, wenn du Fragen in deinen täglichen Alltag integrierst? Stell dir vor, du beginnst jeden Tag mit einer Frage, die dich inspiriert und öffnet. Welche Frage könntest du dir heute stellen, um dein persönliches Wachstum zu fördern?

Indem du Fragen zu einem festen Bestandteil deines Lebens machst, schaffst du einen kontinuierlichen Fluss von Selbsterkenntnis und Wachstum.

Neugierde ist der Antrieb hinter jeder Frage. Was wäre, wenn du dir erlaubst, neugierig auf dein eigenes Leben zu sein? Welche neuen Wege könntest du entdecken, welche neuen Möglichkeiten könnten sich dir eröffnen? Neugierde bringt uns dazu, über den Tellerrand hinauszuschauen und neue Horizonte zu erkunden. Was würde passieren, wenn du jeden Tag mit einer Frage beginnst, die deine Neugierde weckt?

Hast du jemals daran gedacht, dass Fragen auch das Gesetz der Anziehung aktivieren können? Wenn wir Fragen stellen, senden wir eine klare Absicht ins Universum und signalisieren unsere Bereitschaft, neue Möglichkeiten zu empfangen. Was wäre, wenn du Fragen nutzt, um die Fülle des Lebens zu empfangen? Welche Fragen könntest du stellen, um dein Leben in eine positive Richtung zu lenken?

Fragen sind mächtige Werkzeuge für persönliches Wachstum und Transformation. Sie helfen uns, tiefere Einsichten über uns selbst zu gewinnen, unsere inneren Überzeugungen zu erkennen und zu transformieren, und sie laden uns zur Selbstentdeckung ein. Indem wir Fragen stellen, öffnen wir uns für neue Möglichkeiten und erleben die Fülle des Lebens. Was wäre, wenn du heute damit beginnst, bewusste und tiefgehende Fragen zu stellen? Welche Wunder und Veränderungen könnten sich in deinem Leben entfalten? Bist du bereit, die Kraft der Fragen zu nutzen und dein volles Potenzial zu entfalten?

Praktische Anwendung der Fragen

Die praktische Anwendung der Fragen erfordert Bewusstsein und Gewahrsein. Hier sind einige Schritte, um die Kraft der Fragen in deinem Alltag zu nutzen:

Regelmäßige Reflexion: Nimm dir regelmäßig Zeit für Reflexion. Stelle dir Fragen, die dich inspirieren und herausfordern, wie „Was kann ich heute tun, um meine Träume zu verwirklichen?" oder „Welche Möglichkeiten habe ich noch nicht in Betracht gezogen?"

Offenheit für Antworten: Sei offen für die Antworten, die kommen. Manchmal kommen die Antworten in Form von Gedanken, manchmal als Gefühle oder äußere Ereignisse. Vertraue darauf, dass das Universum dir auf vielfältige Weise antwortet.

Aktives Zuhören: Höre aktiv auf die Antworten, die aus deinem Inneren aufsteigen. Notiere dir deine Erkenntnisse und überlege, wie du sie in deinem Leben umsetzen kannst.

Handeln: Setze die gewonnenen Erkenntnisse in die Tat um. Jede kleine Handlung, die auf einer inspirierten Frage basiert, kann große Veränderungen bewirken.

Fragen sind mächtige Werkzeuge der Transformation. Sie helfen uns, unser Bewusstsein zu erweitern, neue Möglichkeiten zu entdecken und unser Leben bewusst zu gestalten. Indem wir lernen, die richtigen Fragen zu stellen, schaffen wir Raum für Veränderungen und öffnen die Tür zu einer Welt voller neuer Möglichkeiten und Wunder.

DIE KUNST DER FRAGEN

Geschlossene Fragen

Geschlossene Fragen sind jene, die in der Regel nur mit „Ja" oder „Nein" beantwortet werden können. Diese Art von Fragen ist oft wenig aufschlussreich und bietet keinen Raum für weitere Erkundungen oder tiefgehende Gespräche. Sie sind präzise und auf den Punkt gebracht, was in vielen Situationen hilfreich sein kann, insbesondere wenn es darum geht, spezifische Informationen schnell und effizient zu erhalten. Ein typisches Beispiel für eine geschlossene Frage wäre: „Hast du Hunger?" Diese Frage liefert eine klare und eindeutige Antwort, die in diesem Fall entweder „Ja" oder „Nein" lautet.

Geschlossene Fragen sind besonders nützlich in bestimmten Kontexten, wie zum Beispiel in Notfallsituationen, wo schnelle und klare Entscheidungen getroffen werden müssen. Auch in strukturierten Interviews oder bei Umfragen, wo es darum geht, spezifische Daten zu sammeln, spielen geschlossene Fragen eine wichtige Rolle. Sie helfen dabei, präzise Informationen zu erhalten und Missverständnisse zu vermeiden. Wenn du zum Beispiel in einem Restaurant arbeitest, kann die Frage „Möchten Sie etwas trinken?" sehr nützlich sein, um schnell die Wünsche des Gastes zu erfassen und entsprechend zu handeln.

Jedoch haben geschlossene Fragen ihre Grenzen, wenn es darum geht, tiefere Einsichten zu gewinnen oder komplexe Themen zu erforschen. Sie lassen wenig Raum für kreative Antworten oder persönliche Reflexionen. Wenn wir uns beispielsweise fragen, wie wir unser Leben tiefgreifend verändern können, sind geschlossene Fragen oft nicht hilfreich. Sie führen nicht zu neuen Perspektiven oder zu einem tieferen Verständnis der eigenen Gedanken und Gefühle.

Stell dir vor, du möchtest herausfinden, wie zufrieden jemand mit seinem Job ist. Die Frage „Magst du deinen Job?" liefert möglicherweise eine Ja- oder Nein-Antwort, aber sie offenbart wenig über die Gründe hinter dieser Antwort oder darüber, wie der Job die Person emotional und geistig beeinflusst.

In zwischenmenschlichen Beziehungen und in der persönlichen Entwicklung können geschlossene Fragen daher eher einschränkend wirken. Sie fördern keine ausführlichen Gespräche oder tiefgehenden Diskussionen. Was wäre, wenn du stattdessen offene Fragen stellen würdest? Fragen, die dazu einladen, mehr über die Gedanken und Gefühle der anderen Menschen zu erfahren? Zum Beispiel könnte die Frage „Was magst du an deinem Job?" eine ausführlichere und aussagekräftigere Antwort hervorbringen, die Einblicke in die positiven Aspekte der Arbeit und die persönlichen Motivationen bietet.

Geschlossene Fragen können uns zwar helfen, schnelle und direkte Antworten zu erhalten, doch wenn es darum geht, unser Leben tiefgreifend zu verändern und ein tieferes Verständnis für uns selbst und andere zu entwickeln, sind sie oft nicht ausreichend. Sie liefern uns die Oberfläche, aber nicht die Tiefe.

Wenn du wirklich verstehen möchtest, was jemanden antreibt oder wie du selbst auf einer tieferen Ebene fühlst und denkst, solltest du versuchen, offene Fragen zu stellen. Fragen, die Raum für Reflexion und Exploration bieten. Welche Art von Fragen stellst du dir selbst und anderen im Alltag? Könnten offenere Fragen dir helfen, ein tieferes Verständnis und mehr Klarheit zu gewinnen?

Offene Fragen

Offene Fragen hingegen ermöglichen ein breites Spektrum von Antworten und eröffnen neue Perspektiven. Sie beginnen meistens mit „Was", „Wie", „Wer", „Wo" und „Welche".

Hier sind einige Beispiele:

Was würdest du dir vorstellen? Diese Frage öffnet den Raum für Träume und Visionen. Sie lädt dich ein, über deine bisherigen Grenzen hinauszudenken und neue Möglichkeiten zu erkunden. Wer könnte dir dabei helfen? Diese Frage ermutigt dich, Unterstützung und Kooperation zu suchen. Sie erinnert dich daran, dass du nicht allein bist und dass es Menschen gibt, die dir auf deinem Weg helfen können.

Was kann diese Situation verbessern? Diese Frage fokussiert auf Lösungen und positive Veränderungen. Sie hilft dir, konstruktive Schritte zu identifizieren und umzusetzen. Welche Möglichkeiten haben wir noch nicht in Betracht gezogen? Diese Frage fördert kreatives Denken und Innovation. Sie lädt dich ein, über den Tellerrand hinauszuschauen und unkonventionelle Ansätze zu erwägen.

DIE TRANSFORMATIVE KRAFT DER FRAGEN

Wenn du dich darauf einlässt, bewusst Fragen zu stellen, öffnest du die Tür zu einer Welt voller neuer Möglichkeiten. Fragen sind nicht nur Mittel zum Zweck; sie sind Werkzeuge, die dir helfen, dein inneres Wissen zu aktivieren und deine Realität bewusst zu gestalten. Hier sind einige transformative Fragen, die dir helfen können, mehr Leichtigkeit, Erfolg und Erfüllung in dein Leben zu bringen:

Was wäre, wenn alles möglich wäre? Diese Frage hilft dir, deine Begrenzungen loszulassen und das volle Potenzial des Lebens zu erkennen. Wie kann ich heute Freude in mein Leben einladen? Diese Frage richtet deinen Fokus auf das Positive und das, was dir Wohlbefinden bringt. Welche Schritte kann ich jetzt unternehmen, um meine Ziele zu erreichen? Diese Frage hilft dir, konkrete und umsetzbare Handlungen zu identifizieren.

ANWENDUNG IN DER PRAXIS:
DIE TRANSFORMATIVE KRAFT DER FRAGEN

Die Anwendung der transformativen Kraft von Fragen in der Praxis ist ein tiefgreifender Prozess, der unser Denken, Fühlen und Handeln maßgeblich beeinflussen kann. Hier eine ausführlichere Betrachtung:

Bewusstseinsveränderung durch gezielte Fragestellung

Fokussierung der Aufmerksamkeit: Durch das Stellen bestimmter Fragen lenken wir unsere Aufmerksamkeit gezielt auf bestimmte Aspekte unseres Lebens. Dies kann zu einer Veränderung unserer Wahrnehmung und damit unserer Realität führen.

Neuronale Umprogrammierung: Wiederholtes Fragen und Reflektieren kann neue neuronale Verbindungen im Gehirn schaffen, was zu neuen Denkmustern und Verhaltensweisen führt.

Ausrichtung der Energie: Fragen, die auf positive Möglichkeiten ausgerichtet sind, können unsere Energie und Schwingung erhöhen, was gemäß dem Gesetz der Anziehung ähnliche Energien und Erfahrungen in unser Leben zieht.

Visualisierung und Emotionalisierung: Durch Fragen können wir lebhafte Vorstellungen und starke Emotionen erzeugen, die als Katalysatoren für die Manifestation dienen.

Erweiterung des Blickfeldes: Offene, explorative Fragen können uns helfen, über unsere gewohnten Denkmuster hinauszugehen und neue Perspektiven zu entdecken.

Kreativitätsförderung: Durch das Stellen ungewöhnlicher Fragen können wir unsere Kreativität anregen und innovative Lösungen für Herausforderungen finden.

Klarheit schaffen: Gezielte Fragen helfen uns, unsere Wünsche und Ziele klarer zu definieren, was eine Voraussetzung für effektives Manifestieren ist.

Handlungsorientierung: Fragen wie „Was ist mein nächster Schritt?" fördern eine proaktive Haltung und motivieren zu konkreten Handlungen.

Tägliches Frage-Ritual: Beginne jeden Tag mit transformierenden Fragen wie „Wie kann ich heute mein Bestes geben?" oder „Welche Möglichkeiten warten heute auf mich?"

Journaling: Führe ein Frage-Tagebuch, in dem du regelmäßig reflektierende Fragen stellst und beantwortest.

Visualisierungsübungen: Kombiniere Fragen mit Visualisierungen, um die gewünschte Realität lebhafter zu gestalten.

Umformulierung negativer Gedanken: Wandele negative Aussagen in konstruktive Fragen um. Anstelle „Ich kann das nicht" frage stattdessen „Wie kann ich das Lernen?"

Arbeit mit Glaubenssätzen: Identifiziere limitierende Glaubenssätze und stelle Fragen, die diese in Frage stellen und neue Perspektiven eröffnen.

Regelmäßige Überprüfung: Reflektiere regelmäßig, welche Fragen für dich am wirkungsvollsten sind und passe diese bei Bedarf an.

Flexibilität: Sei offen dafür, deine Fragen und Ansätze zu ändern, wenn sich deine Ziele oder Lebensumstände ändern.

Die bewusste Anwendung transformativer Fragen in der Praxis ist ein kraftvoller Weg, um aktiv an der Gestaltung unserer Realität mitzuwirken. Es erfordert Übung, Geduld und Beharrlichkeit, aber die potenziellen Ergebnisse - ein erfüllteres, selbstbestimmteres Leben - machen diesen Prozess zu einer lohnenden Reise der persönlichen Entwicklung und Transformation.

Die Praxis des Selbststudiums

Im Selbststudium können transformative Fragen eine tiefe innere Reise der Selbstentdeckung und -ermächtigung einleiten. Diese Fragen helfen uns, unser eigenes Wissen und unsere Weisheit zu erkennen und zu nutzen. Es geht nicht darum, sofort konkrete Antworten zu finden, sondern darum, die Fragen in den Raum zu stellen und zu erlauben, dass das Universum uns die Antworten auf vielfältige und unerwartete Weise liefert. Hier sind einige Schritte, wie du diese Praxis in deinem Alltag integrieren kannst:

4 Schritte für dein Selbststudium

Tägliche Reflexion: Nimm dir jeden Tag bewusst Zeit für eine stille Meditation oder Reflexion. Schaffe einen ruhigen Raum, in dem du ungestört bist, und konzentriere dich auf deinen Atem, um zur Ruhe zu kommen.

Fragen stellen: Stelle dir selbst offene, transformative Fragen. Zum Beispiel: „Was ist sonst noch möglich?" oder „Wie kann ich heute mehr Freude und Leichtigkeit in mein Leben einladen?" Erlaube dir, die Fragen ohne Druck auf sofortige Antworten zu stellen.

Empfangen und Beobachten: Sei offen für die Zeichen und Antworten, die aus deinem Inneren oder aus deiner Umgebung aufsteigen. Diese können in Form von Gedanken, Gefühlen, Begegnungen oder synchronen Ereignissen kommen. Notiere dir deine Eingebungen und reflektiere über ihre Bedeutung.

Wähle: Setze die gewonnenen Erkenntnisse in die Tat um. Vertraue darauf, dass die Antworten, die du erhältst, dich auf deinem Weg unterstützen und leiten werden.

Anwendung in der Praxis mit Klienten

Als Coach, Berater, Facilitator oder Therapeut kannst du transformative Fragen nutzen, um deine Klienten zu ermächtigen und ihnen zu helfen, ihre eigene innere Weisheit zu erkennen. Der Schlüssel liegt darin, den Klienten nicht deine eigene Wahrheit oder Interpretation aufzuzwingen, sondern sie durch gezielte Fragen dazu zu ermutigen, ihre eigenen Antworten zu finden. Dies fördert ihre Selbstermächtigung und unterstützt sie dabei, ihr volles Potenzial zu entfalten. Hier sind einige Richtlinien für die Arbeit mit Klienten:

Sicheren Raum schaffen: Beginne jede Sitzung damit, einen sicheren und offenen Raum zu schaffen, in dem dein Klient sich wohl und frei fühlt. Dies ermöglicht eine tiefere und ehrlichere Exploration.

Offene Fragen stellen: Nutze offene, transformative Fragen wie „Welche anderen Möglichkeiten gibt es?" oder „Was kannst du tun, um deine Situation zu verbessern?" Diese Fragen regen zur Reflexion und Selbstentdeckung an.

Aktives Zuhören: Höre aktiv zu, ohne zu unterbrechen oder zu bewerten. Gib deinem Klienten den Raum, seine eigenen Gedanken und Gefühle zu äußern.

Ermächtigung durch Fragen: Erinnere deinen Klienten daran, dass die Antworten in ihm selbst liegen. Deine Rolle ist es, ihn zu unterstützen, diese Antworten zu entdecken und zu nutzen, anstatt ihm fertige Lösungen zu präsentieren.

Empfangen: Eine Kunst des Lebens

Hast du jemals darüber nachgedacht, was es bedeutet, wirklich zu empfangen? Empfangen ist weit mehr als nur das Annehmen von Geschenken oder das Zuhören. Es geht darum, das Universum in seiner ganzen Fülle und Großzügigkeit zu umarmen. Was wäre, wenn du alles empfangen könntest, ohne Urteil oder Vorbehalt? Könntest du dir vorstellen, wie sich dein Leben verändern würde?

Was, wenn Empfangen keine Begrenzungen kennt? Wie oft hast du dich davon abgehalten, etwas anzunehmen, weil du dachtest, du seist es nicht wert oder es stünde dir nicht zu? Empfangen bedeutet, diese Begrenzungen aufzuheben. Was wäre, wenn du bereit wärst, alles zu empfangen – die Freude, die Traurigkeit, den Reichtum und die Herausforderungen? Was wäre, wenn du alles, was das Leben dir bietet, als Geschenk betrachten könntest?

Wie oft beurteilen wir das, was wir empfangen, und schränken uns dadurch ein? Was wäre, wenn du ohne Urteil empfangen könntest? Kannst du dir vorstellen, wie viel mehr du empfangen würdest, wenn du die Bewertungen loslassen könntest? Jedes Urteil, das du über etwas oder jemanden hast, schränkt deine Fähigkeit ein, das gesamte Potenzial zu empfangen. Was wäre, wenn du jede Situation, jede Person und jede Erfahrung ohne Urteil empfangen könntest?

Hast du dich jemals gefragt, warum manche Menschen Fülle in allen Lebensbereichen erleben und andere nicht? Was wäre, wenn Empfangen der Schlüssel zur Fülle wäre? Das Universum ist bereit, dir alles zu geben, was du wünschst, wenn du bereit bist, es zu empfangen. Was wäre, wenn du die Fülle des Universums ohne Einschränkungen und Vorbehalte empfangen könntest?

Kannst du dir vorstellen, dass Dankbarkeit der Katalysator für das Empfangen ist? Was wäre, wenn du jeden Tag mit einem Gefühl der Dankbarkeit beginnen könntest? Dankbarkeit öffnet die Tür zum Empfangen. Was, wenn du dankbar sein könntest für alles, was du hast und was du noch empfangen wirst?

Wie würde sich dein Leben verändern, wenn du mehr empfangen könntest? Kannst du dir vorstellen, dass das Empfangen eine Praxis ist, die du täglich üben kannst? Was, wenn du heute damit beginnen könntest, alle Begrenzungen und Urteile loszulassen und das Universum einzuladen, dir mehr zu geben?

Empfangen ist eine Fähigkeit, die wir alle in uns tragen. Was wäre, wenn du diese Fähigkeit in vollem Umfang nutzen könntest? Was wäre, wenn du bereit wärst, alles, was das Leben dir bietet, zu empfangen – ohne Vorbehalt, ohne Urteil, einfach nur empfangen? Bist du bereit, das Geschenk des Empfangens anzunehmen?

ZUSAMMENFASSUNG

Die Magie des Fragens liegt darin, dass du nicht mehr in einem festen Antwortsystem bleiben musst. Was wäre, wenn dir die Antwort direkt oder indirekt gezeigt würde – durch eine Begegnung, ein Ereignis, einen Geruch, etwas Gehörtes oder Gesehenes oder einfach durch einen Zufall? Was wäre, wenn du durch Fragen eine Vielzahl von Möglichkeiten aufschließen könntest? Würdest du sie dann nutzen?

Jede Wahl, die du aus diesen Möglichkeiten triffst, bringt neue Erkenntnisse mit sich. Es gibt nicht die richtige oder falsche Wahl; es gibt eine Wahl, die sich im Moment stimmig oder nicht stimmig anfühlt. Daraus entwickeln sich Erkenntnisse, die deine Wahrnehmungsfähigkeit erweitern und das Tor zum Bewusstsein öffnen. Nutze diese Prinzipien, um dein Leben bewusst und zielgerichtet zu gestalten.

Die Alchemie der persönlichen Emotionen und die Matrix of Fate

Was wäre, wenn es wirklich eine alte Wissenschaft der Seele gäbe, die darauf ausgelegt ist, spirituelle Vollkommenheit in sehr spezifischen und verständlichen Schritten zu erreichen? Stell dir vor, diese Wissenschaft hätte das einzige Ziel, die Entwicklung der spirituellen Natur der Menschheit zu beschleunigen. Und nicht nur das, sondern sie würde dir auch einen Leitfaden für das Leben schenken.

Eine solche Wissenschaft existiert tatsächlich. Sie basiert auf einem einzigen Dokument, dessen Ursprung sich in Legenden verliert, die über 10.000 Jahre zurückreichen. Dieses Dokument wird Smaragdtafel genannt, weil es aus einem einzigen Stück Smaragd oder grünem Kristall geformt wurde. Die Smaragdtafel enthält eine kraftvolle Botschaft voller verborgener Bedeutung und prophetischer Tiefe.

Hast du jemals darüber nachgedacht, wie es wäre, wenn du eine klare und konkrete Anleitung hättest, um deine spirituelle Reise zu navigieren? Was wäre, wenn die Antworten auf deine tiefsten Fragen und die Lösungen für deine größten Herausforderungen bereits in dir schlummern würden, bereit, durch das Verständnis dieser alten Wissenschaft ans Licht gebracht zu werden?

Die Alchemie der persönlichen Emotionen eröffnet dir genau diese Möglichkeit. Sie bietet dir einen strukturierten Weg, um deine inneren Zustände zu transformieren und eine tiefere Verbindung zu deinem wahren Selbst zu finden. Welche verborgenen Schätze könnten in dir liegen, die nur darauf warten, entdeckt zu werden?

Doch die Reise endet nicht hier. Die Matrix of Fate, das Gewebe unseres Schicksals, spielt eine entscheidende Rolle in diesem Prozess. Sie ist das dynamische Netz, das unsere Gedanken, Gefühle und Handlungen miteinander verbindet und uns hilft, unser eigenes Leben bewusst zu gestalten. Die Matrix of Fate ermutigt uns dazu, unsere eigene Realität zu kreieren und dabei die universellen Gesetze der Anziehung zu nutzen.

Stell dir vor, du könntest die Kraft der Matrix of Fate nutzen, um deine Emotionen zu alchemisieren und deine Realität bewusst zu gestalten. Welche neuen Möglichkeiten könnten sich dir eröffnen, wenn du die Kontrolle über dein eigenes Schicksal übernimmst? Wie könnte dein Leben aussehen, wenn du die tiefen Weisheiten der sieben Schritte der emotionalen Alchemie und die dynamische Kraft der Matrix of Fate kombinierst?

Durch das bewusste Stellen transformativer Fragen und die Anwendung der Prinzipien der sieben Schritte der emotionalen Alchemie, kannst du deine inneren Zustände transformieren und eine tiefere Verbindung zu deinem wahren Selbst finden. Wie könntest du die Alchemie der Emotionen und die Matrix of Fate nutzen, um dein Leben in eine neue, erfüllende Richtung zu lenken?

Lass uns gemeinsam diese Reise antreten und die tiefen Weisheiten der sieben Schritte der emotionalen Alchemie und die Matrix of Fate erkunden. Wie könnte dein Leben aussehen, wenn du diese alten Lehren in deinem täglichen Leben anwendest? Bist du bereit, die Geheimnisse deiner Seele zu entdecken und dein volles Potenzial zu entfalten?

Die Alchemie bietet jedem von uns die Chance, nicht nur direkt an dem Quantensprung im Bewusstsein teilzuhaben, der uns sicher ins dritte Jahrtausend führen kann, sondern dies auch als echte Menschen zu tun, die sich selbst treu sind und im Einklang mit der Seele des Universums stehen. Die Alchemie ist eine Spirale, die uns immer weiter nach oben führt. Warum sollten wir auf diese Phasen der Alchemie achten?

Erstens möchten wir sie alle durchlaufen, um nirgendwo stecken zu bleiben oder Rückschritte zu machen. Außerdem geben sie uns eine Anleitung für unseren Prozess. Wenn wir sie kennen, können wir leichter identifizieren, wo wir uns im Leben befinden und wie wir weiterkommen.

Schließlich ist unser Ziel, das höchste spirituelle Potenzial zu erreichen und es in das Physische zu übertragen. So vereinen wir oben und unten. Oder wie Hermes am Ende der Tabula Smaragdina sagte: „Also ist jeder Hund der ganzen Welt gewiss. Lass daher jegliche Dunkelheit von dir weichen. Das ist die Kraft der Kräfte, die jedes feine Ding überwindet und in jedes grobe Ding eindringt. So wurde die Welt erschaffen."

Es mag beschwerlich klingen, welche Arbeit mit diesen sieben Phasen verbunden ist. Es klingt, als ob es zu viel oder zu schwer sei. Aber denk daran, diese Alchemie ist ein Teil der Natur. Sie geschieht die ganze Zeit. Schwierig ist es, uns dagegen zu wehren. Wenn wir nicht mit ihr arbeiten, schwimmen wir gegen den Strom der Natur.

Das ist schwer. Der Ruhm, von dem Hermes sprach, ist das Erleben der Alchemie des Lebens. Wenn wir so leben, erreichen wir unser vollständiges Potenzial. Deshalb sprechen die Alchemisten vom großen Werk. Ja, die Arbeit ist groß, aber die Belohnung ist es auch. Es geht zuerst um die innere Ebene. Wenn wir sie verwirklichen, verwandelt sich auch das Äußere.

Was wäre, wenn es wirklich eine alte Wissenschaft der Seele gäbe, die darauf ausgelegt ist, spirituelle Vollkommenheit in sehr spezifischen und verständlichen Schritten zu erreichen? Stell dir vor, diese Wissenschaft hätte das einzige Ziel, die Entwicklung der spirituellen Natur der Menschheit zu beschleunigen und dir einen Leitfaden für das Leben zu schenken. Eine solche Wissenschaft existiert tatsächlich. Sie basiert auf den sieben Schritten der emotionalen Alchemie, die darauf abzielen, wie du mit deinen Emotionen, Gedanken und Gefühlen besser umgehen kannst.

Hast du jemals darüber nachgedacht, wie es wäre, wenn du eine klare und konkrete Anleitung hättest, um deine spirituelle Reise zu navigieren? Was wäre, wenn die Antworten auf deine tiefsten Fragen und die Lösungen für deine größten Herausforderungen bereits in dir schlummern würden, bereit, durch das Verständnis dieser alten Wissenschaft ans Licht gebracht zu werden?

Bild*: Azoth veranschaulicht die sieben Schritte der Transformation in der richtigen Reihenfolge. (Basil Valentine, L'Azoth des Philosophes, Paris 1659)

* Das Bild https://www.alchemywebsite.com/images/VA12.jpg ist das 12. Bild einer Serie, die unter https://goo.by/rObNie einzusehen ist.

DIE SIEBEN SCHRITTE DER EMOTIONALEN ALCHEMIE

Die sieben Schritte der emotionalen Alchemie sind ein tiefgreifender Prozess der inneren Transformation. Sie bieten eine strukturierte Methode, um emotionale und psychologische Blockaden zu überwinden und das volle Potenzial des eigenen Selbst zu entfalten. Dieser Leitfaden führt dich durch die einzelnen Phasen der emotionalen Alchemie und bietet Reflexionsfragen, um den Prozess zu unterstützen.

Der Kreislauf der emotionalen Alchemie

1. Kalzination

In der Phase der Kalzination geht es darum, das Ego und die negativen Aspekte des Selbst zu verbrennen. Dies ist der erste Schritt, um Platz für das Neue zu schaffen.

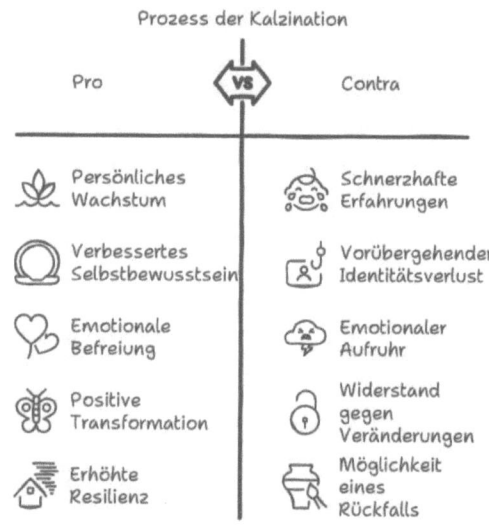

Reflexionsfragen:

Was könntest du loslassen, um Platz für das Neue zu schaffen?
Welche alten Glaubenssätze hindern dich daran, dein volles Potenzial zu entfalten?

2. Auflösung

Die Auflösung ist die Phase, in der du alte Strukturen und Überzeugungen loslässt, die dir nicht mehr dienen. Es geht darum, die Freiheit zu finden, alles loszulassen, was dich zurückhält.

Reflexionsfragen:

Was wäre, wenn du die Freiheit hättest, alles loszulassen, was dich zurückhält?
Welche neuen Möglichkeiten könnten sich dir eröffnen?

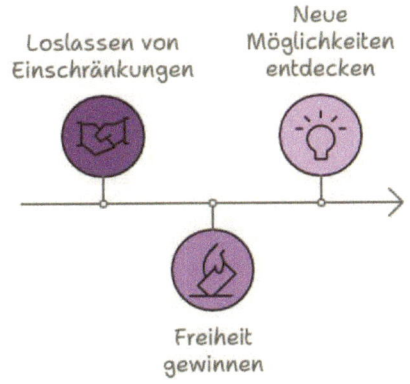

3. Trennung

In der Trennungsphase geht es darum, das Wertvolle vom Wertlosen zu trennen. Diese Phase erfordert Klarheit und die Fähigkeit, das Wesentliche in deinem Leben zu erkennen.

Der Prozess der Selbstklärung

Wertlose Eigenschaften

Wertvolle Eigenschaften

Reflexionsfragen:

Was ist wirklich wichtig in deinem Leben?
Wie kannst du Klarheit gewinnen und dein wahres Selbst erkennen?

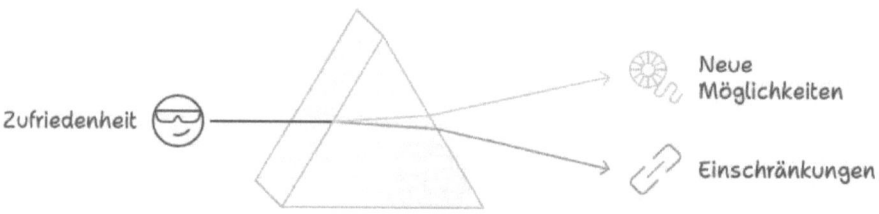

Zufriedenheit

Neue Möglichkeiten

Einschränkungen

4. Verbindung

Die Verbindung ist die Phase, in der du die gereinigten Elemente deines Selbst zu einem harmonischen Ganzen integrierst. Es geht darum, die verschiedenen Teile deines Lebens zu einem erfüllten und ausgewogenen Dasein zu verbinden.

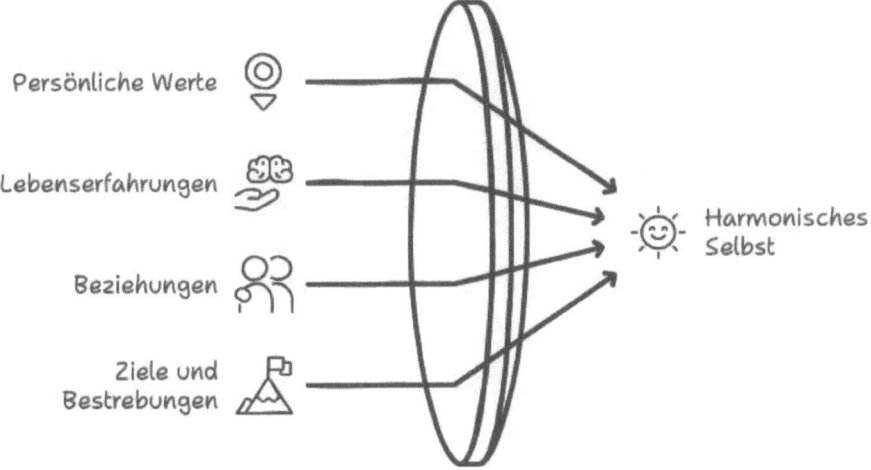

Verbindung: Das Selbst integrieren

Reflexionsfragen:

Wie kannst du die verschiedenen Teile deines Lebens integrieren, um ein erfülltes und ausgewogenes Dasein zu führen?

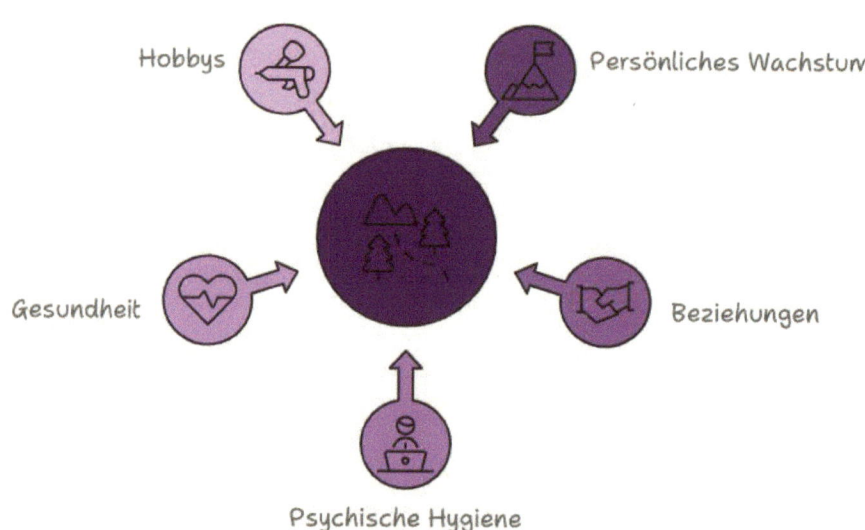

Ein ausgeglichenes Leben

Hobbys

Persönliches Wachstum

Gesundheit

Beziehungen

Psychische Hygiene

5. Fermentation

In der Gärungsphase erlebst du eine spirituelle Wiedergeburt. Diese Phase bietet die Möglichkeit, sich vollständig neu zu erfinden und das wahre Selbst zum Ausdruck zu bringen.

Wahres Selbst — Spirituelle Wiedergeburt — Persönliches Wachstum

Reflexionsfragen:

Was wäre, wenn du die Möglichkeit hättest, dich vollständig neu zu erfinden?

Wie könnte dein Leben aussehen, wenn du dein wahres Selbst zum Ausdruck bringst?

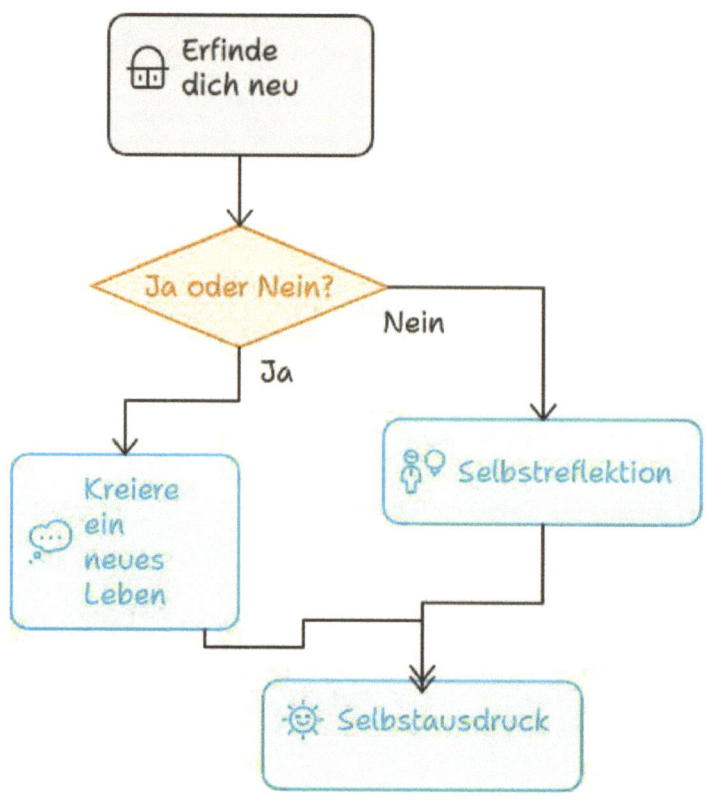

6. Destillation

Die Destillation ist der Prozess der Verfeinerung und Reinigung. Hier geht es darum, die Essenz deines wahren Selbst zu extrahieren und zu verfeinern.

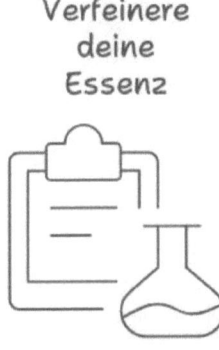

Verfeinere
deine
Essenz

Reflexionsfragen:

Welche Aspekte deines Selbst bedürfen weiterer Verfeinerung?
Wie kannst du die Essenz deines wahren Selbst klarer zum Ausdruck bringen?

Entfalte dein
wahres Wesen

7. Verfestigung

Die Verfestigung ist die letzte Phase, in der das transformierte Selbst stabilisiert und in die Realität integriert wird. Es geht darum, das neue, gereinigte Selbst in deinem täglichen Leben zu manifestieren.

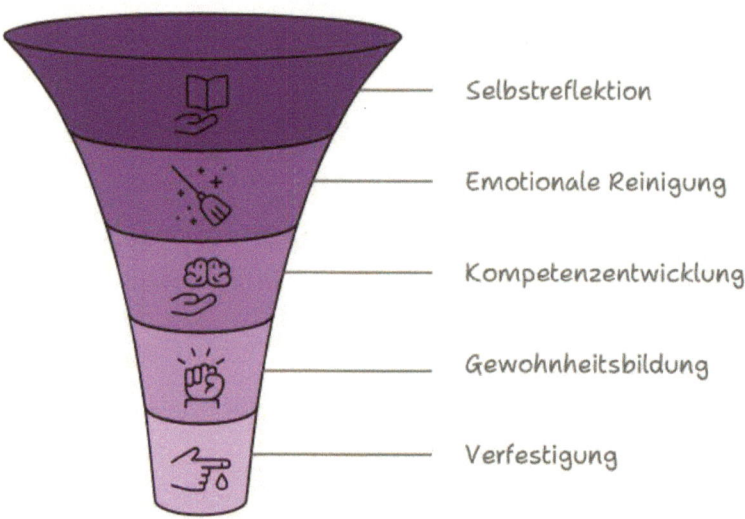

Phasen der persönlichen Transformation

Ursprüngliches Selbst

Selbstreflektion

Emotionale Reinigung

Kompetenzentwicklung

Gewohnheitsbildung

Verfestigung

Transformiertes Selbst

Reflexionsfragen:

Wie kannst du dein transformiertes Selbst in deinem täglichen Leben manifestieren?
Welche Schritte kannst du unternehmen, um die Veränderungen dauerhaft zu integrieren?

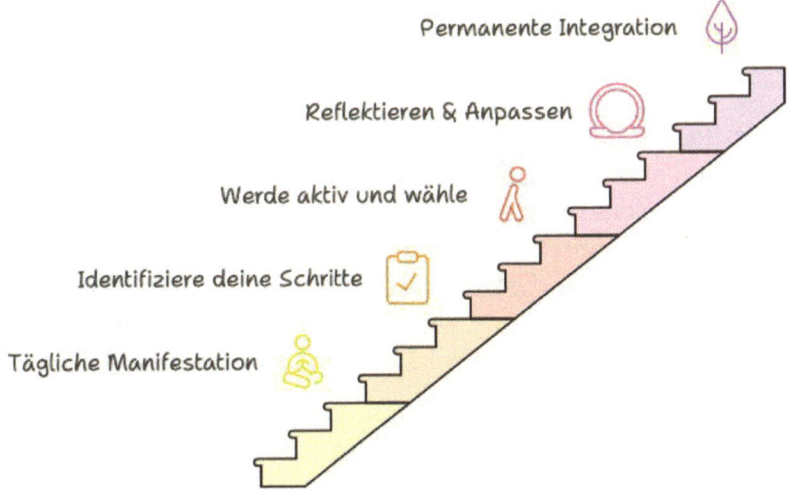

Persönliche Transformation integrieren

Permanente Integration
Reflektieren & Anpassen
Werde aktiv und wähle
Identifiziere deine Schritte
Tägliche Manifestation

SCHRITT EINS: KALZINIERUNG - SYMBOLISCH

Was wäre, wenn der erste Schritt zur Transformation unserer Seele ein Prozess wäre, der als Kalzinierung bekannt ist? Stell dir vor, dass du wie ein Alchemist in deinem eigenen inneren Labor arbeitest, um die schwersten und düstersten Aspekte deiner Persönlichkeit zu verbrennen. Die Alchemisten nannten diese verborgene Materie das „Eine im Inneren des Menschen", was Paracelsus als den „Stern im Menschen" bezeichnete. Dieser geheime Stern strahlt aus dem Zentrum des Mandalas, ähnlich wie das Licht deiner Seele.

Der Beginn dieser Reise ist symbolisiert durch einen schattierten Strahl, der von der Mitte des Mandalas zu einem kubischen Stein nach unten weist. Dies ist der erste Schritt im Großen Werk, gekennzeichnet durch die Symbole für Blei und den Planeten Saturn. Saturn (Arkana Teufel, Stern, Welt), der alte Mann der Zeit, steht für die Trägheit und Schwere der Seele, die durch das melancholische Temperament des Bleis erzeugt wird.

Warum ist das wichtig? Weil diese Phase, die Kalzinierung, uns lehrt, unsere materialistischen Anhaftungen und unser Ego zu verbrennen. Kalzinierung ist die Zerstörung des Egos und aller Abwehrmechanismen, die uns von unserem wahren Selbst fernhalten. In Beziehungen kann dies bedeuten, dass ein vom Saturn beeinflusster Mensch/Archetyp passiv-aggressiv ist und andere gerne warten lässt, während sie gleichzeitig sehr loyal und familienorientiert sein kann.

Im schattierten Strahl in dem Bild* finden wir das quadratische Symbol für Salz, das die alten Alchemisten mit dem Denken assoziierten. Gedanken, so glaubten sie, seien lebendige Substanzen, die sich in Salz verwandelten, wenn sie in den Menschen eindrangen. Kalzinierung zielt darauf ab, diese kristallisierten Gedanken zu zerbrechen und in eine höhere Form zu transformieren. Wenn wir Tränen vergießen, lösen wir diese Gedanken und Gefühle wirklich auf. Die Tränen fließen in den Mund, verändern ihre Struktur und lösen mit einem neuen Bauplan unser Thema.

Der erste Kreis in der Zeichnung zeigt eine schwarze Krähe auf einem Totenschädel, was den Beginn der Kalzinierung darstellt. Das lateinische Wort „Visita" bedeutet „besuchen" oder „eine Reise beginnen" und erinnert uns daran, dass diese Phase eine Reise zu uns selbst ist. Bei der chemischen Kalzinierung wird eine Substanz über einer offenen Flamme erhitzt, bis sie zu Asche wird. Dies symbolisiert den Tod des Egos und den Verlust von Interesse an der materiellen Welt, wenn die Seele die Illusionen erkennt, denen sie sich hingegeben hat.

Wie fühlt es sich an, wenn dein Ego schmilzt und deine wahre Essenz hervorkommt? Die Intensität der kalzinierenden Feuer variiert von Mensch zu Mensch, aber dieser Prozess stellt immer den Beginn einer dunklen Phase dar, in der wir auf unsere grundlegendsten Bestandteile reduziert werden. Für die meisten von uns geschieht dies durch die Prüfungen und Schwierigkeiten des Lebens. Für die Alchemisten jedoch ist Kalzinierung ein kontrolliertes Brennen, erreicht durch eine bewusste Aufgabe der Materialität und spiritueller Disziplinen, die die Leidenschaft in unseren Seelen entzünden.

Bist du bereit, die Illusionen deines Egos zu verbrennen und dein wahres Selbst zu entdecken? Was würde sich ändern, wenn du die Kontrolle über diesen Prozess übernehmen könntest? Stell dir vor, wie viel leichter und klarer dein Leben wäre, wenn du die alten Abwehrmechanismen und Wahnvorstellungen hinter dir lassen könntest. Die Kalzinierung ist der erste Schritt auf dem Weg zur Transformation – ein Schritt, der uns näher zu unserem höchsten Potenzial bringt.

Ein Beispiel für die erste Phase der Alchemie: Kalzinierung - Seelenleben

Stell dir vor, du stehst mitten in deinem Leben und plötzlich passiert etwas Erschütterndes. Vielleicht verlierst du deinen Job, erlebst eine schmerzhafte Trennung oder wirst in einen traumatischen Unfall verwickelt. Diese Ereignisse, so schmerzhaft sie auch sind, können als Katalysatoren für die erste Phase der Alchemie dienen – die Kalzinierung.

Wie fühlt es sich an, wenn dein Leben in seinen Grundfesten erschüttert wird? In diesem Moment mag es sich anfühlen, als ob du durch ein Feuer oder ein Erdbeben gehst. Der Schmerz und das Chaos können überwältigend sein. Doch wenn du später darauf zurückblickst, wirst du erkennen, dass diese Erfahrung ein Katalysator für deine Transformation war. Es ist schwer, durch solche Zeiten zu gehen, aber letztlich macht es dich stärker – vorausgesetzt, du verharrst nicht in der Opferrolle.

Stell dir vor, jemand hat dich tief verletzt und du fühlst dich gekränkt. Dieser Vorfall könnte der Beginn deiner Kalzinierung sein. In der Alchemie bedeutet Kalzinierung die Erhitzung und Zersetzung. So wie Kräuter in der Natur gepflückt, getrocknet und dann zu feinem Pulver gemahlen werden, durchläufst du eine Phase der Zerstörung deiner alten Form. Es ist ein intensiver Prozess, der die Grundelemente deines Seins trennt und die alte Form vollständig zerstört.

In der Alchemie wird gesagt: „Alles verwandelt sich durch Feuer." Paracelsus, der Alchemist und Begründer der modernen Pharmakologie aus dem 15. Jahrhundert, sagte: „Zuallererst ist das wichtigste Subjekt dieser Kunst das Feuer. Es besitzt eine belebende Kraft. Der Ofen und das Feuer können mit der Sonne verglichen werden; sie erhitzt den Ofen und die Gefäße, ebenso wie die Sonne das Universum erwärmt. Nichts auf der Welt kann ohne die Sonne entstehen, ebenso wenig wie in dieser Kunst ohne dieses einfache Feuer."

Warum beginnen wir mit dem Feuer? Seien wir ehrlich – normalerweise brauchen wir ein solches Feuer, um unsere Komfortzone zu verlassen. Viele Menschen verharren in einer gewissen Trägheit, bis etwas in ihrem Leben passiert, das sie erschüttert. Doch wenn dieses Feuer ausbricht, beginnen wir uns zu verwandeln. Die Alchemisten glaubten, dass die Evolution der Fluss der Natur ist und dass Fortschritt und Verbesserung im göttlichen Willen liegen. Auch wenn wir Entropie in der Welt sehen, bewegt sich alles in Richtung einer höheren Ordnung.

Wie können wir diese alchemistische Transformation in unserem Leben aktiv gestalten? Zuerst müssen wir bereit sein, ins Feuer zu gehen, anstatt davor wegzulaufen.

Wir verlassen die Komfortzone und nehmen die Gelegenheiten zur Transformation wahr. Das Feuer selbst ist nicht die Gefahr, sondern die Vermeidung des Feuers. Wenn wir Herausforderungen aus dem Weg gehen, werden wir uns nicht weiterentwickeln. Wir müssen lernen, das Feuer zu kontrollieren. Ein Feuer kann zerstörerisch sein, wenn es außer Kontrolle gerät, aber zu wenig Feuer führt zu Stagnation und Depression.

Zu der Arbeit eines Alchemisten gehört es, das Feuer zu kontrollieren und dennoch seine Macht anzuerkennen. Respektiere das Feuer in deinem Leben. Wenn du bereit bist, durch das Feuer zu gehen, wirst du erkennen, dass es nicht der Feind ist, sondern ein mächtiges Werkzeug zur Transformation. Bist du bereit, den ersten Schritt zu machen und die Illusionen deines Egos zu verbrennen, um dein wahres Selbst zu entdecken?

Schritt zwei: Auflösung - Symbolisch

Stell dir vor, du betrittst die nächste Phase deiner Transformation – die Auflösung. Diese Phase wird durch den zweiten Strahl des Azoth der Philosophen repräsentiert. Er führt uns in das Reich des Königs und ist mit dem Symbol für Zinn und den Planeten Jupiter gekennzeichnet. Der Strahl ist in einem hellen Grau oder Weiß dargestellt.

Ein Mensch mit einem Zinntemperament neigt dazu, sich auf sein eigenes Urteilsvermögen zu verlassen, um sich im Leben zurechtzufinden, obwohl diese Urteile oft auf dem äußeren Erscheinungsbild basieren. Dieses Vertrauen auf oberflächliche Prozesse kann zu einem praktischen, emotionslosen und „blechernen" Temperament führen. In Beziehungen ist ein Mensch/Archetyp mit Jupiter-Energie (Arkana Mond, Mäßigkeit, Glücksrad) möglicherweise von körperlichen Gelüsten oder finanziellen Gewinnmotiven getrieben, aber er kann auch ein guter Versorger für seine Familie sein.

Der zweite Kreis des Azoth zeigt den schwarzen Seelenvogel, der sich selbst beobachtet und buchstäblich vor seinen eigenen Augen in den mächtigen Kräften des Unbewussten auflöst. Dieses innere „Wasser, das die Hände nicht benetzt", manifestiert sich in Form von Träumen, Stimmen, Visionen und seltsamen Gefühlen. Diese Elemente enthüllen eine weniger geordnete und weniger rationale Welt, die gleichzeitig mit unserem Alltagsleben existiert. Aus dem Becken der Auflösung wird das weiße Bild der Essenz des Seelenvogels reflektiert, das während dieser Operation freigelegt wird.

Im äußeren Ring neben dem Kreis der Auflösung steht das Wort „Interiora", was die inneren oder innersten Teile bedeutet – die Quelle unserer Emotionen und Gefühle.

Bei der Auflösung geht es darum, die Asche des Kalzinierungsprozesses entweder in Wasser oder Säure aufzulösen. Psychologisch gesehen bedeutet das, dass wir die künstlichen Strukturen unserer Psyche weiter aufbrechen, indem wir in unser Unbewusstes eintauchen – in die irrationalen und oft abgelehnten Teile unseres Geistes.

Die Aussage „Seine Mutter ist der Mond" verweist auf die Aktivierung des Mondbewusstseins (verbunden mit der Hohepriesterin und dem Wagen) in dieser Phase. Das beschreibt die erste Anwendung des Wasserelements.

Während die Kalzinierung auf den Geist und das Ego einwirkt, um Täuschungen und unreine Gedanken zu zerstören, wirkt die Auflösung auf das Herz, um vergrabene Emotionen freizusetzen, die unsere wahre Natur verbergen oder verzerren. Im Grunde bedeutet dies, unseren Schmerz zu zeigen und unsere Wunden freizulegen, in denen das Gold unseres Wesens oft gefangen, aber noch intakt ist. Es handelt sich größtenteils um einen unbewussten Prozess, bei dem unser bewusster Geist das Auftauchen von zuvor vergrabenem Material zulässt.

Die Auflösung arbeitet mit dem Wasserelement, indem wir unsere inneren Schleusen öffnen und aus dem zurückgehaltenen Wasser neue Energie erzeugen. Das Ergebnis ist eine wunderbar fließende Präsenz, die frei von Hemmungen, Vorurteilen und einschränkenden mentalen Strukturen ist. Alles, was in uns verborgen war, kommt nun an die Oberfläche und wird frei zum Ausdruck gebracht.

Durch diesen Prozess können wir tiefe emotionale Heilung erfahren und eine neue Klarheit in unser Leben bringen. Bist du bereit, deine inneren Schleusen zu öffnen und das fließende, heilende Wasser der Auflösung zu erfahren?

Ein Beispiel für die zweite Phase der Alchemie: Auflösung - Seelenleben

Was passiert, wenn unser Ego durch ein erschütterndes Ereignis zerstört wird? Dann kommen Emotionen hoch – sie werden aufgewühlt und bringen uns zur zweiten Phase: der Auflösung. Auf der physikalischen Ebene bedeutet das, eine Substanz in Wasser oder einer anderen Flüssigkeit aufzulösen. Von der Kalzinierung übrig bleibt das zerrissene Rohmaterial oder die Asche, die in eine Flüssigkeit gegeben und dort aufgelöst wird.

Metaphorisch gesehen hängt Wasser mit unseren Emotionen zusammen. Sie kommen aus dem Unterbewusstsein in unser Bewusstsein hoch, wir fühlen sie und drücken sie aus.

Vielleicht weinen wir uns aus – es gibt nichts Besseres, um die Verbrennungen nach der Kalzinierung zu lindern. Aber in dieser Phase ist alles verschwommen, es ist schwer, Klarheit zu finden. Das Schlimmste wäre, unter dem Einfluss dieser Emotionen Entscheidungen zu treffen. Viele Menschen stürzen sich dadurch in unnötiges Drama. In dieser Phase müssen wir lernen, unsere Emotionen zu kontrollieren. Wir müssen erkennen, wann wir nicht klar denken und uns daran erinnern, dass wir dann keine Entscheidungen treffen sollten.

Wie kommst du reibungslos durch diese Phase? Indem du diese emotionale Energie angemessen auslebst. Lass sie heraus und halte sie nicht zurück. Wasser oder Emotionen können ebenfalls zerstörerisch sein, wenn sie nicht kontrolliert und geleitet werden. Wir müssen sie angemessen ausleben und nicht an anderen auslassen. Ein Tagebuch führen oder körperliche Betätigung kann helfen. Du kannst dich bei Freunden ausweinen oder einem Menschen deines Vertrauens dein Herz ausschütten. Aber sei vorsichtig – wir sollten nicht lästern und uns beklagen, sondern lediglich unsere Gefühle ausdrücken, damit die Energie sich auf gesunde Weise entladen kann.

Das Ziel ist es, Zorn und Traurigkeit zu transformieren und herauszufinden, was sich darunter verbirgt. Eine Gefahr besteht darin, im emotionalen Drama und in der Opferrolle stecken zu bleiben. Wenn wir in diesem Zustand verharren, überwinden wir ihn nicht. Es ist wichtig, sich zu besinnen. Als Alchemisten möchten wir lernen, diese Phasen schneller zu durchlaufen.

Was geschieht während dieser flüssigen Phase? Du erkennst den Kern deiner Essenz. Jegliche Unreinheiten werden entzogen, die Auflösung ist ein reinigender Prozess. Wir trennen die verschiedenen Elemente noch nicht voneinander, aber wir beginnen, das Wesentliche freizulegen. Wenn du die Emotionen rauslässt, geschieht dasselbe, wie wenn du dich ausgeweint hast – du kommst an den Punkt, an dem du keine Tränen mehr zu vergießen hast. Die Emotionen verflüchtigen sich, und du bist für die nächsten Schritte bereit.

SCHRITT DREI: TRENNUNG - SYMBOLISCH

Du hast die ersten beiden Phasen der Transformation durchlaufen, und jetzt ist es Zeit für den nächsten Schritt: die Trennung. In dieser Phase lernst du, zwischen den verschiedenen Aspekten deiner selbst zu unterscheiden und zu trennen, was dir dient und was nicht.

Stell dir vor, du hast dich gerade von einer intensiven emotionalen Erfahrung erholt, vielleicht einem heftigen Streit oder einem schmerzhaften Verlust. Die Emotionen sind hochgekocht und haben sich schließlich beruhigt, wie in einem Gewitter, das sich legt. Jetzt, in der Phase der Trennung, ist es an der Zeit, die Überreste zu sichten und zu erkennen, was du aus dieser Erfahrung mitnehmen möchtest.

Diese Phase wird durch den dritten Strahl des Azoth symbolisiert, der auf die Fackel des Feuers zeigt und sowohl das Metall Eisen als auch den Planeten Mars repräsentiert. Diese rote Energie steht für Stärke und Entschlossenheit, aber auch für die Notwendigkeit, die Dinge klar und entschlossen zu trennen.

In der Alchemie bedeutet Trennung, die Essenzen zu isolieren und das Wertvolle vom Unnützen zu unterscheiden. Du beginnst, die eingefrorene Energie, die durch alte Gewohnheiten und kristallisierte Gedanken gebunden war, zurückzugewinnen. Psychologisch gesehen bedeutet das, dass du die Überreste von Gewohnheiten, Überzeugungen und emotionalen Blockaden, die dich zurückgehalten haben, durchforstest und die wertvollen Essenzen deiner Erfahrungen rettest.

Stell dir vor, du durchsuchst die Trümmer deines inneren Hauses nach wertvollen Schätzen. Was bleibt übrig, nachdem das Feuer der Kalzinierung und die Flut der Auflösung gewütet haben? Diese wertvollen Überreste sind deine Essenz, deine wahren Stärken und Tugenden, die durch die Herausforderungen des Lebens poliert wurden.

In dieser Phase unterscheidest du bewusst zwischen dem, was du behalten möchtest, und dem, was du loslassen musst. Es ist wie das Durchsieben von Goldnuggets aus einem Flussbett – du nimmst die Nuggets und lässt die Schlacke zurück.

Du überprüfst altes, schattenhaftes Material, bestehend aus Dingen, für die du dich geschämt hast oder die du verbergen musstest, und entscheidest, was du in dein Leben reintegrieren und was du endgültig loslassen möchtest.

„Der Wind trug sie in seinem Bauch", heißt es auf der Tafel, und diese Phase ist die erste Anwendung des Luftelements in deiner Arbeit. Trennung bedeutet, deine spirituellen Essenzen durch die Prozesse der Kalzinierung und Auflösung zu sichern und sie für die nächsten Schritte der Transformation vorzubereiten. Dies ist ein bewusster Prozess des Loslassens und der Rettung deiner verborgenen Essenz, die in den folgenden Operationen weiter veredelt wird.

Du erkennst, dass du diese Essenzen – die besten Teile deines Geistes und deiner Seele – behutsam durch die stürmischen Gewässer der Emotionen navigieren musst, um sie in deinem neuen, transformierten Selbst zu integrieren. Die Phase der Trennung hilft dir, klar und bewusst zu entscheiden, wer du wirklich bist und was du in dein Leben mitnehmen möchtest, um deinen wahren, authentischen Weg zu gehen.

Ein Beispiel für die dritte Phase der Alchemie: Trennung - Seelenleben

Stell dir vor, der Sturm hat sich gelegt und der Geist beruhigt sich. Jetzt ist die Zeit gekommen, um Klarheit zu gewinnen und die Dinge voneinander zu unterscheiden. Das ist der Übergang zur dritten Phase, der sogenannten Trennung. Wenn sich alles nach einer gewissen Zeit gesetzt hat, sind die Essenzen aus der alten Form bereit, getrennt zu werden.

Denke an die Zubereitung von Tee. Zuerst entzieht das Wasser den Teeblättern Farbe und Aroma. Lässt du den Tee lange genug stehen, sinken die Blätter auf den Boden der Tasse. Wenn der Tee ungestört bleibt, bildet sich manchmal ein Ölfilm an der Oberfläche, den du abschöpfen kannst. Du kannst die Flüssigkeit durch ein Sieb gießen, um die dichteren Bestandteile zurückzuhalten. So trennst du die verschiedenen Elemente voneinander.

In der Alchemie geht es darum, diese Grundelemente weiter zu bearbeiten, bis sie ihren reinsten Zustand erreichen und neu zusammengesetzt werden können. Dieser Prozess der Trennung hilft uns zu erkennen, was durch ein bestimmtes Ereignis in uns ausgelöst wurde. Vielleicht hat uns das Ereignis an ein früheres Trauma erinnert, das noch nicht verheilt ist.

Durch die Trennung verstehen wir, warum wir uns so gefühlt haben. Wir können eine bestimmte Angst oder Überzeugung identifizieren, die durch das Ereignis verstärkt wurde. Es geht darum, unsere emotionalen Bindungen wahrzunehmen und zu erkennen, was wirklich mit uns geschieht.

In dieser Phase fragen wir uns: Was möchte ich behalten und was muss ich loslassen? Wir erkennen, dass das Ereignis nur ein Katalysator war und sehen die Unreinheiten, die unseren Geist und unsere Beziehungen beeinträchtigen. Jetzt haben wir die Klarheit, um in uns zu gehen und Entscheidungen zu treffen.

Es erfordert Ehrlichkeit mit uns selbst und die Bereitschaft, nicht nur die äußere Situation zu beurteilen. Manchmal erkennen wir, dass unser altes Verhalten an bestimmte soziale Gruppen gebunden war. Während dieses Reinigungsprozesses müssen wir vielleicht einige Veränderungen vornehmen. Alte Freundschaften, die uns zu ungesundem Verhalten verleiten, könnten uns dabei zurückhalten.

Wir gelangen an einen Punkt, an dem wir alte Beziehungen aufgeben müssen, die nicht mehr zu uns passen. Es ist Zeit, uns zu befreien und uns auf unsere Heilung zu konzentrieren. In dieser Phase können wir stecken bleiben, wenn wir an alten Bindungen festhalten. Diese mögen uns vertraut sein, aber sie dienen uns nicht mehr.

Das Loslassen des Alten schafft Raum für Neues. Auch wenn wir uns manchmal einsam fühlen, ist es ein Akt der Selbstliebe, der uns heilt und uns selbst näher bringt. Die Alchemie treibt uns an, und innerlich wissen wir, dass wir diesen Weg gehen müssen. Es geht darum, unseren eigenen Weg zu finden und unsere neue Lebensweise zu stabilisieren.

SCHRITT VIER: VERBINDUNG - SYMBOLISCH

Stell dir vor, du stehst an einem Wendepunkt. Du hast bereits durch Kalzinierung und Auflösung die Grundlagen geschaffen und durch Trennung Klarheit gewonnen. Jetzt geht es darum, alles zusammenzuführen – das ist die Phase der Konjunktion.

In dieser Phase des Azoth zeigt der vierte Strahl auf die Stelle, wo der rechte Flügel der aufgestiegenen Essenz den in Flammen wälzenden Salamander berührt. Dieser Strahl ist mit dem Symbol für Gold und Sonne markiert und oft in gelben oder hellgrünen Tönen gehalten.

Wenn du eine „goldene" Energie in dir trägst, bist du mutig und doch bescheiden, voller Temperament und zugleich sensibel. Du erkennst, dass in jedem von uns ein innerer Same der Ausstrahlung wartet, um zu wachsen. Du neigst dazu, sehr romantisch zu sein und erwartest das gleiche Maß an Idealismus von anderen.

Im vierten Kreis der Zeichnung siehst du die Seelen- und Geistesvögel, die gemeinsam die Erde verlassen und eine fünfzackige Krone in den Himmel heben. Diese Krone repräsentiert die Quintessenz, die aus den vorangegangenen Phasen gewonnen wurde. Konjunktion ist der entscheidende Moment des gesamten alchemistischen Prozesses, bei dem die Kräfte der Seele und des Geistes vereint werden.

Über dem Kreis ist das Wort „Rectificando" eingraviert, was „durch Berichtigung" oder „die Dinge in Ordnung bringen" bedeutet. Auf persönlicher Ebene bedeutet die Konjunktion, dass du dein wahres Selbst ermächtigst. Es ist die Vereinigung der männlichen und weiblichen Seiten deiner Persönlichkeit zu einem neuen, harmonischen Glaubenssystem. Diese Phase ist der Moment, in dem das „Kind der Philosophen", das fragile Ergebnis deiner inneren Arbeit, geboren wird.

Vielleicht spürst du in dieser Phase eine Zunahme intuitiver Erkenntnisse. Ägyptische Alchemisten nannten dies die Geburt der „Intelligenz des Herzens". Diese Fähigkeit erzeugt ein tiefes Gefühl der Realität, das über Gedanken und Gefühle hinausgeht. Synchronizitäten treten auf und bestätigen, dass du auf dem richtigen Weg bist.

Die Konjunktion kann auch als die Schaffung eines intuitiven „Überselbst" betrachtet werden, das Carl Jung als Individuation bezeichnete – die Wiedervereinigung des fragmentierten Selbst zu einem harmonischen Ganzen. Die Schaffung dieser integralen, ganzen Person bedeutet, dass du auf der irdischen Ebene so weit aufgestiegen bist, wie du kannst. „Seine Amme ist die Erde", beschreibt diese Phase und zeigt die erste Anwendung des Erdelements in deiner Arbeit.

Ein Beispiel für die vierte Phase der Alchemie: Verbindung - Seelenleben

Wie geht es weiter, nachdem du losgelassen hast? Dann führt es uns zur vierten Phase der Transformation, einer besonders schönen Etappe auf deinem Weg. Hast du jemals gespürt, wie befreiend es sein kann, das Alte loszulassen? Es ist, als ob eine schwere Last von deinen Schultern genommen wird. Du fühlst dich erneuert und wieder mit dir selbst verbunden.

In dieser Phase entdeckst du Aspekte deines Selbst und deine essentiellen Eigenschaften neu. Welche Stärken und Schwächen hast du in dir erkannt? Wie tief ist deine Verbindung zu deinem inneren Wesen geworden? Jetzt ist es an der Zeit, diese Grundelemente wieder zusammenzusetzen und dich auf einer ganz neuen Frequenz für das Leben zu stabilisieren. Fällt dir auf, dass du nun Menschen anziehst, die auf derselben Wellenlänge schwingen wie du?

Du beginnst, dein vollständiges Potenzial zu erkennen, und das ermutigt dich, weiterzugehen und es zu verwirklichen. Wie fühlt es sich an, dein Potenzial langsam zu entfalten? Diese Vereinigung der gereinigten Essenzen zu einem harmonischen Ganzen ist die Phase der Konjunktion. Wie fügst du die Elemente in deinem Leben so zusammen, dass jede Essenz in einem harmonischen Verhältnis zu den anderen steht?

In der physikalischen Alchemie entsteht in dieser Phase oft eine Tinktur, die eine höhere Schwingung aufweist als eine bloße Extraktion. Warum?

Weil die Bestandteile vor der Neuzusammensetzung gereinigt wurden. Spürst du, wie sich deine Schwingung erhöht, während du alte Lasten abwirfst und dich neu zusammensetzt?

Die Phase der Konjunktion ist sehr angenehm und erfüllend. Wie sehr genießt du diesen Moment der Harmonie? Nun sei Bewusst und Gewahr, dass du es dir hier nicht zu bequem machst. Bist du bereit, weiterzugehen, auch wenn es verlockend ist, hier zu verweilen? Wir sind erst in der Mitte des alchimistischen Prozesses. Was hält dich davon ab, weiterzugehen? Wenn wir hier anhalten, stagnieren wir und machen Rückschritte.
Welche alten Muster könntest du wiederholen, wenn du nicht weitergehst?

Wenn man sich seiner transformatorischen Reise nicht bewusst ist und keine richtige Anleitung erhält, kann man hier leicht feststecken. Wie oft hast du zugelassen, dass die Alchemie des Lebens dir widerfährt, anstatt aktiv daran teilzunehmen?

Ein Alchemist des Lebens nimmt eine aktivere Haltung ein, indem er sich den großen Zielen verschreibt, sein vollständiges Potenzial zu erreichen. Welche Ziele hast du dir gesetzt? Die letzten Phasen erfordern eine gewisse Anstrengung, aber sie bringen uns auch der Erfüllung unserer wahren Bestimmung näher. Bist du bereit, diese Anstrengung zu unternehmen, um dein wahres Selbst zu verwirklichen?

SCHRITT FÜNF: FERMENTATION - SYMBOLISCH

Nachdem du losgelassen hast und die Klarheit erreicht hast, wie geht es weiter? Das bringt uns zur fünften Phase der Transformation: die Gärung. Dies ist eine besonders tiefgehende und inspirierende Etappe auf deinem Weg.

Stell dir vor, du hast den alten Ballast abgeworfen, dich von emotionalen Blockaden befreit und eine neue, klare Sichtweise erlangt. Was passiert jetzt? In dieser Phase geht es darum, neues Leben und frische Energie in dein Sein zu bringen. Es ist, als ob du ein altes Haus entrümpelt hast und jetzt beginnst, es mit neuen, lebendigen Farben zu streichen und frischen Wind hereinzulassen.

Gärung bedeutet, dass du deine Seele mit göttlicher Leidenschaft und Inspiration entflammst. Hast du jemals einen Moment tiefer Inspiration erlebt, sei es durch Meditation, Gebet, einen kreativen Durchbruch oder sogar eine mystische Erfahrung? Diese Phase ist genau das – das Einführen eines neuen, lebendigen Elements in dein Sein, um deine Eigenschaften vollständig zu transformieren.

Vielleicht hast du schon einmal das Gefühl gehabt, dass deine Vorstellungskraft mächtiger ist als die Realität um dich herum. In der Gärung nutzen wir diese wahre Vorstellungskraft, um uns auf eine höhere Ebene des Bewusstseins zu erheben. Dies kann durch tiefe Meditation, intensives Gebet oder sogar durch transpersonale Therapie erreicht werden. Die Vorstellungskraft wird zu einem Tor, das uns über die alltägliche Realität hinausführt.

Wie fühlt es sich an, sich in diesem Zustand der erweiterten Wahrnehmung zu befinden? Alles erscheint klarer, echter und bedeutungsvoller. Dein Bewusstsein verlässt die Grenzen der Materie und erlebt eine Realität, die wahrhaftiger ist als alles, was du mit deinen Augen sehen kannst.

In dieser Phase erlebst du eine tiefgreifende Transformation. Es ist wie eine Wiedergeburt, bei der das alte Selbst stirbt und ein neues, erleuchtetes Selbst aufersteht. Hast du schon einmal das Gefühl gehabt, dass ein Teil von dir gestorben ist, nur um als ein besseres, stärkeres Selbst wiedergeboren zu werden?

Diese Phase erfordert Mut und Hingabe. Du musst bereit sein, dich auf tiefgehende innere Arbeit einzulassen und dich für die höheren Ebenen deines Seins zu öffnen. Bist du bereit, diese transformative Reise zu unternehmen und dein volles Potenzial zu entfalten?

Gärung bringt dich in Kontakt mit deiner tiefsten Essenz und deinem göttlichen Funken. Welche neuen Einsichten und Inspirationen warten darauf, in dir entdeckt zu werden? Erlaube dir, diese Phase voll zu erleben und die göttliche Leidenschaft und Inspiration in dein Leben zu integrieren. So erreichst du die nächste Stufe deiner spirituellen Reise.

Stell dir vor, du befindest dich mitten in einem intensiven Transformationsprozess – die Phase der Fermentation. Dieser alchemistische Schritt ist tiefgreifend und gleichzeitig subtil, ein wahrhaftiger Reifungsprozess. Die Fermentation ist wie eine sanfte Flamme, die das spirituelle Kind in dir wärmt und nährt, ganz anders als die rauen Feuer der Kalzinierung, die dein Ego herausgefordert haben. Hier geht es um Inspiration und das Einfließen spiritueller Kraft, die dich wiederbelebt, energetisiert und erleuchtet.

Während dieser Phase fühlst du dich, als würdest du in Flammen stehen, aber auf eine sanfte, beruhigende Weise. Es ist wie eine brütende Henne, die auf ihren Eiern sitzt und darauf wartet, dass neues Leben schlüpft. Diese Metapher beschreibt die Geburt eines neuen Bewusstseinszustands, der oft durch brillante Farben und bedeutungsvolle Visionen gekennzeichnet ist. Diese Visionen sind so lebendig und real, dass sie als „Pfauenschwanz" bezeichnet werden – ein Zeichen dafür, dass du das Ende der qualvollen schwarzen Phase der Alchemie erreicht hast.

Aus der Dunkelheit und Zersetzung des alten Selbst entsteht das gelbe Ferment, das wie goldenes Wachs in deinem Gehirn fließt. Chinesische Alchemisten nannten dies die Goldene Pille, die den Beginn der wahren Erleuchtung markiert. Diese wachsartige Substanz ist die Verkörperung deiner wahren Vorstellungskraft, die nun real wird. Ferment überflutet deinen Geist mit bedeutungsvollen und zutiefst realen Bildern von etwas, das weit über deine bisherige Realität hinausgeht. Es ist wie eine Schwingtür zwischen verschiedenen Ebenen des Bewusstseins, zwischen Seele und Geist, zwischen Materie und Spirit.

Welche Fragen kannst du dir in dieser Phase stellen, um deine Transformation zu unterstützen?

• Was sind die Visionen und inneren Bilder, die jetzt in mir aufsteigen?
• Welche alten Überzeugungen und Verhaltensweisen halten mich zurück, und wie kann ich sie loslassen?
• Wie kann ich die sanfte Wärme der Fermentation nutzen, um mein spirituelles Selbst weiter zu entwickeln?
• Welche tief verwurzelten Aspekte meiner Persönlichkeit muss ich jetzt loslassen, um Platz für mein wahres Selbst zu schaffen?
• Wie kann ich meine Vorstellungskraft nutzen, um meine Realität zu transformieren?
• Welche neuen Möglichkeiten und Perspektiven öffnen sich mir jetzt, und wie kann ich sie integrieren?

Durch diese Fragen kannst du tief in den Prozess der Fermentation eintauchen und die sanfte, aber mächtige Transformation, die sie bietet, voll und ganz erleben. Diese Phase fordert dich auf, geduldig und diszipliniert zu sein, während du die tieferen Ebenen deiner Persönlichkeit klärst und dich auf die Erweckung und Erleuchtung vorbereitest.

Lass dich von der Inspiration dieser Phase leiten und erkenne, dass du auf dem Weg zu einem höheren Bewusstseinszustand bist. Es ist eine Reise, die Hingabe und Mut erfordert, aber die Belohnungen sind unermesslich – ein neues Leben in Harmonie mit deinem wahren Selbst und dem universellen Geist.

Ein Beispiel für die fünfte Phase der Alchemie: Fermentation - Seelenleben

Als nächstes kommt die Phase der Gärung. Diese Phase ist ein tiefer Reinigungsprozess und gleichzeitig eine Reifungsphase. Alles Störende, was noch übrigbleibt, muss in dieser Phase absterben. Bei den physikalischen Vorgängen der Alchemie würde dies bedeuten, den Transformationsprozess auf kleinem Feuer weiter voranzutreiben. Wir gehen die Unreinheiten auf einer subtileren Ebene an. Dies erfordert Zeit, Geduld und Ausdauer. Alles, was nicht in seiner reinsten Essenz vorhanden ist, stirbt ab, wodurch der Geist freigesetzt wird. Deshalb wird Alkohol auch als Spirituose bezeichnet, weil er eines der Grundelemente ist, die durch die Gärung freigesetzt werden.

Auf persönlicher Ebene sind wir uns in dieser Phase oft nicht sicher, was wir tun müssen. Vielleicht kämpfen wir sogar mit uns selbst, aber wir spüren immer noch das innere Feuer, das uns antreibt. Wir nehmen tiefere Bindungen wahr, die zuvor verborgen waren, und es fällt uns schwer, sie loszulassen. Je mehr wir uns dagegen wehren, desto wahrscheinlicher ist es, dass wir eine dunkle Nacht der Seele erleben.

Was bedeutet das für dich? Wie gehst du mit den Aspekten deiner Persönlichkeit um, die dich zurückhalten? Kannst du die Teile von dir loslassen, die nicht mehr deinem höchsten Wohl dienen?

Die „dunkle Nacht der Seele" ist ein Begriff, der ursprünglich aus der mystischen Literatur stammt und sich auf eine Phase tiefgreifender spiritueller Krise oder Transformation bezieht. Es ist ein Zustand, in dem man sich vom Schöpfer oder dem Universum getrennt fühlt, und oft mit intensiven Gefühlen von Einsamkeit, Verzweiflung und Sinnlosigkeit konfrontiert wird. Diese Phase ist jedoch auch ein wesentlicher Teil des spirituellen Wachstums und der Erneuerung, da sie letztlich zu einem tieferen Verständnis des Selbst und einer engeren Verbindung zum Göttlichen führen kann.

Die dunkle Nacht der Seele ist nicht einfach eine depressive Episode oder ein emotionaler Tiefpunkt, obwohl sie ähnliche Gefühle hervorrufen kann.

Sie ist vielmehr ein Prozess des Loslassens und der Reinigung, bei dem alte Überzeugungen, Identitäten und Ego-Anhaftungen zerbrochen werden, um Platz für ein neues, authentischeres Selbst zu schaffen. Dieser Prozess kann extrem schmerzhaft und beängstigend sein, da er oft das Gefühl der Sicherheit und des Verständnisses der Welt infrage stellt.

In der dunklen Nacht der Seele stellt man sich Fragen wie:

• Warum fühle ich mich so verloren und getrennt?
• Was ist der tiefere Sinn meines Leidens?
• Was muss ich loslassen, um weiterzugehen?
• Wie kann ich in diesem Zustand des Nichtwissens und der Unsicherheit Vertrauen finden?
• Welche Energie der Matrix of Fate kann ich mir anschauen?
• An welchem Platz ist diese Energie?

Dieser Prozess fordert uns dazu auf, uns unseren tiefsten Ängsten und Unsicherheiten zu stellen und uns mit dem Unbekannten zu versöhnen. Es ist eine Zeit der intensiven inneren Arbeit und Selbstreflexion, bei der wir lernen, unser wahres Selbst zu erkennen und zu akzeptieren.

Die dunkle Nacht der Seele kann uns lehren, dass wir mehr sind als unsere Gedanken, Gefühle und Erfahrungen. Sie fordert uns auf, unsere Verbindung zu unserem höheren Selbst und zum Universum zu vertiefen und die Illusionen des Egos hinter uns zu lassen. Am Ende dieser Phase können wir ein tieferes Gefühl der inneren Freiheit, des Friedens und der Einheit mit allem Leben erfahren.

In dieser Zeit ist es wichtig, sich selbst Mitgefühl und Geduld entgegenzubringen. Unterstützung durch Meditation, Gebet, Gespräche mit vertrauenswürdigen Freunden oder spirituellen Lehrern kann hilfreich sein. Die Erkenntnis, dass diese Phase vorübergehen wird und Teil eines größeren Transformationsprozesses ist, kann Trost spenden und Hoffnung geben.

Die dunkle Nacht der Seele ist letztlich eine Einladung, sich auf eine tiefere Ebene des Seins einzulassen und die Wahrheit unserer spirituellen Natur zu entdecken.

Wir müssen uns der inneren Dunkelheit und unseren inneren Dämonen stellen. Tief verwurzelte Aspekte unserer Persönlichkeit halten uns zurück. Einige von ihnen haben wir vielleicht sogar für positiv gehalten, aber jetzt sind wir an einem Punkt, wo sie unser Wachstum behindern. Also müssen wir sie loslassen. Diese Phase beinhaltet einen Tod der Persönlichkeit und aller Bindungen an unsere alte Identität. Es kann Angst entstehen, weil wir nicht wissen, wer wir ohne diese Dinge sein werden.

Welche Ängste halten dich davon ab, weiterzugehen? Was wäre, wenn diese Ängste nur Illusionen wären, die dich daran hindern, dein wahres Selbst zu leben?

In dieser Phase kann eine gewisse Trauer entstehen, aber es muss keine Trübsal sein. Es kommt darauf an, was wir daraus machen. Je mehr wir sie verarbeiten, anstatt uns gegen sie zu wehren, desto schneller geht sie vorbei.

Wie kannst du deine Trauer auf gesunde Weise ausdrücken? Was brauchst du, um diese Phase zu durchlaufen und gestärkt daraus hervorzugehen?

In alten Zeiten durchliefen die Eingeweihten diese Phase schneller, indem sie nach Visionen suchten. Sie unterdrückten ihre Sinneswahrnehmungen, um den Geist für eine Reise in ihr Inneres zu öffnen. Sie lebten zum Beispiel in einer dunklen Höhle oder gingen 40 Tage und Nächte lang in die Wüste. Sie fasteten und brachten ihren Körper zur Ruhe, um in tiefe meditative Zustände zu gelangen. Es war ein langer Prozess der Meditation und Abgeschiedenheit von äußeren Ablenkungen.

Was würde passieren, wenn du dir erlauben würdest, dich von äußeren Ablenkungen zu lösen? Welche tieferen Wahrheiten könntest du in dir entdecken?

Die willentliche Trennung von äußeren Anreizen befreit die Seele von der physischen Matrix und der alten Identität. Eine weitere Methode, die die Alchemisten verwendeten, war die intensive Konzentration auf alchemistische Symbole.

Das war in der westlichen Alchemie und in der tibetischen Kalachakra-Tradition weit verbreitet. Die Eingeweihten meditierten mit diesen Bildern, um das transformatorische Feuer und höhere Energien heraufzubeschwören. Durch Atemtechniken und Gesänge verbanden sie das innere Selbst mit dem Göttlichen.

Wie könntest du Symbole und Meditation nutzen, um dich mit deinem höheren Selbst zu verbinden? Welche Rituale könnten dir helfen, das transformatorische Feuer in dir zu entfachen?

Diese Phase erfolgreich zu durchlaufen, erforderte, dass sie diese Vision selbst erarbeiteten und nicht durch die Einnahme von Substanzen herbeiführten. Sie mussten lernen, die Tür zu den spirituellen Sphären selbst zu öffnen.

Es geht um den Tod des alten Selbst, die Herrschaft über die inneren Dämonen und die Hingabe an den höheren Willen des Göttlichen. Die innere Alchemie vollzieht sich durch Atemarbeit, Meditation und die Nutzung der Lebenskraft, um die Schwingung zu erhöhen und vom Ego zum Geist zu transzendieren.

Wie kannst du deinen eigenen Weg der Transformation finden? Welche Schritte wirst du unternehmen, um das alte Selbst loszulassen und dein wahres Potenzial zu entfalten?

SCHRITT SECHS: DESTILLATION - SYMBOLISCH

Stell dir vor, du befindest dich in der Phase der Destillation – dem sechsten Schritt auf deinem alchemistischen Weg. Diese Phase ist eine tiefgehende Spiritualisierung, die dich auf eine höhere Bewusstseinsebene hebt. Der sechste Strahl von Azoth weist auf die Feder hin, das Symbol der Luft, und zeigt die Notwendigkeit, deine spirituellen Bestrebungen zu klären.

Indigo oder Lapisblau mit goldenen Flecken repräsentieren diese Phase, die mit Merkur verbunden ist. Menschen mit einem merkurischen Temperament sind oft flatterhaft und schwer zu fassen. Ihre Stimmungen können sich von einem Moment auf den anderen ändern. Vielleicht kennst du das auch von dir selbst? Beziehungen zu solchen Menschen können eine Herausforderung sein, da sie in der einen Minute aufmerksam und sensibel sind und in der nächsten völlig in sich selbst versunken. Sie brauchen die Destillation, um Klarheit und Perspektive zu gewinnen.

In dieser Phase siehst du ein Einhorn, das vor einem Rosenbusch liegt. Die Legende besagt, dass das Einhorn unermüdlich vor Verfolgern flieht, aber demütig auf dem Boden ruht, wenn sich ihm eine reine Jungfrau nähert. Diese Jungfrau symbolisiert dich, den gereinigten Alchemisten, der durch die vorherigen Prozesse der Transformation hindurchgegangen ist und nun in einen Zustand der Unschuld zurückgekehrt ist. Über diesem Kreis steht das Wort „Occultum", was geheim oder verborgen bedeutet.

In der Destillation wird die gereinigte Seele auf ihr Objekt fokussiert und blickt symbolisch in das Auge Gottes. Es geht darum, durch wiederholte Destillationen äußerste Reinheit zu erreichen. Chemisch betrachtet ist Destillation das Kochen und Kondensieren einer Lösung, um ihre Reinheit zu erhöhen – deshalb wird diese Phase auch als das weiße Stadium der Alchemie bezeichnet. Psychologisch bedeutet dies, dass du deine psychischen Kräfte erregst und sublimierst, um sicherzustellen, dass keine Unreinheiten des Egos in den nächsten Prozess übergehen.

Was bedeutet das für dich im Alltag?

Es geht darum, introspektive Techniken anzuwenden, um den Inhalt deiner Psyche auf das höchstmögliche Niveau zu heben. Es geht darum, frei von aller Sentimentalität und Emotion zu werden und dich sogar von deiner eigenen persönlichen Identität loszulösen. Destillation führt dich in das verdünnte Reich des Einen Geistes, wo niedere Emotionen nicht folgen können. Es ist die Reinigung deines ungeborenen Selbst – all das, was du wirklich bist und spirituell sein kannst.

Welche Fragen kannst du dir in dieser Phase stellen, um deine Transformation zu unterstützen?

• Welche tief verwurzelten Gedanken und Gefühle sind jetzt an die Oberfläche gekommen?
• Wie kann ich diese Gedanken und Gefühle destillieren und zu ihrer reinsten Form bringen?
• Welche alten Muster und Überzeugungen halte ich noch fest, und wie kann ich sie loslassen?
• Was ist mein wahres spirituelles Selbst, das jenseits von Ego und Emotionen existiert?
• Welche Techniken und Praktiken kann ich anwenden, um meine Psyche zu reinigen und zu erheben?

Durch diese Fragen kannst du tief in den Prozess der Destillation eintauchen und die spirituelle Reinigung und Klarheit erreichen, die dich auf deinem Weg zur Erleuchtung weiterbringt. Diese Phase fordert dich auf, diszipliniert und geduldig zu sein, während du dein wahres Selbst entdeckst und dich auf die nächste Stufe deiner alchemistischen Reise vorbereitest.

Erlaube dir, diese tiefe Reinigung zu erleben und erkenne, dass du auf dem Weg zu einem höheren Bewusstsein bist. Nutze diese Gelegenheit, um dich von allem zu befreien, was dich zurückhält, und dich auf die spirituelle Essenz deines Wesens zu konzentrieren.

Ein Beispiel für die sechste Phase der Alchemie: Destillation - Seelenleben

Bist du bereit für den nächsten Schritt in deiner alchemistischen Reise? Wir kommen nun zur Destillation, der Phase, in der nur die reinste Essenz übrig bleibt. Aber was bedeutet das für uns?

Destillation ist der Prozess des langsamen Erhitzens der Essenzen in einer Lösung, bis die flüchtigen Bestandteile verdampfen. Hermes schrieb in der Tabula Smaragdina: „Es steigt von der Erde in den Himmel auf." Das bedeutet, dass wir feinere Energien empfangen können, wie astrologische Einflüsse oder unsere eigenen Absichten.

Nachdem die Essenzen verdampft sind, kühlen wir sie ab und lassen sie wieder zu Flüssigkeit kondensieren. So kehrt die subtile Energie in eine dichtere Form zurück. Hermes sagte auch: „Es steigt wieder zur Erde herab und belebt die Kraft der obersten und der untersten Geschöpfe neu." Durch wiederholte Destillation wird die Lösung mit Geist und Bewusstsein angereichert. Jedes Mal, wenn sie kondensiert, trägt sie diese höhere Schwingungsessenz in sich.

Wie könnte dieser Prozess für uns aussehen? Er umfasst Meditationen, um vom tieferen Geist zum Quantenbewusstsein aufzusteigen. In diesem Zustand empfangen wir Erleuchtung. Doch wir bleiben nicht auf dieser hohen Schwingungsebene. Wir steigen auf, nehmen das Licht in uns auf und bringen es zurück in unser tägliches Leben. Wir machen dieses Licht sichtbar und anwendbar, um unser Leben neu zu gestalten.

Destillation verfeinert und perfektioniert die reine Essenz in uns. Es ist ein Prozess der Reifung, der Zeit, Geduld und Wiederholung erfordert. Wir durchlaufen diese Phase mehrmals, bevor wir zum letzten Schritt kommen.

Welche höheren Schwingungen möchtest du in dein Leben einbringen? Wie kannst du die Essenz deiner Erfahrungen verfeinern? Welche neuen Erkenntnisse und Lichtstrahlen möchtest du kondensieren und in deinem täglichen Leben anwenden? Lass uns diese Fragen gemeinsam erkunden und die Reise der Destillation bewusst erleben.

SCHRITT SIEBEN: KOAGULATION - SYMBOLISCH

Bereit für den letzten Schritt deiner alchemistischen Reise? Willkommen in der Phase der Koagulation, wo sich alles, was du bisher gelernt und transformiert hast, in einer neuen Form manifestiert. In dieser Phase wird die reine Essenz, die du durch die vorherigen Schritte gewonnen hast, verfestigt und integriert.

Der siebte Strahl von Azoth repräsentiert das Reich der Königin und ist mit dem Symbol für Silber und den Mond verbunden. Dieser Strahl, oft in Violett oder Silber dargestellt, steht für die weibliche, nachdenkliche Energie, die in ständiger Veränderung und auf verschiedenen Ebenen existiert. Menschen mit einem solchen Temperament sind oft tiefgründig und benötigen äußere Einflüsse, um ihre wahre Lebendigkeit zu entfalten.

In Beziehungen sind sie unterstützend und sinnlich, auch wenn sie manchmal schweigsam wirken. Ihre stille Tiefe birgt große Weisheit. Diese Phase der Koagulation zeigt einen androgynen Jugendlichen, der aus einem offenen Grab steigt - ein Symbol für die Wiedergeburt der Seele. Diese Phase ist erreicht, wenn nur die reinste Essenz unseres Wesens übrig bleibt, welche durch Meditation und Reflexion über unser Leben ins Licht gebracht wird.

Stell dir vor, was geschieht, wenn du all die transformierenden Energien der letzten Phasen nun in eine konkrete Form bringst. Die Koagulation inkarniert die Essenz deiner spirituellen Reise und macht sie zu einem festen Bestandteil deiner Realität. Es ist, als ob du das ewige Licht, das du entdeckt hast, in deinem täglichen Leben manifestierst.

Diese neue Stärke und das Bewusstsein, das du gewonnen hast, sind nun immer verfügbar. Die Alchemisten nannten diesen Zustand den Stein der Weisen oder den Großen Stein, der die höchsten Bestrebungen und die spirituelle Entwicklung verkörpert. Du fühlst dich, als ob du ein neues, reines Licht bist, das nun in der physischen Welt existiert.

In dieser Phase verschmilzt das fermentierte Seelenkind der Konjunktion mit der sublimierten spirituellen Präsenz der Destillation. Es ist der Moment der höchsten Erfüllung und des tiefsten Verständnisses. Der Prozess der Koagulation verwandelt deine Realität auf allen Ebenen. Die Smaragdtafel beschreibt diese Phase als den „Ruhm des gesamten Universums", da sie alle subtilen und festen Elemente überwindet und durchdringt.

Bist du bereit, dieses transformative Licht in dein Leben zu bringen und deine Realität grundlegend zu verändern? Was wäre, wenn du all die Weisheit und Energie, die du durch diese alchemistische Reise gewonnen hast, in deinem täglichen Leben integrieren könntest? Wie würde dein Leben aussehen, wenn du dein höchstes Potenzial in jeder Facette deines Seins manifestierst?

Die Reise der Koagulation zeigt uns, dass wir, wenn wir die innersten Teile unseres Wesens besuchen und die Dinge in Ordnung bringen, den verborgenen Stein finden – das wahre Selbst, das bereit ist, in seiner vollen Pracht zu erstrahlen.

Ein Beispiel für die siebente Phase der Alchemie: Verfestigung - Seelenleben

Wir sind beim letzten Schritt deiner alchemistischen Reise angekommen – der Koagulation, bzw. Verfestigung. Diese Phase, auch bekannt als Gerinnung oder Kristallisation, repräsentiert die Vollendung deiner Arbeit. Hier entsteht die Perfektion, von der die Alchemisten sprechen, wenn sie von der Verwandlung von Blei in Gold oder dem Stein der Weisen berichten. Es ist die meisterhafte Beherrschung der drei Grundelemente: Körper, Seele und Geist.

In dieser Phase verschmelzen diese drei Elemente zu einem Lichtkörper, der auch als Regenbogenkörper oder aufsteigender Körper bekannt ist. Es ist die Vervollkommnung des Selbst, die den Tod transzendiert. Stell dir vor, du erreichst diesen Zustand der Perfektion – wie würde sich das anfühlen?

Doch selbst wenn du diesen Zustand erreichst, ist es nicht das endgültige Ziel. Die Reise zu deinem göttlichen Potenzial geht immer weiter. Jede Stufe der Erleuchtung öffnet die Tür zu einer neuen, noch höheren Ebene. Erleuchtung ist kein Ende, sondern ein neuer Anfang.

Was wäre, wenn du diese transformierende Reise fortsetzt und dein höchstes Potenzial immer weiter entfaltest? Wie würde dein Leben aussehen, wenn du die Essenz deiner Erfahrungen und dein innerstes Licht vollständig integrierst und in deinem Alltag lebst?

Die Koagulation zeigt uns, dass die Perfektion des Selbst nicht nur möglich, sondern auch erreichbar ist. Diese Phase lehrt uns, dass wahre Meisterschaft und Erleuchtung darin bestehen, Körper, Seele und Geist zu einem harmonischen, unsterblichen Ganzen zu vereinen. Bist du bereit, diesen letzten Schritt zu gehen und das wahre Licht deines Wesens zu kristallisieren?

Verfestigung   Perfektion   Körper   Seele   Geist

DEIN WEG ZUM ALCHEMISTEN

Um ein wahrer Alchemist zu sein und das Quantenfeld bewusst zu nutzen, musst du in dir selbst den Stein der Weisen erschaffen. Die metaphorische Sprache der Alchemie hilft uns dabei, unsere inneren Prozesse zu verstehen und zu transformieren.

Wie wäre es, wenn du dir jeden Tag Zeit für dich nimmst? Vielleicht 30 Minuten, um dich zu reflektieren und in dich zu gehen. Schau dir die Matrix deines Lebens an und identifiziere, in welcher der sieben alchemistischen Stufen du dich gerade befindest – sei es in Bezug auf Beziehungen, Karriere oder persönliches Wachstum.

Was könnte das für dein Leben bedeuten, wenn du dir regelmäßig diese Zeit nimmst? Könntest du klarer sehen, welche Aspekte deines Selbst noch gereinigt und verfeinert werden müssen? Würdest du beginnen, die subtilen Energien des Universums besser zu empfangen und in dein tägliches Leben zu integrieren?

Stelle dir vor, wie du in jeder Phase der Alchemie Fortschritte machst, wie du das Alte loslässt, dich reinigst, destillierst und schließlich dein wahres, strahlendes Selbst verkörperst. Welche neuen Möglichkeiten könnten sich dir eröffnen, wenn du diese Reise bewusst und mit offenem Herzen antrittst?

Nimm dir diese Zeit. Frage dich selbst: Wo stehe ich? Was brauche ich, um weiterzukommen? Wie kann ich die Weisheit der Alchemie nutzen, um mein Leben zu transformieren? Sei der Alchemist deines eigenen Lebens und erschaffe das Gold, das in dir liegt.

Kapitel 2

WILLKOMMEN ZUR FASZINIERENDEN WELT DER MATRIX OF FATE

WORÜBER ERZÄHLT DIE MATRIX OF FATE?

Hast du dich jemals gefragt, was die Matrix of Fate dir über dein Leben erzählen könnte? Bist du neugierig, welche präzisen Einsichten sie dir bieten kann, die du nirgendwo anders findest?

Was wäre, wenn du durch die Matrix of Fate genau erfahren könntest, welche karmischen Aufgaben und Lektionen du in diesem Leben bewältigen sollst? Stell dir vor, du könntest deine Talente und Stärken klar erkennen. Würde es nicht unglaublich hilfreich sein zu wissen, welche Häuser dein finanzielles und spirituelles Wachstum beeinflussen?

Die Matrix of Fate offenbart dir dein menschliches Potenzial, deine Stärken und Schwächen. Hast du dir jemals vorgestellt, welche Fähigkeiten und Eigenschaften du besitzt und wie du diese optimal nutzen kannst, um dein volles Potenzial auszuschöpfen? Wie würde es sich anfühlen, Einblicke in die Talente und Fähigkeiten zu erhalten, die dir von deinen Vorfahren vererbt wurden?

Was wäre, wenn du wüsstest, welche gesundheitlichen Veranlagungen du hast und wie diese mit den energetischen Zentren (Chakren) deines Körpers zusammenhängen? Könnte das nicht eine völlig neue Perspektive auf deine Gesundheit eröffnen? Und wie wäre es, wenn du erfahren könntest, in welchen Bereichen du finanziellen Erfolg erzielen kannst und wie du dein monetäres Potenzial optimal ausschöpfen kannst?

Hast du dich schon einmal gefragt, welche Dynamiken deine zwischenmenschlichen Beziehungen beeinflussen? Wäre es nicht faszinierend zu wissen, wie kompatibel du mit deinem Partner bist und welche Herausforderungen und Wachstumschancen eure Beziehung bietet? Und was, wenn du den tieferen Sinn deiner Begegnung mit deinem Partner verstehen könntest?

Die Matrix beleuchtet zudem die Beziehungen zu deinen Eltern und Kindern. Was, wenn du erkennen könntest, welche karmischen Lektionen und Aufgaben darin enthalten sind? Stell dir vor, du könntest verstehen, welche karmischen Aufgaben und Lektionen aus deinen früheren Leben in dieses Leben hineingetragen wurden und wie du diese bewältigen kannst. Wie würde es sich anfühlen, Einblicke in die spezifischen karmischen Aufgaben und Lektionen zu erhalten, die mit deinem Geschlecht verbunden sind?

Was wäre, wenn du wüsstest, was deine persönliche Lebensaufgabe ist und was du in den ersten beiden Jahrzehnten deines Erwachsenenlebens verstehen und anwenden sollst? Und wie würde es sich anfühlen, Hinweise darauf zu erhalten, welche Aufgaben und Verantwortungen du in der mittleren Phase deines Lebens, zwischen 40 und 60 Jahren, für deine Familie und die Gesellschaft übernehmen solltest?

Stell dir vor, du könntest Einblicke in deinen spirituellen Lebenszweck erhalten, der nach dem 60. Lebensjahr relevant wird. Was könnte deine Seele in dieser Phase des Lebens lernen und erfahren wollen?

Die Matrix des Schicksals ist ein kraftvolles Werkzeug. Hast du jemals darüber nachgedacht, wie es dir helfen könnte, dein Leben aus einer neuen Perspektive zu betrachten und tiefgreifende Veränderungen vorzunehmen? Was, wenn du damit die Verflechtung deiner Gedanken, Gefühle und Handlungen erkennst und verstehst, wie sie dein Leben beeinflussen?

Wichtig zu verstehen ist, dass die Matrix of Fate kein starres System ist, sondern sich mit dir entwickelt! Was wäre, wenn du die verschiedenen Aspekte – vom Archetypen bis zu karmischen Programmen und individuellen Energiezentren – nutzen könntest, um endlose Möglichkeiten zur Selbstreflexion und Transformation zu entdecken? Was würde es für dich bedeuten, wenn du wüsstest, dass es Praxis und Erfahrung braucht, um die Matrix zu verstehen und anzuwenden?

DIE BEDEUTUNG DER ARCHETYPEN IM TAROT

Die Archetypen der Tarotkarten sollten aus verschiedenen Perspektiven betrachtet werden, um ihre tiefe Bedeutung vollständig zu erfassen. Was wäre, wenn du wüsstest, dass jedes Symbol auf den Tarotkarten eine spezifische Bedeutung hat, die zur Interpretation des Archetyps beiträgt? Die Farben auf den Karten sind nicht zufällig gewählt und haben jeweils eine bestimmte Bedeutung und energetische Qualität.

Stell dir vor, du könntest das Verständnis der historischen und kulturellen Kontexte, in denen die Tarotkarten entstanden sind, nutzen, um ein tieferes Verständnis der Archetypen zu erlangen. Die Verbindung der Tarotkarten mit anderen spirituellen und esoterischen Systemen wie der Kabbala oder Astrologie erweitert die Deutungsebene der Karten.

Metaphorische Assoziative Karten (MAC) bieten dir eine weitere Ebene der Interpretation und ermöglichen es dir, tiefere Einsichten durch Assoziationen und Metaphern zu gewinnen. Sie sind besonders nützlich, um verborgene Gefühle und Gedanken zu erkennen und zu verarbeiten.

Die Arbeit mit den Archetypen im Tarot kann auch auf energetischer Ebene geschehen. Was wäre, wenn du dich mit den spezifischen Schwingungen und Frequenzen der Karten verbinden könntest? Dies kann durch Meditation, Visualisierung und rituelle Praktiken geschehen, um die tiefere Weisheit und die Heilungspotenziale der Archetypen zu erfahren.

Die Archetypen in verschiedenen Traditionen

Archetypen findest du nicht nur im Tarot, sondern auch in vielen anderen kulturellen und spirituellen Traditionen. Sie sind universelle Muster und Symbole, die in der Mythologie, Psychologie und in spirituellen Lehren weltweit vorkommen. Das Verständnis und die Arbeit mit diesen Archetypen können dir tiefe Einsichten und transformative Erfahrungen bieten.

Unsere Ausbildung und Erfahrung

Unsere fortlaufende Ausbildung und die jahrelange Erfahrung in der Arbeit mit der Matrix of Fate, Tarot und anderen Systemen haben uns gelehrt, wie wichtig es ist, diese Werkzeuge mit einem offenen Geist und einem tiefen Verständnis für ihre Komplexität und Vielschichtigkeit zu nutzen. Hast du jemals darüber nachgedacht, wie tief die Weisheit dieser Systeme wirklich geht?

Durch das Studium der Werke von Pionieren wie Rudolf Steiner und anderen großen Denkern haben wir gelernt, wie man die Weisheit dieser Systeme in die Praxis umsetzt und sie als kraftvolle Werkzeuge zur Selbstentwicklung und Genesung nutzt. Stell dir vor, wie es wäre, die tiefen Verbindungen zwischen deinen persönlichen Archetypen und der universellen Weisheit, die sie in sich tragen, zu entdecken. Könnte das nicht transformative Veränderungen in deinem Leben bewirken?

Die Matrix of Fate ist mehr als nur ein Werkzeug – sie ist ein lebendiges System, das uns hilft, die Verbindungen zwischen Vergangenheit, Gegenwart und Zukunft zu erkennen und zu nutzen. Was wäre, wenn du bereit wärst, die Geheimnisse der Matrix zu erkunden? Tauche ein und entdecke die faszinierende Verbindung zwischen deinen persönlichen Archetypen und der universellen Weisheit, die sie in sich tragen. Bist du bereit, diese Reise anzutreten und die unendlichen Möglichkeiten zu entdecken, die auf dich warten?

Unser Team hat umfassende Schulungen und Ausbildungen in verschiedenen Ländern durchlaufen, hauptsächlich im russischen Bereich, um ein tiefes Verständnis der Matrix of Fate und der Tarotkarten zu erlangen. Was wäre, wenn du von unserem breiten Wissen und unseren tiefgründigen Einsichten profitieren könntest?

Stell dir vor, wie fundierte und tiefgreifende Analysen dir auf deinem Weg zur Selbstentdeckung und Transformation helfen könnten. Wir haben gelernt, die vielfältigen Interpretationen und Anwendungen dieser Systeme zu nutzen, um individuelle und tiefgründige Einsichten zu gewinnen. Was würde es für dich bedeuten, unterstützt zu werden, während du dein Wissen vertiefst und die neuesten Erkenntnisse in deine Praxis integrierst?

Bereit, die Geheimnisse der Matrix of Fate zu erkunden? Tauche ein und entdecke die faszinierende Verbindung zwischen deinen persönlichen Archetypen und der universellen Weisheit, die sie in sich tragen. Bist du bereit für die Reise?

Götter und Göttinnen: Einblick in die Welt der Archetypen

Hast du dich jemals gefragt, welche Energien und Prinzipien hinter den Göttern und Göttinnen der alten Mythen stecken? In der griechischen, römischen, ägyptischen und nordischen Mythologie verkörpern diese göttlichen Wesen archetypische Energien und Prinzipien, die universelle Muster menschlicher Erfahrung darstellen.

C.G. Jung und die Theorie der Archetypen

Carl Gustav Jung, der berühmte Psychologe, entwickelte die Theorie der Archetypen, die tief im kollektiven Unbewussten verwurzelt sind. Was wäre, wenn du erkennen könntest, dass diese universellen Muster in deinen eigenen Erfahrungen widergespiegelt werden? Welche Archetypen könnten in deinem Leben am Werk sein?

Alchemie: Die Reise der Seele

Die alchemistische Tradition zeigt die Prozesse der Wandlung und Transformation als archetypische Reisen der Seele. Hast du jemals darüber nachgedacht, wie deine eigenen Erfahrungen und Veränderungen Teil dieser größeren Reise sein könnten? Was würde es für dich bedeuten, diese Transformation bewusst zu erleben?

Mythologie und Folklore

Mythen und Märchen verschiedener Kulturen spiegeln grundlegende menschliche Erfahrungen und Weisheiten wider. Welche Geschichten und Figuren haben dich immer fasziniert? Könnten diese archetypischen Figuren dir etwas über dich selbst und deine Reise verraten?

Die Zentralsonne und die 231 Tore

In der jüdischen Kabbala repräsentieren die 231 Tore die Verbindungen zwischen den 22 hebräischen Buchstaben. Diese symbolisieren die verschiedenen Pfade und Kombinationen, durch die göttliche Energie und Weisheit in die Welt fließen. Was, wenn du die spezifischen Kombinationen dieser Tore entdecken und tiefe spirituelle Einsichten und transformative Erfahrungen ermöglichen könntest?

Ein umfassendes Verständnis der Archetypen

Um die tiefere Bedeutung der Tarotkarten und ihrer Archetypen zu erfassen, ist es wichtig, sie nicht nur theoretisch zu studieren, sondern auch praktisch zu erfahren. Hast du dir jemals vorgestellt, wie Meditation, Reflexion und die regelmäßige Anwendung der Karten im Alltag dein Verständnis vertiefen könnten? Welche stärkeren Verbindungen zu den Archetypen könntest du entwickeln?

ANWENDUNG DIESES BUCHES

Dieses Buch dient als umfassender Leitfaden zur Matrix of Fate, einem komplexen und tiefgründigen System zur Selbsterkenntnis und persönlichen Transformation. Hast du dich jemals gefragt, wie es wäre, ein Tool zu haben, das dir täglich hilft, deine inneren Prozesse zu verstehen und zu lenken? Stell dir vor, du könntest jeden Tag einen kleinen Schritt weitergehen und so nach und nach dein volles Potenzial entfalten.

Indem du die Matrix of Fate regelmäßig studierst, beginnst du, deine Gedanken, Gefühle und Emotionen klarer zu erkennen und besser zu verstehen. Was würde es für dich bedeuten, deine Glaubensmuster und Programme zu identifizieren und zu sehen, wie sie dein Leben beeinflussen? Dieses Buch bietet dir die Möglichkeit, genau das zu tun. Es hilft dir, deine Stärken und Herausforderungen zu entdecken und zeigt dir, wie du diese Energien harmonisieren und transformieren kannst.

Dann wird es einen Zeitpunkt geben, wenn du lange genug damit gespielt hast, dass du zu dem wirst, was du fragst. Du wirst zur Frage, du wirst zur Liebe, du wirst zur Dankbarkeit. Du lebst dein Leben nicht mehr aus den Gedanken, Gefühlen und Emotionen, die die niederen Energien des Menschseins darstellen, gefangen in der Filterblase und der Matrix. Stattdessen offenbaren sich dir die höheren Energien – das Wissen, das Sein und das Empfangen. Du wirst erkennen, dass du eine Wahl hast und der Architekt deines Lebens bist.

Ein zentraler Aspekt dieses Buches ist die Beschäftigung mit transformierenden Fragen. Diese Fragen kommen nicht aus dem Kopf, sondern aus einer tieferen, intuitiven Ebene. Was wäre, wenn du durch diese Fragen ermächtigt würdest, deine eigenen Antworten in deinem unendlichen Wesen zu finden? Stell dir vor, wie es wäre, wieder mit deinem Körper in Kontakt zu kommen und Körper, Geist und Seele in Einklang zu bringen. Was würde es für dich bedeuten, die Dreifaltigkeit zu erreichen und das unendliche Wesen zu werden, das du wahrhaftig bist?

Die Matrix of Fate unterstützt dich dabei, deine Lebenszwecke und -ziele zu bestimmen und zu verwirklichen. Durch die Anwendung der in diesem Buch beschriebenen Techniken und Methoden kannst du tiefere Einblicke in dein Leben gewinnen und Hindernisse überwinden. Was, wenn du dadurch ein erfüllteres und bewussteres Leben führen könntest?

Um das Wissen aus diesem Buch effektiv zu nutzen, betrachte die Informationen aus einer interessierten und offenen Perspektive. Vermeide Bewertungen oder Ängste und nutze die Matrix als Leitfaden, der dir deine Energien aufzeigt und dir hilft, dein volles Potenzial zu entfalten. Hast du schon einmal bemerkt, dass bestimmte Themen immer wieder in deinem Leben auftauchen? Wenn ja, widme diesen Themen besondere Aufmerksamkeit. Sie können dir wertvolle Hinweise darauf geben, welche Energien und Aufgaben du noch integrieren musst.

Falls du zusätzliche Unterstützung benötigst oder tiefergehende Fragen hast, kannst du uns jederzeit über unseren Kontaktbot erreichen. Wir stehen dir gerne zur Verfügung, um dich auf deiner Reise zu begleiten und zu unterstützen.

Bist du bereit, die Geheimnisse der Matrix of Fate zu erkunden und dein Leben in die Hand zu nehmen? Tauche ein und entdecke die faszinierenden Möglichkeiten, die vor dir liegen. Wenn du lernst, aus der Frage zu leben und das Antwortsystem loszulassen, wirst du erkennen, dass alles mehr Leichtigkeit bekommt und du mehr und mehr Zugang zu dir selbst gewinnen wirst.

*Interessante Ansicht,
dass ich diese Ansicht habe*

WURZEL, BLÜTE, SCHATTEN, SCHLÜSSEL UND SCHLOSS: DIE ARCHETYPISCHEN DIMENSIONEN

Hast du dich jemals gefragt, was die tiefste Bedeutung eines Archetyps sein könnte? Die Wurzel repräsentiert genau das – die grundlegende und tiefste Bedeutung eines Archetyps. Sie symbolisiert den Ursprung des dargestellten Konzepts und ist das Fundament, auf dem alles andere aufgebaut ist. Wie oft hast du bemerkt, dass deine grundlegenden Überzeugungen und Glaubenssätze dein Denken und Handeln prägen? Diese tief verwurzelten Überzeugungen führen zu primären Emotionen, die direkt aus diesen Glaubenssätzen entstehen. Gefühle wie grundlegendes Vertrauen oder Angst (oft als Ablenkungsimplantate bezeichnet) stammen aus unseren tiefsten inneren Erfahrungen und schaffen unbewusste Muster und Disharmonien, die aus frühen Lebenserfahrungen und tief verwurzelten Überzeugungen resultieren.

Wie wäre es, die reinste Form einer Energie oder Schwingung zu erleben? Die Blüte ist genau das – die höchste und reinste Manifestation der Energie eines Archetyps. Sie zeigt, wie das Leben in seiner idealen Form aussehen kann. Auf menschlicher Ebene repräsentiert die Blüte Klarheit und Weisheit, die aus einem tiefen Verständnis und der Verarbeitung von Erfahrungen resultieren. Kannst du dir vorstellen, wie es wäre, dein höchstes Potenzial zu verwirklichen und dabei Erfüllung und Freude zu empfinden? Positive und ermächtigende Emotionen wie Liebe, Frieden und Zufriedenheit sind Ausdruck dieser Blüte. Doch der Weg zur Verwirklichung deines höchsten Potenzials ist oft mit Herausforderungen gesäumt, die transformiert werden müssen.

Hast du dich jemals deinen inneren Schatten gestellt? Der Schatten repräsentiert die negativen oder dunklen Aspekte eines Archetyps und stellt die Herausforderungen und Hindernisse dar, die transformiert werden müssen. Wie oft hast du Selbstzweifel, negative Überzeugungen oder kritische innere Dialoge erlebt, die dein Denken trüben? Gefühle wie Angst, Schuld und Scham belasten uns und hemmen unser Wachstum.

Diese unverarbeiteten oder unterdrückten Emotionen wirken sich als Ungleichgewicht und Hindernisse aus. Welche negativen Muster und Verhaltensweisen tauchen immer wieder in deinem Leben auf und halten dich zurück?

Hast du einen Aha-Moment erlebt, der dein Leben verändert hat? Der Schlüssel ist die zentrale Lehre oder Weisheit, die ein Archetyp vermittelt. Er zeigt den Weg zur Integration und zum Verständnis des Konzepts. Hast du bemerkt, wie sich Erleichterung und Befreiung anfühlen, wenn du deine eigenen Erfahrungen verstehst und annimmst? Positive Veränderungen und das Loslassen alter, belastender Emotionen sind der Lohn. Es erfordert jedoch die Bereitschaft, deine Perspektive zu ändern und neue Wege des Denkens und Handelns zu finden. Bist du bereit, neue Wege zu gehen?

Kennst du das Gefühl festzustecken? Das Schloss stellt die Hindernisse oder Disharmonien dar, die die Energie eines Archetyps einschränken und die verändert werden müssen, um das volle Potenzial des Archetyps zu entfalten. Wie oft hast du festgefahrene Überzeugungen und Denkmuster erlebt, die dich daran hindern, voranzukommen? Emotionale Empfindlichkeiten und Widerstände halten uns von unserem wahren Potenzial ab. Ängste und Unsicherheiten verhindern, dass wir mutig voranschreiten. Bist du bereit, die tief verwurzelten Muster zu erkennen und zu transformieren, um wahres Wachstum zu ermöglichen?

Diese Dimensionen helfen uns, die menschliche Erfahrung in all ihrer Komplexität zu verstehen. Indem wir uns mit den Wurzeln unserer Überzeugungen, der Blüte unseres Potenzials, den Schatten unserer Herausforderungen, den Schlüsseln zu unserem Verständnis und den Schlössern unserer Disharmonien auseinandersetzen, können wir ein tieferes Verständnis für uns selbst und unser Leben entwickeln. Stell dir vor, wie es wäre, wenn du diese archetypischen Dimensionen vollständig integrierst und dein Leben in Harmonie und Balance lebst. Was würde das für dich bedeuten?

Bist du das Schloss oder der Schlüssel? Bist du der Schlüssel oder das Schloss?

Plus- und Minus-Energien sowie Licht- und Schattenenergie

Was wäre, wenn du wüsstest, dass jeder Archetyp sowohl positive als auch negative Aspekte in sich trägt? In der Matrix of Fate und vielen spirituellen und psychologischen Systemen wird diese Dualität als grundlegender Bestandteil unserer menschlichen Erfahrung und unseres Daseins angesehen.

Plus-Energie repräsentiert die positiven, konstruktiven und lebensbejahenden Aspekte eines Archetyps. Diese Energien fördern unser Wachstum, unsere Entwicklung und unser Wohlbefinden. Wie oft fühlst du dich ausgeglichen, zufrieden und im Einklang mit dir selbst und deiner Umgebung? Das ist die Wirkung der Plus-Energie. Sie manifestiert sich in Eigenschaften wie Mitgefühl, Kreativität, Mut, Weisheit und Freude. Wenn wir in der Plus-Energie eines Archetyps leben, können wir unser volles Potenzial ausschöpfen und ein erfülltes Leben führen.

Minus-Energie hingegen repräsentiert die negativen, destruktiven und hemmenden Aspekte eines Archetyps. Hast du jemals bemerkt, wie Angst, Wut, Eifersucht, Gier oder Trauer dein Leben schwer machen und dich in negativen Mustern festhalten können? Diese Eigenschaften sind Ausdruck der Minus-Energie. Wenn wir von diesen Energien beherrscht werden, fühlen wir uns oft schwer in unserem Körper, gestresst und unzufrieden in unserem Geist. Was wäre, wenn du lernen könntest, diese Minus-Energien zu transformieren und in positive Kräfte umzuwandeln?

Lichtenergie steht für die bewussten, erleuchteten und positiven Aspekte unseres Selbst. Sie umfasst alles, was wir an uns selbst und anderen schätzen und bewundern. Hast du jemals die besten Eigenschaften an dir selbst erkannt und diese als deine Stärken betrachtet? Lichtenergie manifestiert sich in unseren positiven Gedanken, Gefühlen und Handlungen. Sie ist sichtbar und strahlt in unser tägliches Leben hinein. Schattenenergie dagegen symbolisiert die unbewussten, verdrängten und oft als negativ empfundenen Aspekte unseres Selbst.

Diese Teile unserer Persönlichkeit haben wir aus verschiedenen Gründen abgelehnt oder nicht akzeptiert und daher ins Unbewusste verdrängt.

Wie oft fühlst du dich von Ängsten, Unsicherheiten oder Schuldgefühlen belastet? Schattenenergie umfasst diese und andere ungelöste Konflikte. Obwohl sie oft unsichtbar bleibt, wirkt sie stark auf unser Verhalten und unsere Entscheidungen ein.

Das Unbewusste ist der Teil unseres Geistes, der unseren bewussten Wahrnehmungen und Überzeugungen entzogen ist. Es ist der Ort, an dem all unsere verdrängten Erinnerungen, ungelösten Konflikte, unbewussten Wünsche und tiefsten Ängste verborgen sind. Hast du dich jemals gefragt, warum du auf eine bestimmte Weise handelst, die du selbst nicht vollständig begreifst oder kontrollieren kannst? Das liegt daran, dass diese unbewussten Inhalte außerhalb unseres bewussten Verstandes liegen und schwer zu erkennen und zu verstehen sind.

Unser Bewusstsein ist darauf ausgelegt, uns im Alltag zu helfen und mit der Realität umzugehen. Es filtert Informationen und lässt nur das durch, was es für relevant und sicher hält. Was wäre, wenn du Zugang zu den verborgenen Teilen deines Geistes hättest? Das Unbewusste kann durch verschiedene Methoden und Techniken sichtbar gemacht werden.

Selbstreflexion und Meditation ermöglichen es uns, tieferliegende Muster und Themen zu erkennen. Hast du jemals deine Träume analysiert, um Hinweise auf unbewusste Inhalte zu erhalten? Therapie und Beratung bieten professionelle Hilfe, um unsere unbewussten Muster zu erkennen und zu bearbeiten. Kreative Ausdrucksformen wie Kunst und Schreiben können helfen, unbewusste Inhalte an die Oberfläche zu bringen. Die Arbeit mit Archetypen, wie sie in der Matrix of Fate und im Tarot dargestellt werden, kann uns helfen, unsere eigenen Licht- und Schattenseiten besser zu verstehen und zu integrieren.

Indem wir uns aktiv mit unserem Unbewussten auseinandersetzen, können wir mehr Bewusstsein und Klarheit in unser Leben bringen. Stell dir vor, wie es wäre, deine Plus-Energien zu stärken und deine Minus-Energien zu transformieren, um ein erfüllteres, bewussteres Leben zu führen. Was würde sich für dich ändern?

DIE MACHT DER BEOBACHTUNG: QUANTENPHYSIK UND DIE GESTALTUNG UNSERER REALITÄT

Was wäre, wenn alles, was du als Beobachter siehst, sich manifestiert und eine Form annimmt? Diese grundlegende Erkenntnis aus der Quantenphysik besagt, dass die Beobachtung selbst die Realität beeinflusst. Hast du dich jemals gefragt, welche Rolle dein Bewusstsein und deine Wahrnehmung dabei spielen, wie sich deine Realität formt?

In der Quantenwelt existieren Partikel in einem Zustand der Überlagerung. Das bedeutet, sie haben das Potenzial, in mehreren Zuständen gleichzeitig zu sein. Erst durch die Beobachtung wird dieses Potenzial auf einen spezifischen Zustand reduziert, was als „Kollaps der Wellenfunktion" bezeichnet wird.

Ein bekanntes Beispiel dafür ist das Doppelspaltexperiment. Wenn Elektronen durch zwei Spalten geschossen werden, verhalten sie sich wie Wellen und erzeugen ein Interferenzmuster auf einem Schirm dahinter. Was wäre, wenn du wüsstest, dass sobald ein Beobachter feststellt, durch welchen Spalt das Elektron geht, es sich wie ein Teilchen verhält und das Interferenzmuster verschwindet? Dieses Experiment zeigt, dass die Handlung des Beobachtens die Realität verändert.

Diese Erkenntnis hat tiefgreifende Implikationen für unser Verständnis der Welt. Hast du jemals darüber nachgedacht, dass wir nicht bloß passive Beobachter unseres Lebens sind, sondern aktive Mitgestalter unserer Realität? Unsere Gedanken, Überzeugungen und Wahrnehmungen beeinflussen die Welt um uns herum und formen unsere Erfahrungen.

Doch oft leben wir in einer Illusion, die durch unsere eigenen begrenzten Wahrnehmungen und Überzeugungen erzeugt wird. Wir sehen die Welt nicht so, wie sie wirklich ist, sondern durch den Filter unserer eigenen mentalen und emotionalen Zustände. Was wäre, wenn diese Illusion uns in negativen Mustern und begrenzenden Überzeugungen festhält, die uns daran hindern, unser volles Potenzial zu entfalten?

Die Quantenphysik lehrt uns, dass das, was wir für solide und beständig halten, in Wirklichkeit aus Energie, Licht und Schwingungen besteht. Alles im Universum ist miteinander verbunden und in ständiger Bewegung. Hast du jemals darüber nachgedacht, dass diese Erkenntnis uns helfen kann, die Illusion der Trennung zu erkennen und die Einheit und Verbundenheit aller Dinge zu empfangen?

Indem wir uns dieser Illusion bewusst werden und lernen, sie zu durchschauen, können wir beginnen, unsere Realität bewusst zu gestalten. Was wäre, wenn du dir deiner Gedanken, Gefühle und Überzeugungen bewusst wirst und sie hinterfragst? Es bedeutet, Verantwortung für deine eigene Wahrnehmung und die daraus resultierenden Manifestationen zu übernehmen.

Durch die Arbeit mit Werkzeugen wie der Matrix of Fate und der Erforschung deiner inneren Welt kannst du diese Illusionen aufdecken und transformieren. Stell dir vor, du könntest deine Wahrnehmung erweitern und eine tiefere Verbindung zu deiner wahren Natur und dem Universum entwickeln. Dies ermöglicht es dir, eine neue Realität zu erschaffen, die im Einklang mit deinen höchsten Zielen und deinem tiefsten inneren Wissen steht.

Die Matrix of Fate wurde genau für diese Zwecke entwickelt – um dir zu helfen, die unsichtbaren Fäden deiner Realität zu erkennen und bewusst zu gestalten. Sie ist ein kraftvolles Werkzeug, das es dir ermöglicht, die verborgenen Dynamiken deiner Gedanken, Gefühle und Energien zu entschlüsseln und zu verstehen. Indem du dich mit der Matrix beschäftigst, kannst du die Manifestation deiner Realität bewusster steuern und die transformative Kraft deiner eigenen Schöpfungskräfte nutzen.

Was wäre, wenn du die Quantenebene deines Daseins verstehen und anwenden könntest, um die Illusionen zu durchbrechen und dein wahres Potenzial zu entfalten?

In unserem ersten Buch haben wir die Matrix of Fate bereits erwähnt und sie als Tesserakt betrachtet – ein vierdimensionales geometrisches Objekt, das dir hilft, die komplexen Dimensionen deines Daseins zu verstehen.

Der Tesserakt symbolisiert die vielschichtigen und miteinander verwobenen Ebenen unserer Existenz und zeigt, dass es unendlich viele Möglichkeiten und Perspektiven gibt, unsere Realität zu betrachten und zu gestalten.

Was wäre, wenn du dir der Macht deiner Beobachtungen bewusst wirst und die Matrix of Fate nutzt, um dich aus den Begrenzungen deiner Illusionen zu befreien und dein wahres Potenzial zu entfalten?

Dieses Werkzeug unterstützt dich dabei, die Verbindung zwischen deinem inneren und äußeren Selbst zu stärken, deine Gedanken und Gefühle in Einklang zu bringen und die unendlichen Möglichkeiten zu erkennen, die in dir schlummern. So kannst du eine Realität voller Freude, Kreativität und Wachstum gestalten.

Demolekulare Manifestation
&
Molekulare Demanifestion

DIE WELT DER ARCHETYPEN UND DER SELBSTENTDECKUNG

In der Matrix of Fate wirst du anhand deines Geburtstages deine persönlichen Archetypen finden. Das bedeutet jedoch nicht, dass jeder der 22 Archetypen sich in deinem Leben zeigen wird. Wenn du zum Beispiel an Grenzen kommst, weil du mit bestimmten Gedanken, Gefühlen und Emotionen nicht klar kommst, dann durchläufst du die sieben Phasen der Alchemie, die wir später erklären werden. Auch die 22 Arkana spiegeln diese Struktur der sieben Phasen wider, allerdings auf unterschiedliche Weise, je nachdem, von welchen Perspektiven man sie betrachtet.

Stell dir vor, wie es wäre, dein Leben als eine ständige Frage zu leben. Was würde sich verändern? Wie würdest du dich fühlen? Wenn du diese Haltung einnimmst, kannst du dich wunderbar mit allen Archetypen verbinden. Am Anfang ist es hilfreich, sich nur den Energien zu widmen, die dir sofort ins Auge springen und dir Leichtigkeit zeigen. Warum? Weil es dir leichter fällt, Zugang zu den anderen Archetypen zu bekommen, wenn du die positiven Aspekte der ersten Archetypen bereits verstanden hast.

Du kannst die Archetypen aus verschiedenen Blickwinkeln betrachten. Wie würdest du sie einzeln sehen? Was passiert, wenn du sie in Kombinationen von zwei oder drei betrachtest? Du kannst sie als Würfel betrachten, vom Verstand her oder energetisch. Vielleicht hast du auch Eingebungen, die dir weiterhelfen. Die Sinne spielen hier eine große Rolle, und wir haben weit mehr Sinne, als uns allgemein erzählt wird.

Hast du schon mal von Rudolf Steiners zwölf Sinnen gehört? Neben den üblichen fünf Sinnen spricht Steiner von zusätzlichen Sinnen wie dem Gleichgewichtssinn, dem Lebenssinn, dem Ich-Sinn und dem Bewegungssinn. Diese erweiterten Sinne helfen uns, tiefer in die Energie der Archetypen einzutauchen und sie auf einer ganzheitlichen Ebene zu verstehen.

Filme sind ebenfalls eine großartige Möglichkeit, Archetypen zu erkennen. Hast du je bemerkt, wie Charlie Chaplin als der Meister der nonverbalen Kommunikation – der Narr – dargestellt wird?

Dieser Archetyp zeigt sich durch seine Verspieltheit, seine Abenteuerlust und seine Fähigkeit, das Leben leicht zu nehmen. Er erinnert uns daran, dass das Leben ein Spiel ist und dass wir Freude daran haben sollten, auch wenn wir stolpern und fallen.

Ein weiteres Beispiel ist der Film Rain Man, der die Energie des Inselbegabten verkörpert. Der Inselbegabte ist ein Archetyp, der außergewöhnliche Fähigkeiten in einem bestimmten Bereich zeigt, während er in anderen Bereichen Herausforderungen erlebt. Diese Energie kann nach einem Unfall oder Trauma auftreten, wo der Mensch spezielle Talente entwickelt, die vorher nicht sichtbar waren.

Wusstest du, dass jeder Archetyp unzählige Muster aufweist und sich Archetypen in manchen Mustern und Worten auf den ersten Blick ähneln können, aber dennoch völlig unterschiedlich sind? Dies liegt daran, dass die Archetypen verschiedene Facetten und Ausdrucksformen haben, die je nach Kontext und individueller Interpretation variieren können. Ein Archetyp wie der Magier kann zum Beispiel sowohl die Energie der Schöpfung und Manifestation als auch die der Täuschung und Manipulation in sich tragen. Diese unterschiedlichen Ausprägungen entstehen durch die vielfältigen Erfahrungen und inneren Prozesse, die jeder Mensch durchläuft.

Mehrere Archetypen neigen dazu, Ängste zu manifestieren, aber jede Angst zeigt sich auf unterschiedliche Weise. Der Eremit könnte zum Beispiel die Angst vor sozialer Interaktion haben, während der Magier Angst vor dem Scheitern seiner Ideen haben könnte. Diese spezifischen Manifestationen von Ängsten sind ein Ausdruck der individuellen Archetypenenergie und ihrer Beziehung zu den Herausforderungen, denen wir begegnen.

Indem du die Matrix of Fate studierst und mit den Archetypen arbeitest, kannst du nicht nur deine Muster und Herausforderungen erkennen, sondern auch lernen, sie zu transformieren. Stell dir vor, wie es wäre, deine tiefsten Ängste in Mut zu verwandeln und deine größten Herausforderungen in Gelegenheiten für Wachstum und Selbstverwirklichung. Die Matrix of Fate bietet dir das Werkzeug, um diese Reise anzutreten und dein volles Potenzial zu entfalten. Bist du bereit, diesen Weg zu gehen?

ARCHETYPEN IM PLUS UND MINUS

Indem du deine persönlichen Archetypen in der Matrix of Fate entdeckst und mit ihnen arbeitest, kannst du ein tieferes Verständnis für dich selbst und deine Lebensaufgaben entwickeln. Jede Arkana-Energie bietet dir wertvolle Einsichten und Möglichkeiten zur Transformation. Wenn du dich darauf einlässt, diese Energien zu erkunden, wirst du feststellen, dass sie dir helfen, dein volles Potenzial zu entfalten und ein erfülltes, authentisches Leben zu führen. Die Reise durch die Archetypen ist eine Reise zu dir selbst – eine Einladung, dich selbst in all deinen Facetten zu entdecken und zu lieben.

Hast du dich schon einmal gefragt, wie es wäre, die verborgenen Aspekte deiner selbst zu enthüllen und zu verstehen? Die Anwendung der Archetypen erfordert Praxis und Hingabe. Es ist ein kontinuierlicher Prozess des Lernens und Erlebens. In der Kreation mit den Archetypen kannst du auch MAC-Karten, also metaphorische assoziative Karten, verwenden, um tiefere Einblicke zu gewinnen und intuitive Verbindungen herzustellen. Diese Karten unterstützen dich dabei, deine inneren Muster sichtbar zu machen und zu transformieren.

Was wäre, wenn du durch die Kreation mit Archetypen eine ganz neue Sichtweise auf dein Leben erhalten könntest? Unsere Ausbildung und Erfahrung in verschiedenen Ländern, insbesondere im russischen Bereich, haben uns gezeigt, wie kraftvoll die Arbeit mit Archetypen sein kann. Indem du die Archetypen aus unterschiedlichen Perspektiven betrachtest und ihre tiefere Bedeutung erforschst, kannst du ein umfassendes Bild deiner selbst und deines Lebenswegs erhalten.

Hast du je darüber nachgedacht, wie Archetypen in den Göttern der Mythologie, in den Theorien von C.G. Jung, in den Lehren der Alchemie und in vielen anderen Traditionen vorkommen? Erst durch die Verknüpfung all dieser Aspekte zu einem großen Ganzen offenbart sich das wahre Potenzial der Archetypenarbeit.

Stell dir vor, wie es wäre, die Archetypen in deinem täglichen Leben zu erkennen und zu nutzen. Beginne jetzt deine Reise mit der Matrix of Fate und erlebe, wie du durch die Alchemie der Emotionen und die tiefen Einblicke in deine Archetypencodes dein Leben in ein Meisterwerk verwandelst. Es ist an der Zeit, deine innere Welt zu erkunden, zu heilen und zu erleuchten. Deine Zukunft wartet darauf, von dir gestaltet zu werden – voller Freude, Kreativität und grenzenloser Möglichkeiten.

Bist du bereit, diese Reise anzutreten? Was wäre, wenn du die Macht hättest, dein eigenes Schicksal zu formen und zu lenken? Die Matrix of Fate bietet dir die Werkzeuge und das Wissen, um genau das zu tun. Indem du dich auf dieses Abenteuer einlässt, öffnest du die Tür zu einer Welt voller neuer Entdeckungen und tiefen inneren Wachstums. Nutze die Gelegenheit, deine innere Welt zu transformieren und ein Leben in Einklang mit deinem wahren Selbst zu führen.

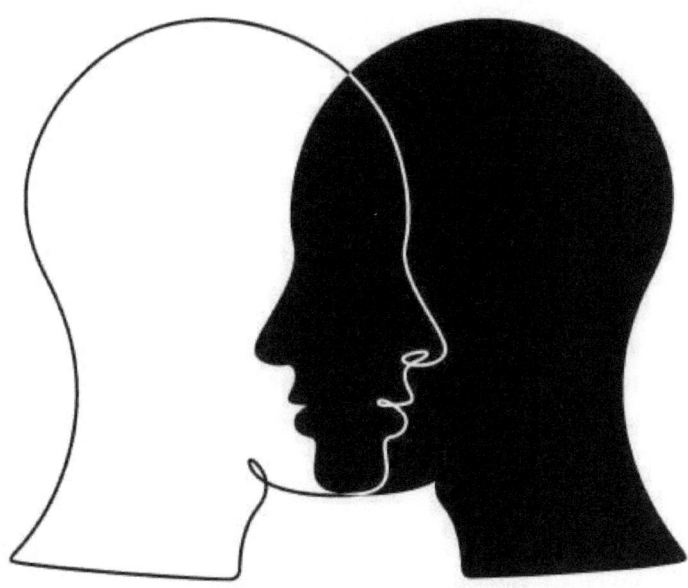

ARCHETYP DES MAGIERS - I
„DER MAGUS DER MACHT"

Der Archetyp des Magiers repräsentiert eine fokussierte und kreative Energie. Menschen, die von dieser Energie beeinflusst werden, sind in der Lage, sich tief in ihre Arbeit und kreative Prozesse zu vertiefen. Hast du dich jemals gefragt, wie es wäre, diese magische Kraft in deinem eigenen Leben zu nutzen?

Magier sind oft verschlossen und etwas losgelöst von der Welt, was ihnen ermöglicht, lange Zeit in sich selbst zu bleiben und sich mit Geheimwissen und Esoterik zu beschäftigen. Was wäre, wenn du die Fähigkeit hättest, in die tiefen Schichten deines Bewusstseins einzutauchen und verborgene Wahrheiten zu entdecken? Diese Menschen verfügen oft über übersinnliche Fähigkeiten und eine ausgeprägte Sensibilität.

Menschen mit der ersten Energie sind begabte Handwerker und Magier, die Ideen aus der spirituellen Welt auf die materielle Ebene übertragen können. Hast du dir jemals vorgestellt, wie es wäre, Magie zu erschaffen, indem du neue Konzepte und Kreationen ins Leben rufst? Es ist entscheidend, dass du deine Gedanken nicht nur im Kopf behältst, sondern sie in irgendeiner Form manifestierst. Träger des Magier-Archetyps verspüren oft einen starken Drang nach Bewegung und Abenteuer. Wie würde es sich anfühlen, deine Unabhängigkeit zu schätzen und deinen eigenen Regeln zu folgen?

Mit einer außergewöhnlichen Intelligenz, einem tiefen Verständnis und einer klaren Vision der Welt können diese Menschen Wissen und Erfahrungen weitergeben und oft die Rolle eines Mentors oder Gurus übernehmen. Hast du je darüber nachgedacht, wie es wäre, andere zu inspirieren und zu facilitieren?

Ein wesentlicher Aspekt dieser Energie ist der Egoismus. Es ist wichtig, sich dieser Eigenschaft bewusst zu sein und sie nicht zu fürchten, sondern sie stattdessen zu nutzen, um deine Ideen und Pläne voranzutreiben.

Was wäre, wenn du deine Führungsqualitäten in verborgener Weise manifestieren könntest, wie ein „grauer Kardinal"? Bei der Verbreitung deiner Projekte kannst du auch ein kompetenter Redner sein, der seine Gedanken und Ideen effektiv vermittelt.

Negative Manifestationen dieser Energie treten auf, wenn das Selbstwertgefühl stark über- oder unterschätzt wird. Dies kann sich in Form von Selbstzweifeln, Angst vor Ideendiebstahl und Versagen äußern. Wenn das Ego übermäßig aufgebläht ist, könntest du arrogant und unempfindlich gegenüber den Meinungen und Bedürfnissen anderer sein.

Hast du dich jemals gefragt, wie du List, Eigennutz, Groll und Manipulation in deinem Leben erkennen und transformieren kannst?

Der Magier-Archetyp fordert dich auf, die Balance zwischen deinen inneren Kräften zu finden und sie in positive Bahnen zu lenken. Wie würde es sich anfühlen, diese mächtige Energie zu meistern und sie für das höchste Wohl zu nutzen? Die Reise des Magiers ist eine Reise zur Selbstermächtigung und zur Entfaltung deines vollen Potenzials.

ARCHETYP DER HOHEPRIESTERIN - II
„HÜTERIN DES SILBERSTERNS"

Der Archetyp der Hohepriesterin symbolisiert Weisheit, Intuition und tiefes Verständnis. Menschen, die von dieser Energie beeinflusst werden, sind oft in der Lage, die verborgenen Geheimnisse des Lebens zu entschlüsseln und tiefere Wahrheiten zu erkennen. Was wäre, wenn du ein natürliches Gespür für das Unsichtbare hättest und dich leicht mit deiner inneren sphärischen Weisheit verbinden könntest?

Menschen mit der Energie der Hohepriesterin sind oft introspektiv und reflektiert. Hast du jemals darüber nachgedacht, wie es wäre, eine starke Intuition zu besitzen und feine Nuancen sowie subtile Energien wahrzunehmen? Diese Sensibilität ermöglicht es dir, tiefe Einsichten zu gewinnen und komplexe Situationen zu durchschauen. Oft sind das spirituelle Lehrer, Berater oder Heiler, die anderen dabei helfen, ihre eigenen inneren Wahrheiten zu entdecken. Stell dir vor, wie es wäre, anderen auf ihrem spirituellen Weg zu helfen und sie zu unterstützen.

Diese Energie möchte uns lehren, dass es im Leben einen ständigen Fluss polarer Energie gibt, der uns alle einen Zweck erfüllen lässt und im Einklang mit den Gesetzen des Universums steht. Was wäre, wenn du das kosmische Bewusstsein, das große Quantenmeer, in dem wir existieren, empfangen und nutzen könntest? Die Hohepriesterin empfängt das Bewusstsein und die Energie des Magiers und selektiert sie. Ihre Empfänglichkeit macht es überhaupt erst möglich, dass die Energie des Magiers existiert!

Menschen mit dieser Energie neigen dazu, ein ruhiges und zurückgezogenes Leben zu führen, wo sie in Ruhe über die tieferen Bedeutungen des Lebens nachdenken können. Hast du jemals darüber nachgedacht, wie es wäre, geduldig und gelassen zu sein, und dadurch zu einem stabilen und zuverlässigen Ratgeber zu werden? Ihre Weisheit basiert auf einem tiefen Verständnis der menschlichen Natur und einer Verbindung zu höheren spirituellen Ebenen.

Eine positive Manifestation dieser Energie zeigt sich in einem starken Vertrauen in die eigene Intuition und in der Fähigkeit, anderen auf ihrem spirituellen Weg zu helfen. Diese Menschen haben eine natürliche Anziehungskraft und Autorität, die andere zu ihnen zieht, um Rat und Unterstützung zu suchen. Wie würde es sich anfühlen, eine solche Anziehungskraft und Autorität zu besitzen?

Negative Manifestationen dieser Energie treten auf, wenn die Menschen zu sehr in ihre innere Welt eintauchen und den Kontakt zur äußeren Realität verlieren. Dies kann zu Isolation und Einsamkeit führen.

Hast du dir jemals vorgestellt, wie es wäre, wenn du deine intuitive Einsicht missbrauchst und manipulativ wirst? Wenn du in negativen Gedankenmustern gefangen bist, kannst du misstrauisch, geheimniskrämerisch und unsicher werden.

Der Schlüssel zur Integration der Energie der Hohepriesterin liegt darin, ein Gleichgewicht zwischen Intuition und rationalem Denken zu finden und die innere Weisheit in praktisches Handeln umzusetzen. Was wäre, wenn du das Vertrauen in deine eigenen Fähigkeiten stärken und gleichzeitig offen für die Meinungen und Bedürfnisse anderer bleiben könntest? Indem du diese Balance findest, kannst du die Energie der Hohepriesterin auf eine Weise nutzen, die sowohl dir selbst als auch anderen dient.

ARCHETYP DER KAISERIN - III
„DIE TOCHTER DER MÄCHTIGEN"

Der Archetyp der Kaiserin symbolisiert Fülle, Kreativität und mütterliche Fürsorge. Menschen, die von dieser Energie beeinflusst werden, strahlen Wärme und Mitgefühl aus und sind oft die Nährenden und Schaffenden in ihrem Umfeld. Diese Menschen haben eine natürliche Gabe, Schönheit und Harmonie zu erschaffen und anderen Geborgenheit zu bieten. Um diese Energie genauer zu verstehen, ist es entscheidend zu erkennen, dass der Archetyp der Kaiserin gemäß der ursprünglichen Methode vorsieht, dass sie einen Kaiser an ihrer Seite hat, um selbst nicht zu einer autoritär wirkenden Kaiserin zu werden. Was wäre, wenn du die Kraft dieser mütterlichen Energie nutzen könntest, um dein Umfeld zu bereichern?

Die Energie der Kaiserin ist geprägt von einer speziellen Selbsthaltung, die von Selbstliebe und Selbstbewusstsein geprägt ist. Was wäre, wenn du lernen könntest, diese Aspekte in deinem Leben zu stärken? Die dritte Energie umfasst die Aspekte der Fruchtbarkeit, der Fortpflanzung, der Familienbildung und der Kindererziehung. Diese Energie ist voller Sinnlichkeit und Sexualität. Sie enthüllt eine zarte Seite, die jedoch von Stärke und einem starken Kern begleitet wird. Stell dir vor, du könntest diese Balance in deinem Leben finden und leben.

Menschen mit der Energie der Kaiserin sind oft sehr kreativ und ausdrucksstark. Hast du dir jemals vorgestellt, wie es wäre, ein ausgeprägtes Gespür für Ästhetik zu haben und in verschiedenen künstlerischen Bereichen wie Malerei, Musik und Literatur erfolgreich zu sein? Diese Energie verleiht dir die Fähigkeit, aus einfachen Dingen etwas Besonderes zu machen und eine Atmosphäre von Wohlstand und Fülle zu schaffen.

Diese Energie ist sehr fürsorglich und beschützend. Was würde es für dich bedeuten, die Fähigkeit zu haben, dich um deine Mitmenschen zu kümmern und sie zu unterstützen? Als mütterliche Figuren bieten sie Sicherheit und Geborgenheit, und die Anwesenheit wird oft als beruhigend und tröstlich empfunden. Du bist geduldig und großzügig, und deine Liebe und Fürsorge helfen anderen, sich geliebt und wertgeschätzt zu fühlen.

Eine positive Manifestation dieser Energie zeigt sich in einem gesunden Selbstwertgefühl und der Fähigkeit, bedingungslos zu geben und zu empfangen. Stell dir vor, du könntest starke und liebevolle Beziehungen aufbauen und eine Umgebung schaffen, in der alle gedeihen können. Diese Menschen sind sehr naturverbunden und können ihre kreative Energie nutzen, um sowohl sich selbst als auch andere zu heilen.

Negative Manifestationen dieser Energie treten auf, wenn der Mensch zu besitzergreifend oder kontrollierend wird. Hast du dich jemals gefragt, wie es wäre, wenn diese Energie in Überfürsorglichkeit und Einmischung in das Leben anderer umschlägt? In extremen Fällen kann diese Energie in Faulheit, Verschwendung und Materialismus umschlagen. Wenn diese Menschen im Ungleichgewicht sind, können sie Schwierigkeiten haben, ihre eigenen Bedürfnisse von denen anderer zu unterscheiden und ihre Kreativität nicht ausleben.

Der Schlüssel zur Integration der Energie der Kaiserin liegt darin, ein Gleichgewicht zwischen Geben und Empfangen zu finden und die eigene Kreativität auf gesunde Weise auszudrücken. Es ist wichtig, Selbstfürsorge zu praktizieren und sich selbst Raum für Wachstum und Entfaltung zu geben, während man auch für andere sorgt und ihnen Liebe und Unterstützung bietet. Was wäre, wenn du diese Balance in deinem Leben finden und leben könntest? Indem du dich mit der Energie der Kaiserin verbindest, kannst du ein erfülltes und harmonisches Leben führen, das von Liebe, Kreativität und Fülle geprägt ist.

Archetyp des Kaisers - IV
„Der Oberste der Mächtigen"

Der Archetyp des Kaisers repräsentiert Struktur, Ordnung und Autorität. Diese Energie verleiht dir die Fähigkeit, Verantwortung zu übernehmen und klare Entscheidungen zu treffen. Menschen, die von dieser Energie beeinflusst werden, haben oft Führungsqualitäten und können in Rollen, die Organisation und Disziplin erfordern, erfolgreich sein. Diejenigen, die mit dieser energetischen Ausstrahlung geboren wurden, haben eine einzigartige Selbstwahrnehmung – sie schätzen es, bewundert und respektiert zu werden, und ihre Ansichten werden ernst genommen. Der Kaiser-Archetyp zeigt normalerweise keine Neigung, anderen zu dienen, sondern bevorzugt die Position eines souveränen Herrschers, der sowohl Vorgänge als auch Individuen lenkt.

Du zeichnest dich durch deine Fähigkeit aus, Systeme zu schaffen und zu erhalten. Du denkst logisch und bist gut darin, Pläne zu entwickeln und diese konsequent umzusetzen. Menschen mit der Energie des Kaisers sind oft diejenigen, die in schwierigen Situationen einen kühlen Kopf bewahren und Lösungen finden können. Du strebst nach Stabilität und Sicherheit und hast ein starkes Bedürfnis, deine Umgebung zu kontrollieren und zu ordnen.

Eine positive Manifestation dieser Energie zeigt sich in der Fähigkeit, Strukturen zu schaffen, die das Wachstum und die Entwicklung anderer fördern. Du bist eine zuverlässige Führungspersönlichkeit, die ihre Position nutzt, um das Beste aus ihrem Team oder ihrer Gemeinschaft herauszuholen. Du bist fair und gerecht und weißt, wie man Autorität ausübt, ohne tyrannisch zu sein. Deine Entscheidungen sind gut durchdacht und basieren auf soliden Prinzipien.

Negative Manifestationen der Kaiser-Energie treten auf, wenn du zu starr oder kontrollierend wirst. Es kann zu einer übermäßigen Betonung von Regeln und Vorschriften kommen, was die Kreativität und Freiheit anderer einschränken kann.

In extremen Fällen kann diese Energie in Tyrannei und Despotismus umschlagen, wo du deine Macht missbrauchst, um andere zu dominieren und zu unterdrücken. Du kannst unflexibel und unnachgiebig sein, was zu Konflikten und Spannungen in deinen Beziehungen führt.

Der Schlüssel zur Integration der Energie des Kaisers liegt darin, ein Gleichgewicht zwischen Kontrolle und Flexibilität zu finden. Es ist wichtig, Strukturen zu schaffen, die unterstützend und fördernd sind, und gleichzeitig Raum für Kreativität und Individualität zu lassen. Du solltest lernen, Vertrauen in die Fähigkeiten anderer zu haben und deine Macht auf eine Weise zu nutzen, die das Wohl aller fördert.

Durch die Verbindung mit der Kaiser-Energie kannst du lernen, deine Führungsqualitäten zu stärken und eine stabile und harmonische Umgebung zu schaffen. Du kannst Verantwortung übernehmen und deine Visionen in die Realität umsetzen, während du gleichzeitig die Bedürfnisse und Perspektiven anderer respektierst und wertschätzt.

Archetyp des Hierophanten - V
„Der Magus der ewigen Götter"

Hast du jemals das Bedürfnis verspürt, tiefere Weisheit und spirituelles Verständnis zu suchen? Der Hierophant repräsentiert genau diese Sehnsucht nach Tradition und tieferem Wissen. Diese Energie verleiht dir die Fähigkeit, Weisheit zu suchen, Lehren zu bewahren und spirituelle Einsichten zu gewinnen. Menschen, die von der Energie des Hierophanten beeinflusst werden, fühlen sich oft zu religiösen oder spirituellen Pfaden hingezogen. Könnte das auch für dich zutreffen?

Was wäre, wenn du entdecken könntest, dass du ein exzellenter und fleißiger Student bist, der ein Talent dafür hat, Informationen effektiv zu organisieren? Du schätzt Ordnung und Struktur und verstehst es, sowohl als Schüler als auch als Lehrer zu agieren.

Stell dir vor, du wärst ein natürlicher Facilitator und Mentor. Hast du schon einmal darüber nachgedacht, dass du die Gabe haben könntest, komplexe Konzepte zu verstehen und zu erklären? Du könntest Freude daran finden, dein Wissen mit anderen zu teilen und als respektierte Figur in deiner Gemeinschaft angesehen zu werden. Was würde das für dich bedeuten?

Eine positive Manifestation dieser Energie zeigt sich in deiner Fähigkeit, als Leitfigur zu dienen, die anderen Orientierung und Unterstützung bietet. Du förderst die spirituelle Entwicklung und das Wachstum anderer, indem du Lehren und Rituale teilst, die zur Erleuchtung und Selbsterkenntnis führen. Wie würde es sich anfühlen, geduldig und verständnisvoll zu sein und komplexe spirituelle Wahrheiten auf eine zugängliche Weise zu vermitteln?

Was wäre, wenn du merken würdest, dass negative Manifestationen der Hierophanten-Energie auftreten können, wenn du zu dogmatisch oder starr in deinen Ansichten wirst? Hast du bemerkt, dass eine übermäßige Betonung von Regeln und Traditionen den freien Ausdruck und das individuelle Denken einschränken kann?

In extremen Fällen könnte diese Energie in Fanatismus und Intoleranz umschlagen, wo du andere belehrst und verurteilst, die nicht deinen Überzeugungen folgen. Wie könntest du dem entgegenwirken?

Der Schlüssel zur Integration der Energie des Hierophanten liegt darin, ein Gleichgewicht zwischen Tradition und Innovation zu finden. Was wäre, wenn du lernen könntest, Weisheit und Lehren zu bewahren, während du offen für neue Ideen und Perspektiven bleibst? Wie würde es sich anfühlen, Respekt für verschiedene Glaubenssysteme und Wege der spirituellen Entwicklung zu haben und deine Lehren auf eine Weise zu teilen, die andere ermutigt und inspiriert?

Durch die Verbindung mit der Hierophanten-Energie kannst du lernen, deine spirituellen Fähigkeiten zu stärken und eine tiefere Verbindung zu deiner inneren Weisheit zu entwickeln. Kannst du dir vorstellen, als Leuchtfeuer der Führung und Inspiration zu dienen und anderen zu helfen, ihren eigenen spirituellen Weg zu finden und zu gehen?

ARCHETYP DER LIEBENDEN - VI
„DIE KINDER DER GÖTTLICHEN STIMME"

Hast du dich jemals gefragt, welche tiefen emotionalen Verbindungen und Beziehungen in deinem Leben eine zentrale Rolle spielen? Der Archetyp der Liebenden repräsentiert die Themen Liebe, Beziehungen, Schönheit, Harmonie und Entscheidungen. Diese Energie fördert die Verbindung zwischen Menschen auf emotionaler und spiritueller Ebene und betont die Wichtigkeit von Liebe und Harmonie in unserem Leben. Was wäre, wenn du in der Lage wärst, tiefgehende und bedeutungsvolle Beziehungen aufzubauen, die auf gegenseitigem Respekt und Vertrauen basieren?

Menschen, die von der Energie der Liebenden beeinflusst werden, sind oft leidenschaftlich, liebevoll und streben nach tiefer emotionaler Erfüllung. Sie verstehen die Bedeutung von Partnerschaft und sind oft sehr empathisch und verständnisvoll. Diese fließende und umfassende Energie fördert Interaktion und Kommunikation. Kannst du dir vorstellen, wie es wäre, eine starke Fähigkeit zu entwickeln, harmonische Verbindungen zu anderen herzustellen? Was könnte es dir bringen, charismatisch und anziehend zu sein, wodurch du leicht harmonische Beziehungen aufbauen kannst?

Eine positive Manifestation dieser Energie zeigt sich in der Fähigkeit, bedingungslose Liebe zu geben und zu empfangen. Hast du jemals erlebt, wie es ist, Harmonie und Einheit in deinen Beziehungen zu fördern und ein tiefes Verständnis für die Bedürfnisse und Gefühle anderer zu haben? Diese Menschen sind in der Lage, Konflikte friedlich zu lösen und schaffen eine Atmosphäre der Liebe und des Verständnisses. Wie würde es sich anfühlen, in einer solchen harmonischen Umgebung zu leben?

Negative Manifestationen der Liebenden-Energie treten auf, wenn die Menschen zu abhängig von anderen werden oder Schwierigkeiten haben, Entscheidungen zu treffen. Hast du manchmal Unsicherheiten und Ängste, die deine Fähigkeit, gesunde und stabile Beziehungen zu führen, beeinträchtigen?

In extremen Fällen kann diese Energie in Eifersucht, Besessenheit und emotionale Instabilität umschlagen, was zu Konflikten und Spannungen in Beziehungen führt. Wie könntest du lernen, diese negativen Aspekte zu überwinden?

Der Schlüssel zur Integration der Energie der Liebenden liegt darin, ein Gleichgewicht zwischen Selbstliebe und Liebe zu anderen zu finden. Was wäre, wenn du dich selbst akzeptieren und lieben könntest, um in der Lage zu sein, gesunde und erfüllende Beziehungen zu führen? Diese Menschen sollten lernen, auf ihre Intuition zu hören und Entscheidungen zu treffen, die im Einklang mit ihrem wahren Selbst stehen. Wie würde sich dein Leben verändern, wenn du dieser inneren Stimme mehr vertraust?

Durch die Verbindung mit der Energie der Liebenden können Menschen lernen, die Kraft der Liebe und der Beziehung in ihrem Leben zu nutzen. Kannst du dir vorstellen, tiefere Verbindungen zu anderen aufzubauen und eine harmonischere und erfüllendere Existenz zu führen? Diese Energie erinnert uns daran, dass Liebe und Harmonie die Grundlage eines glücklichen und erfüllten Lebens sind. Bist du bereit, diese Kraft in deinem Leben zu integrieren und zu erleben, wie sie dein Dasein bereichert?

Archetyp des Wagens - VII
„Das Kind der Wassermächte"

Hast du jemals darüber nachgedacht, was es bedeutet, wirklich entschlossen und zielgerichtet zu sein? Der Archetyp des Wagens symbolisiert Bewegung, Fortschritt, Willenskraft und die Kontrolle über gegensätzliche Kräfte. Was wäre, wenn du diese Energie in deinem Leben nutzen könntest, um deine Ziele zu erreichen und Herausforderungen zu meistern? Menschen, die von der Energie des Wagens beeinflusst werden, sind oft entschlossen, zielstrebig und in der Lage, ihre eigenen Wege zu gehen. Diese Energie hat sowohl eine strahlende als auch eine düstere Seite. Positiv manifestiert sie sich durch Fortschritt, Führung und Konstruktivität. Negativ kann sie jedoch zu Aggression und Zerstörung führen.

Stell dir vor, du könntest die starke innere Entschlossenheit und die Bereitschaft, große Anstrengungen zu unternehmen, nutzen, um deine Ziele zu erreichen. Was könnte es für dein Leben bedeuten, gegensätzliche Kräfte und Energien in deinem Leben zu kontrollieren und zu lenken? Menschen mit der Energie des Wagens sind mutig und bereit, Risiken einzugehen. Ihre Willenskraft und Entschlossenheit helfen ihnen, Hindernisse zu überwinden und Fortschritte zu erzielen.

Eine positive Manifestation dieser Energie zeigt sich in der Fähigkeit, klare Ziele zu setzen und entschlossen darauf hinzuarbeiten. Wie würde es sich anfühlen, inspirierend und motivierend für andere zu sein? Menschen mit der Energie des Wagens können als Führungskräfte und Vorbilder fungieren, die andere ermutigen, ihren eigenen Weg zu gehen und ihre Träume zu verfolgen. Was, wenn dein Selbstvertrauen und deine Entschlossenheit auf deine Umgebung ausstrahlen und dir helfen würden, deine Visionen zu verwirklichen?

Negative Manifestationen des Wagens treten auf, wenn die Menschen zu stur oder unflexibel werden. Hast du manchmal das Gefühl, dass du zu sehr auf ein Ziel fixiert bist und dabei die Bedürfnisse und Gefühle anderer übersiehst?

In extremen Fällen kann diese Energie zu rücksichtslosen Entscheidungen, Überanstrengung und einem Mangel an Selbstreflexion führen. Menschen mit dieser Energie müssen darauf achten, dass ihre Entschlossenheit nicht in Zwanghaftigkeit oder Rücksichtslosigkeit umschlägt.

Der Schlüssel zur Integration der Energie des Wagens liegt darin, ein Gleichgewicht zwischen Willenskraft und Flexibilität zu finden. Was wäre, wenn du entschlossen und zielgerichtet sein könntest, aber auch offen für neue Möglichkeiten und Anpassungen? Diese Menschen sollten lernen, auf ihre Intuition zu hören und sich nicht nur auf äußere Ziele zu konzentrieren, sondern auch auf ihr inneres Wachstum und ihre persönliche Entwicklung.

Durch die Verbindung mit der Energie des Wagens können Menschen lernen, ihre Ziele entschlossen zu verfolgen und dabei ihre inneren und äußeren Kräfte in Einklang zu bringen. Kannst du dir vorstellen, deine Träume zu verwirklichen und einen positiven Einfluss auf deine Umgebung auszuüben? Diese Energie erinnert uns daran, dass wir die Macht haben, unser Leben aktiv zu gestalten und voranzukommen, egal welche Herausforderungen uns begegnen.

ARCHETYP DER GERECHTIGKEIT - VIII
„DIE TOCHTER DER HERRIN DER WAHRHEIT"

Was wäre, wenn du die Kraft hättest, in deinem Leben und in den Leben der Menschen um dich herum Gerechtigkeit und Fairness zu schaffen? Der Archetyp der Gerechtigkeit steht für Fairness, Ausgeglichenheit, Wahrheit und moralische Integrität. Diese Energie symbolisiert das Streben nach Gleichgewicht und Harmonie in allen Bereichen des Lebens. Kannst du dir vorstellen, wie es wäre, ein starkes Bedürfnis nach Fairness und Gerechtigkeit zu verspüren, sowohl in deinem persönlichen Leben als auch in deinen Beziehungen zu anderen?

Menschen, die von der Energie der Gerechtigkeit beeinflusst werden, haben die Fähigkeit, sowohl Harmonie und Frieden zu verbreiten als auch in Aggression und Zerstörung zu verfallen. Diese dualistische Natur der achten Energie macht sie einzigartig in ihrer Balance zwischen heller (ruhiger) und dunkler (zerstörerischer) Seite.

Wie wäre es, Situationen objektiv zu bewerten und gerechte Entscheidungen zu treffen? Menschen mit der Energie der Gerechtigkeit sind oft analytisch und rational. Ihr Handeln ist von ethischen Grundsätzen und moralischer Integrität geleitet. Sie sind in der Lage, ihre eigenen Emotionen zu kontrollieren und lassen sich nicht von persönlichen Vorurteilen oder Impulsen leiten.

Eine positive Manifestation dieser Energie zeigt sich in der Fähigkeit, Konflikte zu lösen und Harmonie zu schaffen. Was könnte es für dein Leben bedeuten, ein ausgezeichneter Vermittler und Schlichter zu sein? Menschen mit der Energie der Gerechtigkeit helfen anderen, Differenzen beizulegen und gerechte Lösungen zu finden. Ihr starkes Verantwortungsbewusstsein und ihre Fähigkeit zur Selbstreflexion machen sie zu vertrauenswürdigen und respektierten Individuen.

Negative Manifestationen der Gerechtigkeit treten auf, wenn der Mensch zu rigide oder urteilend wird. Hast du manchmal das Gefühl, dass du zu sehr auf Regeln und Vorschriften fokussiert bist und dabei das Mitgefühl und die Flexibilität vernachlässigst?

In extremen Fällen kann diese Energie zu einem unnachgiebigen und dogmatischen Verhalten führen. Menschen mit dieser Energie müssen darauf achten, dass ihre Suche nach Gerechtigkeit nicht in Selbstgerechtigkeit oder Unnachgiebigkeit umschlägt.

Was wäre, wenn du ein Gleichgewicht zwischen Rationalität und Mitgefühl finden könntest? Nimm die Position der interessanten Ansicht ein. Der Schlüssel zur Integration der Energie der Gerechtigkeit liegt darin, gerecht und fair zu handeln, aber auch die menschlichen Aspekte und Emotionen nicht zu vernachlässigen. Diese Menschen sollten lernen, sowohl die Regeln zu respektieren als auch flexibel und anpassungsfähig zu bleiben.

Durch die Verbindung mit der Energie der Gerechtigkeit können Menschen lernen, ihre Entscheidungen auf ethischen und universellen Grundsätzen zu basieren und gleichzeitig mitfühlend und fair zu bleiben. Wie würde es sich anfühlen, eine positive und ausgleichende Kraft in deiner Umgebung zu sein? Diese Energie erinnert uns daran, dass wahre Gerechtigkeit nicht nur in der Einhaltung von Regeln liegt, sondern auch in der Fähigkeit, mitfühlend und verständnisvoll zu handeln.

Archetyp des Eremiten - IX
„Der Prophet des Ewigen"

Der Archetyp des Eremiten symbolisiert Weisheit, innere Suche und die Suche nach Wahrheit. Was wäre, wenn du durch Introspektion und Meditation tiefere Einsichten und spirituelles Verständnis erlangen könntest? Diese Energie ist mit der Einsamkeit verbunden, die notwendig ist, um sich selbst besser kennenzulernen und die inneren Geheimnisse zu entdecken. Menschen, die von der Energie des Eremiten beeinflusst werden, ziehen sich oft zurück, um in Ruhe und Abgeschiedenheit nach Erkenntnis zu suchen. Sie verspüren ein starkes Verlangen nach Selbstreflexion und dem Wissen, das sie in sich tragen. Kannst du dir vorstellen, wie es wäre, die Stimmungen anderer subtil wahrzunehmen und ein tiefes Verständnis für das Leben zu entwickeln?

Menschen mit der Energie des Eremiten sind oft weise und nachdenklich. Ihr tiefes Verständnis für das Leben und die menschliche Natur stammt aus ihrer inneren Reflexion und ihrem unstillbaren Durst nach Wissen. Diese Menschen sind häufig Mentoren oder spirituelle Führer, die anderen helfen, ihre eigenen Wege zu finden und zu erleuchten. Was würde es für dich bedeuten, geduldig und introspektiv zu sein und tiefe Weisheit und Einsichten zu erlangen?

Eine positive Manifestation dieser Energie zeigt sich in der Fähigkeit, sich leicht von äußeren Ablenkungen zu distanzieren und sich auf die innere Welt zu konzentrieren. Menschen mit der Energie des Eremiten sind in der Lage, tiefgreifende Erkenntnisse zu gewinnen, die nicht nur ihr eigenes Leben, sondern auch das Leben anderer bereichern. Ihre Fähigkeit, alleine zu sein und dennoch erfüllt zu sein, gibt ihnen die Stärke und Unabhängigkeit, die notwendig ist, um ihre spirituelle Reise fortzusetzen.

Hast du jemals das Bedürfnis verspürt, dich von der Außenwelt abzuschotten? Negative Manifestationen des Eremiten treten auf, wenn der Mensch sich zu sehr isoliert oder von der Außenwelt abschottet. Dies kann zu Einsamkeit und sozialer Isolation führen, was wiederum zu einem Gefühl der Entfremdung und Depression führen kann.

In extremen Fällen kann diese Energie zu einer Verweigerung führen, sich an der Gesellschaft zu beteiligen oder Verantwortung zu übernehmen. Menschen mit dieser Energie müssen darauf achten, dass ihre Suche nach innerem Wissen nicht zu einer Flucht vor der Realität oder vor sozialen Verpflichtungen wird.

Was wäre, wenn du ein Gleichgewicht zwischen innerer Reflexion und äußerer Beteiligung finden könntest? Der Schlüssel zur Integration der Energie des Eremiten liegt darin, Zeit für sich selbst und für innere Erkundungen zu haben, aber auch die Verbindung zu anderen Menschen und zur Außenwelt aufrecht zu erhalten. Diese Menschen sollten lernen, ihre Weisheit und Einsichten mit anderen zu teilen und ihre Rolle als Mentoren oder spirituelle Führer zu akzeptieren.

Durch die Verbindung mit der Energie des Eremiten kannst du lernen, in dir selbst zu ruhen und die innere Weisheit zu finden, die dir hilft, dein Leben zu navigieren. Kannst du dir vorstellen, eine Quelle der Inspiration und Führung für andere zu sein? Diese Energie erinnert uns daran, dass wahres Wissen und Verständnis oft in der Stille und Einsamkeit gefunden werden und dass wir durch die Suche nach innerer Wahrheit auch äußere Erfüllung finden können.

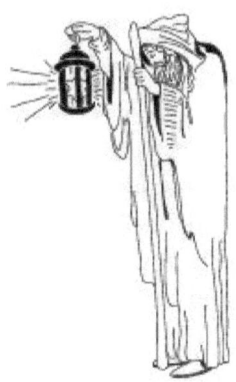

ARCHETYP DES GLÜCKSRAD - X „DER HERR DER LEBENSKRÄFTE"

Der Archetyp des Glücksrades symbolisiert das ewige Rad des Lebens, das ständige Auf und Ab, das alle Aspekte unseres Daseins durchdringt. Diese Energie steht für den Kreislauf von Veränderungen, den Fluss des Schicksals und die Akzeptanz, dass nichts von Dauer ist. Was wäre, wenn du lernen könntest, das ewige Auf und Ab des Lebens zu umarmen? Menschen, die von der Energie des Glücksrades beeinflusst werden, erleben oft Höhen und Tiefen, die sie lehren, flexibel und anpassungsfähig zu sein. Der charakteristische Vertreter dieses Energiemusters ist das Start-up-Unternehmen – der Spieler, der Inspirator! Dieses Energiemuster verkörpert Glück und Freude. Kannst du dir vorstellen, wie anregend und bewegungsfreudig diese Energie sein könnte?

Menschen mit der Energie des Glücksrades verstehen, dass das Leben unberechenbar ist und dass sie sich auf Veränderungen einlassen müssen. Sie sind oft optimistisch und haben die Fähigkeit, in schwierigen Zeiten Hoffnung zu finden. Hast du jemals darüber nachgedacht, dass nach jeder Schwere eine neue Leichtigkeit auf dich wartet? Diese Menschen wissen das und sind bereit, sich den wechselnden Umständen anzupassen. Ihre Flexibilität und schnelle Reaktion auf neue Situationen helfen ihnen, auch in turbulenten Zeiten erfolgreich zu sein.

Eine positive Manifestation dieser Energie zeigt sich in der Fähigkeit, den Fluss des Lebens zu akzeptieren und mit Veränderungen umzugehen. Was würde es für dich bedeuten, resilient zu sein und dich schnell von Rückschlägen zu erholen? Menschen mit der Energie des Glücksrades haben einen tiefen Glauben an die Zyklen des Lebens und wissen, dass jeder Tiefpunkt auch einen Höhepunkt nach sich zieht. Ihre Fähigkeit, Chancen in Herausforderungen zu sehen, macht sie zu wahren Meistern des Wandels.

Hast du jemals das Gefühl gehabt, von ständigen Veränderungen überwältigt zu sein? Negative Manifestationen des Glücksrades treten auf, wenn der Mensch sich von den ständigen Veränderungen überwältigt fühlt.

Es kann zu Gefühlen der Hilflosigkeit und des Kontrollverlusts kommen, wenn der Mensch das Gefühl hat, nichts beeinflussen zu können. In extremen Fällen kann diese Energie zu einem ständigen Wechsel zwischen Euphorie und Verzweiflung führen, was die Stabilität im Leben beeinträchtigen kann. Menschen mit dieser Energie müssen darauf achten, nicht in den Strudel der Veränderungen hineingezogen zu werden, sondern einen stabilen inneren Kern zu finden, der ihnen hilft, den ständigen Wandel zu meistern.

Der Schlüssel zur Integration der Energie des Glücksrades liegt darin, zu lernen, loszulassen und alles zu empfangen, das Gute wie das Negative, das Hässliche und das Schöne. Wie würde es sich anfühlen, eine Balance zwischen dem Streben nach Stabilität und der Akzeptanz des Wandels zu finden? Menschen mit dieser Energie sollten sich darauf konzentrieren, in der Gegenwart zu leben und die Chancen zu nutzen, die sich ihnen bieten, anstatt sich von der Angst vor dem Unbekannten lähmen zu lassen.

Durch die Verbindung mit der Energie des Glücksrades können Menschen lernen, das Leben in all seinen Facetten zu schätzen und die ständigen Veränderungen als Chance für Wachstum und Erneuerung zu sehen. Stell dir vor, du könntest eine Quelle der Inspiration für andere sein, indem du zeigst, wie man mit dem Fluss des Lebens geht und dabei seine innere Stärke bewahrt. Diese Energie erinnert uns daran, dass das Leben ein ständiger Kreislauf ist und dass wir durch Akzeptanz und Anpassungsfähigkeit unsere wahren Potenziale entfalten können.

ARCHETYP DIE KRAFT - XI
„DIE TOCHTER DES FLAMMENDEN SCHWERTES"

Der Archetyp der Kraft symbolisiert innere Stärke, Mut und Durchhaltevermögen. Diese Energie repräsentiert die Fähigkeit, Herausforderungen mit Ruhe und Gelassenheit zu begegnen und Hindernisse zu verändern, indem man sich auf seine innere Stärke verlässt. Was wäre, wenn du entdecken könntest, dass du die Fähigkeit hast, selbst die schwierigsten Situationen mit Leichtigkeit zu meistern? Menschen, die von der Energie der Kraft beeinflusst werden, besitzen eine tiefe innere Stärke und die Fähigkeit, sowohl ihre eigenen Emotionen als auch die äußeren Umstände zu kontrollieren. Könnte es sein, dass du voller Neugier und offen für Neues bist? Menschen mit dieser Energie streben danach, ihre Individualität zu betonen und sich selbstbewusst zu präsentieren, um sich von der Menge abzuheben.

Menschen mit der Energie der Kraft haben oft eine sanfte, aber dennoch durchsetzungsfähige Präsenz. Sie sind in der Lage, schwierige Situationen zu meistern, ohne ihre Ruhe und Gelassenheit zu verlieren. Diese Menschen strahlen eine natürliche Autorität aus und sind oft in der Lage, andere zu inspirieren und zu motivieren. Ihre innere Stärke ermöglicht es ihnen, ruhig und besonnen zu bleiben, auch wenn sie unter Druck stehen.

Eine positive Manifestation dieser Energie zeigt sich in der Fähigkeit, mit innerem Frieden und Gelassenheit durch das Leben zu gehen. Was würde es für dich bedeuten, sehr ausgeglichen zu sein und deine niederen Emotionen auf ein neues Level zu heben? Menschen mit der Energie der Kraft haben eine starke innere Überzeugung und sind in der Lage, ihre Ziele mit Entschlossenheit und Ausdauer zu verfolgen. Diese Menschen sind oft sehr selbstbewusst und können andere durch ihre ruhige und stabile Präsenz unterstützen und führen.

Hast du schon einmal darüber nachgedacht, was passiert, wenn man seine innere Stärke missbraucht oder unterdrückt? Negative Manifestationen der Energie der Kraft treten auf, wenn der Mensch seine innere Stärke missbraucht oder unterdrückt.

Es kann zu einem übermäßigen Kontrollbedürfnis kommen, bei dem er versucht, alles und jeden in seiner Umgebung zu dominieren. In extremen Fällen kann diese Energie zu einem starren und unflexiblen Verhalten führen, bei dem er Schwierigkeiten hat, sich an Veränderungen anzupassen. Menschen mit dieser Energie müssen darauf achten, ihre Stärke nicht zu nutzen, um andere zu unterdrücken oder ihre eigenen Bedürfnisse zu vernachlässigen.

Der Schlüssel zur Integration der Energie der Kraft liegt darin, ein Gleichgewicht zwischen innerer Stärke und Mitgefühl zu finden. Was wäre, wenn du deine Macht nicht missbrauchst und anderen mit Respekt und Empathie begegnest? Für Menschen mit dieser Energie ist es die Einladung, ihre innere Ruhe und Gelassenheit zu kultivieren und ihre Stärke auf positive Weise zu nutzen, um anderen zu helfen und sie zu unterstützen.

Durch die Verbindung mit der Energie der Kraft können Menschen lernen, ihre inneren Ressourcen zu nutzen, um Herausforderungen zu meistern und ihre Ziele zu erreichen. Was wäre, wenn du eine Quelle der Inspiration und Unterstützung für andere sein würdest, indem du zeigst, wie man mit Stärke und Mitgefühl durch das Leben geht. Diese Energie erinnert uns daran, dass wahre Stärke nicht in der Dominanz über andere liegt, sondern in der Fähigkeit, ruhig und gelassen zu bleiben und seine innere Kraft auf positive Weise zu nutzen.

ARCHETYP DER GEHÄNGTE - XII
„HERR DER HERRSCHER DER MÄCHTIGEN"

Der Archetyp des Gehängten symbolisiert das Loslassen, die Hingabe und das Erkennen neuer Perspektiven. Diese Energie repräsentiert eine Phase der Stagnation oder des Wartens, die jedoch notwendig ist, um tiefere Einsichten und spirituelles Wachstum zu erlangen. Menschen, die von der Energie des Gehängten beeinflusst werden, befinden sich oft in einer Situation, in der sie gezwungen sind, innezuhalten und ihre bisherigen Ansichten und Überzeugungen zu überdenken. Hast du jemals das Gefühl gehabt, dass eine Pause dir helfen könnte, neue Erkenntnisse zu gewinnen?

Die zwölfte Energie repräsentiert die Fähigkeit eines Menschen, die Welt mit einer einzigartigen Perspektive zu sehen - anders als die Masse. Was wäre, wenn du Probleme nicht als Hindernisse, sondern als Chancen für kreative Möglichkeiten sehen könntest? Für diesen Menschen gibt es keine Herausforderung ohne Möglichkeiten; sie sind Meister der Improvisation, flexibel und arbeiten mühelos im Fluss des Lebens. Häufig findet man diese beeindruckenden Fähigkeiten bei kreativen Köpfen.

Ein inspirierendes Zitat, das diese Energie beschreibt, lautet: „Alles ist das Gegenteil von dem, was es zu sein scheint, und nichts ist das Gegenteil von dem, was es zu sein scheint."

Menschen mit der Energie des Gehängten haben die Fähigkeit, sich auf ungewöhnliche Weise mit ihren Herausforderungen auseinanderzusetzen. Was wäre, wenn du in der Lage wärst, dich von traditionellen Denkweisen zu lösen und neue Perspektiven einzunehmen? Diese Menschen erkennen, dass wahres Verständnis und spirituelles Wachstum oft durch das Loslassen alter Muster und das Zulassen von Veränderungen entstehen.

Sie sind bereit, Opfer zu bringen und ihre bisherigen Überzeugungen infrage zu stellen, um zu einem tieferen Verständnis ihrer selbst und ihrer Umgebung zu gelangen.

Eine positive Manifestation dieser Energie zeigt sich in der Fähigkeit, sich geduldig in einer Phase des Wartens und der Reflexion zu befinden. Menschen mit der Energie des Gehängten sind oft in der Lage, die Stille und den Rückzug zu nutzen, um tiefere Einsichten und Erkenntnisse zu gewinnen.

Sie können alte Muster und Überzeugungen loslassen und sich auf neue Wege des Denkens und Handelns einlassen. Diese Menschen strahlen oft eine ruhige Weisheit und Gelassenheit aus, die aus ihrer Fähigkeit resultiert, sich dem Fluss des Lebens hinzugeben und Veränderungen zu akzeptieren.

Negative Manifestationen der Energie des Gehängten treten auf, wenn der Mensch in einer Phase der Stagnation oder des Stillstands stecken bleibt. Was passiert, wenn du das Gefühl hast, in einem Kreislauf festzustecken?

Es kann zu Gefühlen der Hilflosigkeit und des Feststeckens kommen, bei denen der Mensch Schwierigkeiten hat, voranzukommen oder Veränderungen zu akzeptieren. In extremen Fällen kann diese Energie zu einer Tendenz führen, sich selbst zu opfern oder sich in endlosen Zyklen von Warten und Reflexion zu verlieren, ohne konkrete Schritte zur Veränderung zu unternehmen.

Der Schlüssel zur Integration der Energie des Gehängten liegt darin, ein Gleichgewicht zwischen Loslassen und Handeln zu finden. Was wäre, wenn du die Phase des Wartens und der Reflexion nutzen könntest, um tiefere Einsichten zu gewinnen, aber auch bereit wärst, Veränderungen anzunehmen und voranzukommen, wenn die Zeit reif ist?

Menschen mit dieser Energie sollten sich darauf konzentrieren, ihre Fähigkeit zur Hingabe und Akzeptanz zu kultivieren, während sie gleichzeitig die Initiative ergreifen, um ihre Ziele zu verfolgen.

Durch die Verbindung mit der Energie des Gehängten können Menschen lernen, alte Muster und Überzeugungen loszulassen und neue Perspektiven zu gewinnen. Stell dir vor, du könntest deine Fähigkeit zur Hingabe und Akzeptanz stärken und lernen, im Fluss des Lebens zu bleiben. Diese Energie erinnert uns daran, dass wahres Verständnis und spirituelles Wachstum oft durch das Loslassen und die Bereitschaft entstehen, Veränderungen zu akzeptieren und neue Wege des Denkens und Handelns zu erkunden.

Archetyp des Todes - XIII
„Das Kind der grossen Veränderer"

Der Archetyp des Todes symbolisiert Transformation, Wandel und das Ende alter Zyklen. Diese Energie repräsentiert den natürlichen Prozess des Loslassens und den Übergang von einer Phase des Lebens in eine andere. Menschen, die von der Energie des Todes beeinflusst werden, erleben oft tiefgreifende Veränderungen, die notwendig sind, um neues Wachstum und neue Möglichkeiten zu ermöglichen.

Die dreizehnte Energie wird oft als facettenreich betrachtet, da sie keinen spezifischen Archetyp besitzt und als strukturlos angesehen wird. In der Welt des Überflusses verkörpert sie den Tod als Symbol für Transformation, den Abbau des Alten und den Beginn des Neuen.

Der Archetyp der dreizehnten Energie wird am treffendsten als „wagemutiger Held" beschrieben. Diese Energie zeigt sich nicht nur durch kreatives Schaffen, sondern auch durch transformative Tätigkeiten, wie die Wiederherstellung von Dingen durch Zerstörung.

Menschen mit der Energie des Todes haben die Fähigkeit, sich auf tiefgreifende Veränderungen und Transformationen einzulassen. Was wäre, wenn du erkennen könntest, dass das Ende eines Zyklus oder einer Phase oft den Beginn eines neuen und aufregenden Kapitels bedeutet?

Diese Menschen sind in der Lage, alte Muster, Gewohnheiten und Überzeugungen loszulassen, die ihnen nicht mehr dienen, und sich auf neue Wege und Möglichkeiten einzulassen. Sie verstehen, dass wahres Wachstum und Fortschritt oft durch den Mut entstehen, das Alte loszulassen und Platz für das Neue zu schaffen.

Eine positive Manifestation dieser Energie zeigt sich in der Fähigkeit, sich den Veränderungen des Lebens mit Mut und Zuversicht zu stellen. Menschen mit der Energie des Todes sind oft in der Lage, sich auf den natürlichen Fluss des Lebens einzulassen und die notwendigen Veränderungen zu akzeptieren.

Sie können alte Wunden heilen und sich von vergangenen Traumata befreien, um Platz für neues Wachstum und neue Möglichkeiten zu schaffen. Diese Menschen strahlen oft eine tiefe innere Stärke und Weisheit aus, die aus ihrer Fähigkeit resultiert, sich den Herausforderungen des Lebens zu stellen und daraus zu lernen.

Negative Manifestationen der Energie des Todes treten auf, wenn der Mensch Schwierigkeiten hat, Veränderungen zu empfangen und loszulassen. Was wäre, wenn du feststellen würdest, dass es zu Gefühlen der Angst, des Verlusts und der Trauer kommt, bei denen du in alten Mustern und Gewohnheiten feststeckst und dich weigerst, voranzukommen?

In extremen Fällen kann diese Energie zu einer Tendenz führen, sich in negativen Emotionen und Gedanken zu verlieren, was zu Stagnation und einem Mangel an Fortschritt führen kann.

Der Schlüssel zur Integration der Energie des Todes liegt darin, ein Gleichgewicht zwischen Empfangen, Wahrnehmen, Wissen, Sein und Loslassen herzustellen, um einen Neuanfang zu kreieren und zu generieren.

Stell dir vor, du könntest den natürlichen Prozess des Wandels empfangen und dich auf die neuen Möglichkeiten einlassen, die das Leben bietet. Menschen mit dieser Energie sollten ihre Fähigkeit zur Anpassung und Akzeptanz kultivieren, während sie gleichzeitig die Initiative ergreifen, um neue Wege und Möglichkeiten zu erkunden.

Durch die Verbindung mit der Energie des Todes können Menschen lernen, alte Muster und Gewohnheiten loszulassen und sich auf tiefgreifende Veränderungen und Transformationen einzulassen. Stell dir vor, du könntest deine Fähigkeit zur Anpassung und Akzeptanz stärken und lernen, im Fluss des Lebens zu bleiben.

Diese Energie erinnert uns daran, dass das Ende eines Zyklus oft den Beginn eines neuen und aufregenden Kapitels bedeutet und dass wahres Wachstum und Fortschritt durch den Mut entstehen, das Alte loszulassen und Platz für das Neue zu schaffen.

ARCHETYP DIE MÄSSIGKEIT - XIV
„DIE TOCHTER DER VERSÖHNER"

Der Archetyp der Mäßigkeit repräsentiert Harmonie, Ausgewogenheit und Geduld. Diese Energie steht für die Kunst des Gleichgewichts und die Fähigkeit, unterschiedliche Elemente miteinander zu vereinen, um ein harmonisches Ganzes zu schaffen. Menschen, die von der Energie der Mäßigkeit beeinflusst werden, haben oft eine natürliche Begabung, Ausgleich und Harmonie in ihr Leben und in ihre Umgebung zu bringen. Die vierzehnte Energie repräsentiert den Archetyp des Künstlers und Schöpfers! Diese Energie ist äußerst kreativ, raffiniert und sanft. Sie zeichnet sich durch Leichtigkeit, Spiritualität und die Verbindung mit dem Höchsten aus. Es ist eine Verbindung mit dem Fluss des Lebens!

Menschen mit der Energie der Mäßigkeit zeichnen sich durch ihre Fähigkeit aus, verschiedene Aspekte des Lebens in Einklang zu bringen. Was wäre, wenn du erkennen könntest, wie wichtig es ist, Gegensätze zu integrieren und kreative Lösungen zu finden, die auf Harmonie und Ausgewogenheit basieren? Diese Menschen haben eine natürliche Neigung zur Geduld und können auch in schwierigen Situationen Ruhe und Besonnenheit bewahren. Sie wissen, dass echte Fortschritte und Veränderungen oft Zeit und Mühe erfordern, und sind bereit, diese Geduld aufzubringen.

Eine positive Manifestation dieser Energie zeigt sich in der Fähigkeit, ein Gleichgewicht zwischen den verschiedenen Bereichen des Lebens zu finden. Menschen mit der Energie der Mäßigkeit sind oft in der Lage, berufliche, persönliche und spirituelle Ziele miteinander zu vereinen und auf eine harmonische Weise zu verfolgen. Sie können Konflikte und Spannungen mit Ruhe und Besonnenheit angehen und sind in der Lage, friedliche Lösungen zu finden, die für alle Beteiligten vorteilhaft sind.

Negative Manifestationen der Energie der Mäßigkeit treten auf, wenn ein Mensch Schwierigkeiten hat, das richtige Gleichgewicht zu finden. Hast du schon einmal bemerkt, wie es zu extremen Schwankungen zwischen verschiedenen Zuständen kommen kann, wie Überarbeitung und Erschöpfung oder Passivität und Inaktivität?

Menschen mit unausgeglichener Mäßigkeit können Schwierigkeiten haben, ihre Emotionen und Impulse zu kontrollieren, was zu Stress und Unruhe führt. In extremen Fällen kann dies zu einem Gefühl der Stagnation führen, bei dem der Mensch unfähig ist, Fortschritte zu machen oder Entscheidungen zu treffen.

Der Schlüssel zur Integration der Energie der Mäßigkeit liegt darin, eine bewusste Balance in allen Lebensbereichen zu suchen. Was wäre, wenn du dir Zeit für Entspannung und Erholung nehmen könntest, während du gleichzeitig aktiv an deinen Zielen arbeitest? Menschen mit dieser Energie sollten lernen, ihre Emotionen und Impulse zu kontrollieren und geduldig auf die Ergebnisse ihrer Bemühungen zu warten. Es ist auch wichtig, auf die Bedürfnisse anderer zu achten und Konflikte mit Mitgefühl und Verständnis anzugehen.

Durch die Verbindung mit der Energie der Mäßigkeit können Menschen lernen, ein harmonisches und ausgewogenes Leben zu führen. Sie können ihre Fähigkeit zur Geduld und zur Integration unterschiedlicher Elemente stärken und lernen, in Einklang mit sich selbst und ihrer Umgebung zu leben. Diese Energie erinnert uns daran, dass wahres Wachstum und Harmonie oft durch Geduld, Ausgewogenheit und die Fähigkeit, unterschiedliche Aspekte des Lebens miteinander zu vereinen, erreicht werden können.

Archetyp der Teufel - XV
„Der Herr der Pforten der Materie"

Der Archetyp des Teufels repräsentiert Versuchung, Bindung und die dunklen Seiten des menschlichen Wesens. Diese Energie steht für die Herausforderungen und Verstrickungen, die uns daran hindern, unser wahres Potenzial zu entfalten. Was wäre, wenn du erkennen könntest, wie diese Kräfte dich in Abhängigkeit, Gier und Selbstsucht gefangen halten, aber auch die Möglichkeit bieten, sie zu überwinden? Diese Energie umfasst die sexuelle Anziehungskraft, die Menschen regelrecht überraschen und anziehen kann. Menschen mit dieser Energie können auf zweierlei Weise wirken: Sie können Menschen unterstützen, können aber auch unter dem Vorwand der Hilfe beginnen, Kontrolle und Manipulation auszuüben.

Menschen, die von der Energie des Teufels beeinflusst werden, erleben oft starke innere Konflikte und Versuchungen. Diese Energie bringt eine starke Anziehungskraft für materielle und physische Genüsse mit sich, die jedoch zu Abhängigkeiten und Einschränkungen führen können. Hast du jemals bemerkt, wie Menschen mit dieser Energie in Verhaltensmustern gefangen sein können, die sie daran hindern, frei und authentisch zu leben?

Eine positive Manifestation dieser Energie zeigt sich, wenn Menschen ihre dunklen Seiten und Abhängigkeiten erkennen und den Mut finden, sich ihnen zu stellen. Sie sind in der Lage, ihre Schattenseiten zu integrieren und dadurch zu innerer Freiheit und Selbstakzeptanz zu gelangen. Diese Menschen können eine tiefe Einsicht in die menschliche Natur gewinnen und anderen dabei helfen, ihre eigenen Bindungen und Abhängigkeiten zu überwinden.

Negative Manifestationen der Energie des Teufels treten auf, wenn ein Mensch sich von seinen Begierden und Abhängigkeiten beherrschen lässt. Es kann zu destruktivem Verhalten, Sucht und Selbstsabotage führen. Menschen, die von dieser Energie negativ beeinflusst werden, haben oft Schwierigkeiten, gesunde Grenzen zu setzen und ihre Freiheit zu bewahren. Sie neigen dazu, in toxische Beziehungen und Verhaltensmuster verwickelt zu sein, die ihnen und anderen Schaden zufügen.

Der Schlüssel zur Integration der Energie des Teufels liegt darin, sich der eigenen Schattenseiten bewusst zu werden und Verantwortung für das eigene Handeln zu übernehmen. Es ist wichtig, sich den eigenen Ängsten und Versuchungen zu stellen und gesunde Wege zu finden, um mit ihnen umzugehen. Was wäre, wenn du lernen könntest, deine Abhängigkeiten zu erkennen und Schritte zu unternehmen, um dich davon zu befreien? Dies kann durch Selbstreflexion, Matrix Beratung und spirituelle Praktiken unterstützt werden.

Durch die Verbindung mit der Energie des Teufels können Menschen lernen, ihre dunklen Seiten zu akzeptieren und zu transformieren. Stell dir vor, du könntest deine innere Stärke und Entschlossenheit entwickeln, um dich von den Fesseln der Abhängigkeiten und Selbstsabotage zu befreien. Diese Energie erinnert uns daran, dass wir die Macht haben, unsere eigenen Dämonen zu überwinden und zu einem Leben voller Freiheit und Selbstakzeptanz zu gelangen. Indem wir uns unseren Schattenseiten stellen, können wir wahre Transformation und inneres Wachstum erleben.

ARCHETYP DER TURM - XVI
„DER GEIST DER MÄCHTIGEN WASSER"

Der Archetyp des Turms steht für plötzliche Veränderungen, Umbrüche und das Zerbrechen alter Strukturen. Diese Energie symbolisiert die Zerstörung von Illusionen und falschen Sicherheiten, um Raum für neues Wachstum und authentische Veränderungen zu schaffen. Der Turm repräsentiert die unerwarteten und oft schmerzhaften Ereignisse, die uns zwingen, alte Muster und Überzeugungen loszulassen. Die sechzehnte Energie verkörpert den Archetyp des Revolutionärs!

Sie steht für Ideen und Spiritualität. Diejenigen, die sie besitzen, sind mit einer starken Verbindung zum Fluss der Inspiration gesegnet und verfügen über die nötige Energie, um ihre kreativen Einfälle in die Tat umzusetzen. Mit dieser Energie hast du die Kraft, deine Visionen zu verwirklichen und die Welt zu verändern!

Menschen, die von der Energie des Turms beeinflusst werden, erleben oft drastische Veränderungen und Krisen in ihrem Leben. Diese Ereignisse können wie ein Blitz aus heiterem Himmel kommen und das Leben auf den Kopf stellen. Solche Menschen sind gezwungen, sich schnell anzupassen und ihre Pläne neu zu überdenken. Trotz des Schocks und der Unsicherheit, die mit dieser Energie einhergehen, bietet der Turm auch die Möglichkeit, sich von allem zu befreien, was nicht mehr dienlich ist, und einen Neuanfang zu wagen.

Eine positive Manifestation der Energie des Turms zeigt sich, wenn Menschen in der Lage sind, die Zerstörung alter Strukturen als Chance für persönliches Wachstum und Veränderung zu erkennen. Was wäre, wenn du die Krise als Weckruf nutzen könntest, um tiefgreifende Veränderungen vorzunehmen und dein Leben auf authentischere und stabilere Grundlagen zu stellen? Solche Menschen entwickeln eine größere Resilienz und Flexibilität, die ihnen hilft, zukünftige Herausforderungen besser zu meistern.

Negative Manifestationen der Energie des Turms treten auf, wenn ein Mensch sich gegen Veränderungen wehrt und an alten Strukturen festhält. Dies kann zu einem Gefühl von Kontrollverlust, Angst und Widerstand führen. Hast du jemals bemerkt, wie Menschen Schwierigkeiten haben, sich an neue Situationen anzupassen und in einem Zustand der Verzweiflung und des Chaos verharren? Es besteht die Gefahr, dass sie in destruktive Verhaltensmuster und Selbstsabotage verfallen, anstatt die notwendigen Veränderungen anzunehmen.

Der Schlüssel zur Integration der Energie des Turms liegt darin, sich dem Wandel und den damit verbundenen Unsicherheiten zu stellen. Was wäre, wenn du lernen könntest, die alten Strukturen und Überzeugungen loszulassen, die dir nicht mehr dienen, und offen für neue Möglichkeiten zu sein? Menschen mit dieser Energie sollten Krisen als Chance für Wachstum und Transformation sehen und Vertrauen in den Prozess des Wandels entwickeln. Es ist wichtig, dass sie ihren eigenen Weg gehen, da das Leben sie sonst möglicherweise zwingt, durch die Zerstörung ihres gewohnten Fundaments in die richtige Richtung zu gehen.

Durch die Verbindung mit der Energie des Turms können Menschen lernen, Veränderungen und Umbrüche als natürlichen Teil des Lebens zu akzeptieren. Stell dir vor, du könntest deine innere Stärke und Widerstandsfähigkeit entwickeln, um Krisen zu überstehen und gestärkt daraus hervorzugehen. Diese Energie erinnert uns daran, dass Zerstörung und Neubeginn oft Hand in Hand gehen und dass wahre Transformation nur durch das Loslassen alter Strukturen möglich ist. Indem wir uns dem Wandel hingeben, können wir unser Leben auf eine neue und authentischere Weise gestalten.

ARCHETYP DER STERN - XVII
„DIE TOCHTER DES FIRMAMENTS"

Der Archetyp des Sterns steht für Hoffnung, Inspiration und spirituelle Führung. Diese Energie symbolisiert die Erleuchtung und das Finden des eigenen inneren Lichts, das uns durch die Dunkelheit führt. Der Stern repräsentiert den Glauben an eine bessere Zukunft und die Zuversicht, dass nach schwierigen Zeiten immer wieder Licht und Klarheit kommen. Menschen mit der siebzehnten Energie schöpfen aus ihrer Kreativität und streben danach, im Rampenlicht zu stehen. Ihr ausgeprägtes Ego treibt sie dazu an, führend zu sein und nicht im Schatten anderer zu verschwinden. Lob und Anerkennung für ihre Fähigkeiten sind ihnen wichtig, ebenso wie das Interesse und die Aufmerksamkeit anderer auf sich zu ziehen.

Menschen, die von der Energie des Sterns beeinflusst werden, sind oft optimistisch und inspiriert. Sie haben eine starke Verbindung zu ihrer inneren Weisheit und sind in der Lage, diese Verbindung zu nutzen, um ihre Träume und Ziele zu verwirklichen. Diese Menschen strahlen oft eine ruhige und heilende Präsenz aus, die andere ermutigt und inspiriert. Sie haben die Fähigkeit, anderen Hoffnung zu geben und sie auf ihrem Weg zu unterstützen.

Eine positive Manifestation der Energie des Sterns zeigt sich, wenn Menschen ihre Träume und Visionen mit Klarheit und Zuversicht verfolgen. Sie sind in der Lage, ihre Ziele realistisch zu planen und gleichzeitig offen für die Inspiration und Führung des Universums zu bleiben. Diese Menschen können ihre kreativen und spirituellen Talente nutzen, um sich selbst und anderen zu helfen. Sie haben oft ein starkes Gefühl der Bestimmung und sind bereit, ihrem inneren Ruf zu folgen, egal wie schwierig der Weg sein mag.

Negative Manifestationen der Energie des Sterns treten auf, wenn ein Mensch sich in Tagträumen und Illusionen verliert. Diese Menschen können Schwierigkeiten haben, ihre Visionen in die Realität umzusetzen und neigen dazu, sich vor den Herausforderungen des Lebens zu verstecken.

Sie können sich übermäßig auf spirituelle oder esoterische Praktiken verlassen, ohne die notwendigen praktischen Schritte zu unternehmen, um ihre Träume zu verwirklichen. Dies kann zu einem Gefühl der Enttäuschung und Desillusionierung führen.

Der Schlüssel zur Integration der Energie des Sterns liegt darin, die Balance zwischen Vision und Realität zu finden. Es ist wichtig, an seine Träume zu glauben und gleichzeitig die notwendigen Schritte zu unternehmen, um sie zu verwirklichen. Menschen mit dieser Energie sollten lernen, ihre spirituelle Führung in ihren täglichen Entscheidungen zu nutzen und gleichzeitig realistisch und geerdet zu bleiben. Sie sollten offen für die Inspiration und Führung des Universums sein, aber auch bereit, die praktische Arbeit zu leisten, die nötig ist, um ihre Visionen zu verwirklichen.

Durch die Verbindung mit der Energie des Sterns können Menschen lernen, Hoffnung und Zuversicht auch in schwierigen Zeiten zu bewahren. Sie können ihre inneren Ressourcen mobilisieren, um ihre Träume zu verfolgen und gleichzeitig anderen als Inspiration und Unterstützung zu dienen. Diese Energie erinnert uns daran, dass wir alle das Potenzial haben, unser eigenes Licht zu finden und zu leuchten, egal wie dunkel die Umstände sein mögen. Indem wir unserer inneren Weisheit und Führung vertrauen, können wir unseren Weg mit Klarheit und Zuversicht gehen und eine bessere Zukunft für uns selbst und andere schaffen.

Archetyp der Mond - XVIII
„Herrscher des Flusses und Rückflusses"

Der Archetyp des Mondes symbolisiert das Unterbewusstsein, die Illusionen und die tiefen Emotionen, die oft verborgen und schwer zugänglich sind. Diese Energie steht für die Welt der Träume, der Intuition und der geheimen Ängste. Der Mond erinnert uns daran, dass nicht alles, was wir sehen und erleben, klar und logisch ist; vieles ist von unserem Unterbewusstsein geprägt und beeinflusst.

Menschen, die von der Energie des Mondes beeinflusst werden, haben oft eine starke Verbindung zu ihren Emotionen und ihrer Intuition. Sie sind empfindsam und neigen dazu, die verborgenen Bedeutungen hinter den Dingen zu erforschen.

Diese Menschen können sehr kreativ und einfallsreich sein, da sie in der Lage sind, tief in ihre Vorstellungskraft einzutauchen und neue Ideen und Konzepte zu entwickeln. Sie haben oft ein starkes Bedürfnis, das Unbekannte zu erforschen und die Geheimnisse des Lebens zu enthüllen.

Eine positive Manifestation der Energie des Mondes zeigt sich, wenn Menschen ihre Intuition und ihr Unterbewusstsein nutzen, um tiefere Einsichten und Verständnis zu gewinnen. Sie sind in der Lage, ihre Emotionen zu erkennen und zu verarbeiten, und können dadurch ihre Kreativität und Vorstellungskraft entfalten.

Diese Menschen sind oft sehr einfühlsam und können die Gefühle und Bedürfnisse anderer gut erkennen und darauf reagieren. Sie haben die Fähigkeit, durch ihre Träume und Visionen geführt zu werden und können diese als Quelle der Inspiration und Führung nutzen.

Negative Manifestationen der Energie des Mondes treten auf, wenn Menschen sich in ihren Ängsten und Illusionen verlieren. Sie können von Unsicherheit und Zweifel geplagt sein, was zu Verwirrung und Desorientierung führt. Diese Menschen neigen dazu, sich von ihren Emotionen überwältigen zu lassen und können Schwierigkeiten haben, Realität und Illusion zu unterscheiden.

Dies kann zu Paranoia, Täuschung und Selbsttäuschung führen. In extremen Fällen können sie in einer Welt der Fantasie leben und den Kontakt zur Realität verlieren.

Der Schlüssel zur Integration der Energie des Mondes liegt darin, die Balance zwischen Intuition und Realität zu finden. Es ist wichtig, die eigenen Emotionen und Träume zu erkennen und zu akzeptieren, aber auch in der Lage zu sein, sie kritisch zu hinterfragen und zu analysieren. Menschen mit dieser Energie sollten lernen, ihre Intuition als Werkzeug zu nutzen, um tieferes Verständnis und Einsicht zu gewinnen, ohne sich in ihren Ängsten und Illusionen zu verlieren. Sie sollten offen für die Botschaften ihres Unterbewusstseins sein, aber auch bereit, diese in einen realistischen und praktischen Kontext zu setzen.

Durch die Verbindung mit der Energie des Mondes können Menschen lernen, ihre tiefsten Ängste und Emotionen zu erkennen und zu verarbeiten. Sie können ihre Intuition und Vorstellungskraft nutzen, um neue Wege und Möglichkeiten zu entdecken und ihr Leben auf eine tiefere und erfüllendere Weise zu gestalten. Diese Energie erinnert uns daran, dass das Unbekannte nicht etwas ist, vor dem wir Angst haben sollten, sondern eine Quelle der Weisheit und des Wachstums. Indem wir uns unseren inneren Schatten stellen und das Licht der Erkenntnis darauf werfen, können wir eine tiefere Verbindung zu uns selbst und zur Welt um uns herum herstellen.

Archetyp der Sonne - XIX
„Die Herrscherin des Feuers der Welten"

Der Archetyp der Sonne symbolisiert Klarheit, Freude, Erfolg und die Kraft des Lebens. Diese Energie steht für das Licht, das die Dunkelheit vertreibt, für die Erleuchtung und das bewusste Sein. Die Sonne ist ein Symbol für das strahlende Selbst, das in seiner ganzen Pracht und Stärke leuchtet. Sie repräsentiert das Bewusstsein und die Fähigkeit, das Leben in seiner vollen Intensität zu erleben. Menschen, die von dieser Energie beeinflusst werden, besitzen Führungsfähigkeiten und kreative Energie. Sie strahlen Wärme aus und sind kreativ veranlagt, was es ihnen ermöglicht, sich an weltweiten Projekten zu beteiligen. Mit innerer Stärke streben sie nach großen Erfolgen und können ihre kreativen Ideen erfolgreich in die Tat umsetzen.

Menschen, die von der Energie der Sonne beeinflusst werden, strahlen oft eine natürliche Freude und Positivität aus. Sie haben eine optimistische Einstellung und die Fähigkeit, das Gute in jeder Situation zu sehen. Diese Menschen sind selbstbewusst und haben ein starkes Selbstwertgefühl. Sie sind in der Lage, ihre Ziele zu erreichen und ihre Träume zu verwirklichen. Ihre Energie ist ansteckend, und sie inspirieren andere durch ihr strahlendes Wesen und ihre positive Ausstrahlung.

Eine positive Manifestation der Energie der Sonne zeigt sich, wenn Menschen ihre innere Kraft und ihr Licht erkennen und nutzen. Sie sind in der Lage, ihre Talente und Fähigkeiten zu entfalten und in die Welt zu tragen. Diese Menschen haben eine klare Vision für ihr Leben und arbeiten zielstrebig darauf hin. Sie sind oft sehr kreativ und haben die Fähigkeit, ihre Ideen in die Realität umzusetzen. Ihre Wärme und Großzügigkeit machen sie zu beliebten und geschätzten Menschen in ihrem Umfeld.

Negative Manifestationen der Energie der Sonne treten auf, wenn Menschen zu sehr von ihrem Ego geleitet werden. Sie können arrogant, selbstgefällig und überheblich wirken. Diese Menschen neigen dazu, andere zu dominieren und sich in den Mittelpunkt zu stellen.

Ihre strahlende Persönlichkeit kann dann als einschüchternd und überwältigend empfunden werden. In extremen Fällen können sie dazu neigen, ihre Macht zu missbrauchen und andere zu manipulieren, um ihre eigenen Ziele zu erreichen.

Der Schlüssel zur Integration der Energie der Sonne liegt darin, das eigene Licht zu erkennen und zu nutzen, ohne andere zu überstrahlen. Es ist wichtig, das Gleichgewicht zwischen Selbstbewusstsein und Bescheidenheit zu finden. Menschen mit dieser Energie sollten lernen, ihre Stärken und Talente zu erkennen und einzusetzen, aber auch die Fähigkeiten und Beiträge anderer zu schätzen. Sie sollten ihre Energie nutzen, um anderen zu helfen und sie zu inspirieren, anstatt sie zu dominieren.

Durch die Verbindung mit der Energie der Sonne können Menschen lernen, ihre innere Kraft und ihr Potenzial zu erkennen und zu entfalten. Sie können ihre Kreativität und Positivität nutzen, um ihre Ziele zu erreichen und ein erfülltes und erfolgreiches Leben zu führen. Diese Energie erinnert uns daran, dass wir alle das Licht in uns tragen und die Fähigkeit haben, unser Leben und das Leben anderer zu erhellen. Indem wir unser inneres Licht leuchten lassen, können wir die Dunkelheit vertreiben und die Welt zu einem besseren Ort machen.

ARCHETYP DAS JÜNGSTE GERICHT - XX „DER GEIST DES URFEUERS"

Was wäre, wenn du dich, wahrhaftig erneuern könntest? Der Archetyp des Jüngsten Gerichts steht für Erneuerung, Erwachen und das endgültige Urteil. Diese Energie symbolisiert den Moment der Wahrheit, in dem wir mit den Konsequenzen unserer Handlungen und Entscheidungen konfrontiert werden. Es ist eine Zeit des Neuanfangs und der Transformation, bei der alte Muster und Strukturen abgelegt werden, um Platz für neues Wachstum und Verständnis zu schaffen.

Die Energie des 20. Arkana ist oft rätselhaft und schwer zu durchschauen. Es fehlt ihr an einer klaren Struktur und einem eindeutigen Archetypen. Diese Energie ist stark mit dem Konzept der Verbindung verknüpft. Ihr Ziel ist es, verschiedene spirituelle und physische Elemente sowie Menschen miteinander zu vereinen. Wie es wäre, verschiedene Aspekte deines Lebens zu einem harmonischen Ganzen zu verbinden?

Menschen, die von der Energie des Jüngsten Gerichts beeinflusst werden, durchlaufen oft tiefgreifende persönliche Veränderungen und spirituelle Erwachensprozesse. Erlebst du manchmal Momente der Klarheit, in denen du deine wahre Bestimmung und den Sinn deines Lebens erkennst?

Diese Menschen sind in der Lage, alte Lasten und negative Muster loszulassen und sich auf eine neue Ebene des Bewusstseins zu erheben. Sie verstehen die Notwendigkeit, ihre Vergangenheit zu reflektieren und aus ihren Fehlern zu lernen, um in eine positivere und erfülltere Zukunft zu schreiten.

Eine positive Manifestation dieser Energie zeigt sich, wenn Menschen bereit sind, sich ihren inneren Dämonen zu stellen und Verantwortung für ihr Handeln zu übernehmen. Wie wäre es, tiefgehende Veränderungen in deinem Leben vorzunehmen und dich von allem zu befreien, was dich zurückhält?

Diese Menschen entwickeln ein starkes Bewusstsein für ihre innere Wahrheit und sind in der Lage, ihr Leben nach ihren höchsten Werten und Idealen auszurichten. Sie sind oft in der Lage, andere zu inspirieren und zu führen, indem sie ihren eigenen Weg des Erwachens und der Transformation teilen.

Negative Manifestationen der Energie des Jüngsten Gerichts treten auf, wenn Menschen sich weigern, die Wahrheit über sich selbst und ihre Situation zu akzeptieren. Hältst du manchmal an alten Mustern fest, weil du Angst vor der Veränderung hast?

Diese Menschen können in Selbstverleugnung und Widerstand verharren, was zu einem Gefühl der Stagnation und Unzufriedenheit führt. In extremen Fällen können sie sich von ihrer inneren Wahrheit abschneiden und in einem Zustand der inneren Zerrissenheit und Verwirrung leben.

Der Schlüssel zur Integration der Energie des Jüngsten Gerichts liegt darin, mutig genug zu sein, die Wahrheit zu erkennen und anzunehmen. Bist du bereit, dich selbst und anderen gegenüber ehrlich zu sein und die Bereitschaft zu entwickeln, aus vergangenen Fehlern zu lernen?

Menschen mit dieser Energie sollten lernen, sich selbst zu vergeben und die Vergangenheit loszulassen, um Raum für neue Möglichkeiten und Erfahrungen zu schaffen. Sie sollten sich darauf konzentrieren, ihr Leben nach ihren höchsten Werten und Idealen auszurichten und dabei ihre innere Wahrheit als Kompass zu nutzen.

Durch die Verbindung mit der Energie des Jüngsten Gerichts können Menschen lernen, die tiefere Bedeutung ihrer Erfahrungen zu erkennen und zu verstehen. Wie wäre es, die Kraft der Erneuerung und des Erwachens zu nutzen, um dein Leben in eine positive und erfüllende Richtung zu lenken?

Diese Energie erinnert uns daran, dass jeder Moment eine Gelegenheit zur Transformation und zum Neubeginn bietet, und dass wir die Macht haben, unser Leben bewusst und authentisch zu gestalten.

Archetyp die Welt - XXI
„Tiefe Verbundenheit: Befreiung aus inneren Fesseln"

Der Archetyp der Welt steht für Vollendung, Ganzheit und Harmonie. Hast du jemals das Gefühl gehabt, dass du ein bedeutendes Ziel erreicht hast und alles in deinem Leben zusammenkommt? Diese Energie symbolisiert das Erreichen eines bedeutenden Ziels und die Integration aller Teile des Selbst. Die Welt repräsentiert den Abschluss eines großen Zyklus und den Beginn eines neuen, wobei das Erreichte gefeiert und das Neue begrüßt wird.

Menschen, die von der Energie der Welt beeinflusst werden, erleben oft Momente des tiefen inneren Friedens und der Erfüllung. Was würde es für dich bedeuten, wenn du deine Ziele erreicht hättest und dein Leben im Einklang wäre? Diese Menschen strahlen eine natürliche Autorität und Ausgeglichenheit aus, die andere anzieht und inspiriert.

Eine positive Manifestation der Energie der Welt zeigt sich, wenn Menschen sich selbst vollständig akzeptieren und lieben. Wie fühlt es sich an, die Früchte deiner Arbeit zu genießen und dich über deine Erfolge zu freuen? Diese Menschen haben ein tiefes Verständnis für den Fluss des Lebens und die Zyklen der Natur.

Negative Manifestationen der Energie der Welt treten auf, wenn Menschen Schwierigkeiten haben, den Abschluss eines Zyklus zu akzeptieren. Was passiert, wenn du an der Vergangenheit festhältst und dich weigerst, weiterzugehen? Diese Menschen können sich in einem Zustand der Stagnation befinden, in dem sie das Gefühl haben, dass nichts mehr zu erreichen ist.

Der Schlüssel zur Integration der Energie der Welt liegt darin, die Zyklen des Lebens zu akzeptieren und sich ihnen hinzugeben. Was wäre, wenn jedes Ende ein neuer Anfang ist und Vollendung und Neuanfang zwei Seiten derselben Medaille sind? Menschen mit dieser Energie sollten lernen, ihre Erfolge zu feiern und die Lehren ihrer Erfahrungen zu würdigen.

Durch die Verbindung mit der Energie der Welt können Menschen ein tiefes Gefühl der Erfüllung und des Friedens finden. Wie würde dein Leben aussehen, wenn du die Ganzheit und Harmonie, die diese Energie bietet, nutzen könntest, um dein Leben in Einklang zu bringen? Diese Energie erinnert uns daran, dass das Leben ein ständiger Prozess des Werdens und Vergehens ist und dass wir in jedem Moment die Möglichkeit haben, unser volles Potenzial zu entfalten und zu leben.

ARCHETYP DER NARR - XXII
„DER GEIST DES ÄTHERS"

Der Archetyp des Narren ist der letzte der großen Arkana und symbolisiert Neuanfang, Unschuld und grenzenlose Möglichkeiten. Diese Energie repräsentiert den Zustand des reinen Potenzials und den Mut, ins Unbekannte zu springen. Was wäre, wenn du das unbeschwerte Vertrauen hättest, dass das Leben immer wieder neue Chancen bietet? Der Narr steht für das Abenteuer des Lebens, das immer weitergeht, unabhängig davon, wie weit du gekommen bist. Menschen mit einer hohen Energie sind möglicherweise weniger für straffe Zeitpläne und klare Grenzen geeignet. Wie wäre es, wenn du eine freiberufliche Tätigkeit hättest, die dir die Freiheit gibt, deiner Kreativität freien Lauf zu lassen?

Menschen, die von der Energie des Narren beeinflusst werden, sind oft abenteuerlustig und unbeschwert. Sie sind bereit, Risiken einzugehen und neue Wege zu beschreiten, ohne sich von Angst oder Zweifel zurückhalten zu lassen. Wie wäre es, die Welt mit kindlichem Staunen und einer unerschöpflichen Neugier zu erkunden? Diese Menschen sind oft unkonventionell und lassen sich nicht von gesellschaftlichen Normen oder Erwartungen einschränken.

Eine positive Manifestation der Energie des Narren zeigt sich, wenn Menschen bereit sind, ihre Komfortzone zu verlassen und neue Erfahrungen zu machen. Was wäre, wenn du das Vertrauen in dich selbst und das Leben hättest, dass alles, was du brauchst, dir auf deinem Weg begegnen wird? Diese Menschen sind offen für Veränderungen und können sich leicht an neue Situationen anpassen. Sie inspirieren andere durch ihre Leichtigkeit und ihren Mut, das Leben in vollen Zügen zu genießen.

Negative Manifestationen der Energie des Narren treten auf, wenn Menschen sich zu sehr von ihren Impulsen leiten lassen und ohne Nachdenken handeln. Hast du dich jemals in unnötige Risiken gestürzt oder unüberlegte Entscheidungen getroffen? Diese Menschen können manchmal als naiv oder verantwortungslos wahrgenommen werden, wenn sie ihre Freiheit und Unabhängigkeit über alles andere stellen.

Der Schlüssel zur Integration der Energie des Narren liegt darin, ein Gleichgewicht zwischen Vertrauen und Vorsicht zu finden. Was wäre, wenn du offen für neue Erfahrungen wärst und das Leben mit einem Sinn für Abenteuer leben könntest, aber auch die Verantwortung für deine Handlungen übernehmen würdest? Menschen mit dieser Energie sollten lernen, auf ihre Intuition zu hören und ihrem Herzen zu folgen, ohne die Konsequenzen ihrer Entscheidungen zu vernachlässigen.

Durch die Verbindung mit der Energie des Narren können Menschen ein tiefes Gefühl der Freiheit und des Mutes finden. Wie wäre es, die Welt als einen Ort unendlicher Möglichkeiten zu sehen und dir zu erlauben, dein volles Potenzial zu entfalten? Diese Energie erinnert uns daran, dass das Leben ein ständiges Abenteuer ist und dass wir in jedem Moment die Möglichkeit haben, uns neu zu erfinden und unser Leben in eine neue Richtung zu lenken. Der Narr ermutigt uns, unser inneres Kind zu bewahren, neugierig zu bleiben und das Leben mit einem offenen Herzen und einem mutigen Geist zu umarmen.

DIE BERECHNUNG DER MATRIX

Berechnung der Energien

Lass uns mit der faszinierenden Erstellung deines persönlichen Geburtsbildes beginnen! Als Beispiel nutzen wir das fiktive Geburtsdatum einer Frau: den 23. Februar 1947.

Die persönliche Matrix umfasst fünf grundlegende Energien:

Geburtstag: Diese Zahl zeigt, wie andere dich wahrnehmen.

Geburtsmonat: Diese Zahl offenbart deine Spirituellen Talente und Fähigkeiten.

Geburtsjahr: Hierbei handelt es sich um die beruflichen Qualitäten, die aus früheren Leben stammen.

Summe der ersten drei Zahlen: Diese Zahl reflektiert die Herausforderungen, die du aus vergangenen Inkarnationen mitgebracht hast.

Summe der vier vorherigen Werte: Diese Zahl repräsentiert deinen Charakter und deine persönlichen Eigenschaften, es ist dein Kraftort.

Um die persönliche Matrix zusammenzustellen, benötigen wir lediglich diese fünf Grundpositionen. Jetzt beginnen wir, die Matrix aufzubauen!

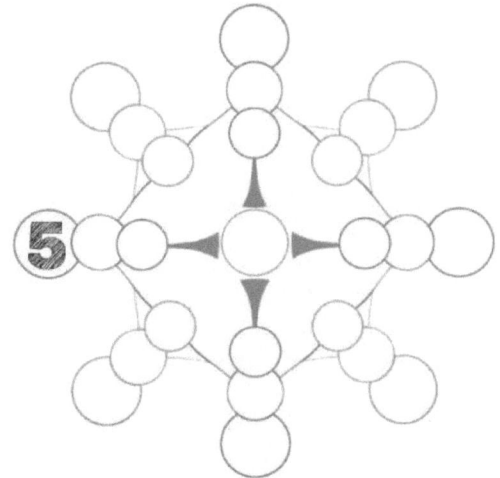

Ist eine Zahl oder Summe größer als 22, werden für die Berechnung der Matrix die beiden Ziffern addiert. Für das Geburtsdatum „23" bedeutet dies, dass wir hieraus die Quersumme bilden. Hierfür addieren wir die Ziffern des Geburtstags: $2 + 3 = 5$. Dieser Wert steht für die Energie des Geburtstags.

Lass uns weiter forschen und entdecken, was diese Zahlen für deine Lebensenergie bedeuten.

Hierfür findest du, lieber Leser, das leere Matrixchart am Ende des Buches.

In der oberen Ecke der Matrix tragen wir die Energie für den Geburtsmonat ein! Dieser Wert wird immer im Bereich von 1 bis 22 dargestellt, sodass keine Vereinfachung notwendig ist. Trage den Wert einfach direkt in das Matrix Chart ein.

Die nächste Berechnung umfasst die Ermittlung der Summe der Ziffern des Geburtsjahres. Für das Jahr 1947 lautet die Berechnung wie folgt:

$1 + 9 + 4 + 7 = 21$.

Da das Ergebnis 21 nicht größer als 22 ist, benötigen wir keine weitere Vereinfachung.

Der final ermittelte Wert von 21 wird in die rechte Ecke des Persönlichkeitsquadrats innerhalb der Matrix eingefügt!

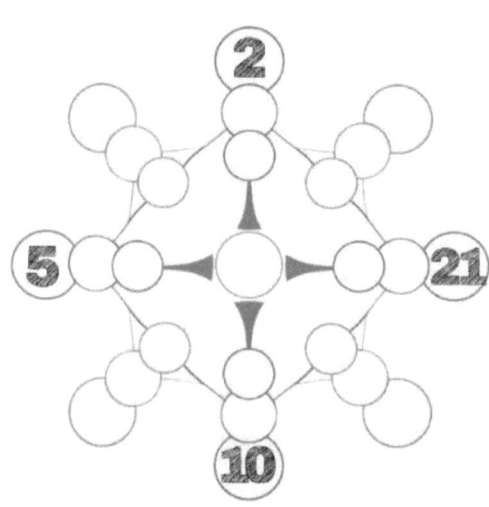

Um die untere Zahl zu ermitteln, berechnen wir die Summe der drei besten erhaltenen Werte:

$5 + 2 + 21 = 28$

Anschließend addieren wir die Ziffern der Summe 28:

$2 + 8 = 10$

Dieser Wert wird dann in unsere Matrix eingetragen: 10.

Wir haben die Werte des Persönlichkeitsquadrats der Matrix erfolgreich ermittelt! In dieser Phase besteht die Möglichkeit, die zentrale Hauptenergie zu berechnen. Diese Energie spiegelt den Charakter eines Menschen wider und definiert gleichzeitig seine Komfortzone.

Für die Berechnung der Zahl addierst du einfach alle vier erhaltenen Werte: $5 + 2 + 21 + 10 = 38$. Im nächsten Schritt fasst du die Ziffern dieser Summe zusammen: $3 + 8 = 11$.

Bitte beachte, dass das Resultat im Bereich von 1 bis 22 liegen sollte. Trage daher den resultierenden Wert ein!

Wir haben nun sämtliche erforderlichen persönlichen Energien präzise ermittelt und setzen die eingehende Analyse fort!

Jetzt füllen wir die Energien des Ahnenquadrates aus! Dazu addieren wir einfach den Tag und den Monat. Beispiel: 5 + 2 = 7, und tragen die 7 zwischen der 5 und der 2 ein.

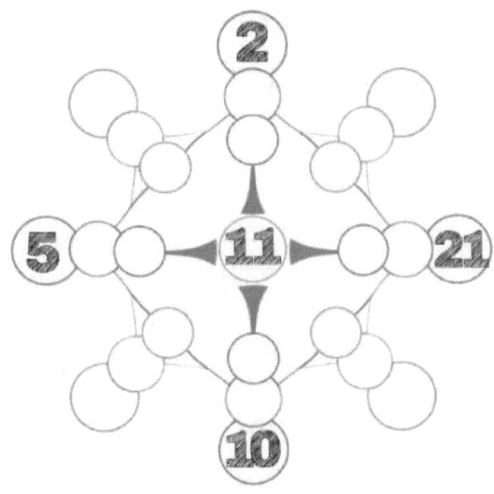

So berechnen wir auch die restlichen offenen Häuser im Quadrat:

2 + 21 = 23. Da 23 größer als 22 ist, vereinfachen wir: 2 + 3 = 5.

21 + 10 = 31. Auch hier ist 31 größer als 22, also: 3 + 1 = 4.

10 + 5 = 15.

Jetzt tragen wir alle errechneten Zahlen in unser Ahnenquadrat ein! Lasst uns die Energien harmonisch integrieren!

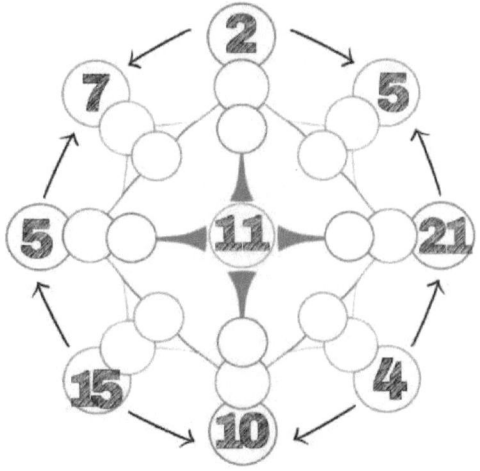

Deutung/Berechnung der Erdlinie und der Himmelslinie

Analysieren wir das dargestellte diagonale Quadrat. In diesem Quadrat unterscheidet man zwischen zwei vertikalen Linien: der Erdlinie (horizontal) und der Himmelslinie (vertikal). Auf beiden Linien kennzeichnen wir jeweils drei Energien. Die Kombination dieser Energien fungiert als Schlüssel, um neue Potenziale in den relevanten Bereichen zu erschließen, die wir benötigen.

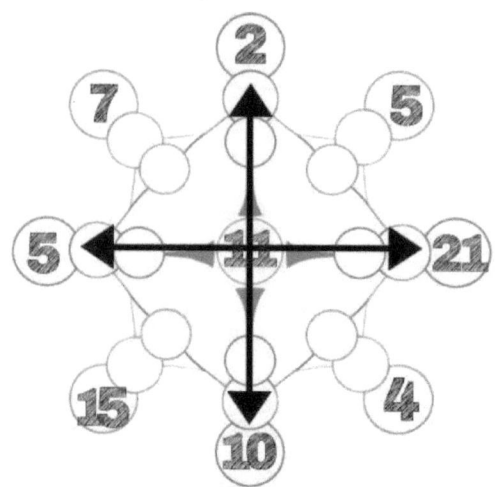

Durch die Identifizierung dieser Schlüssel in der Matrix gewinnen wir wertvolle Erkenntnisse zur Problemlösung in spezifischen Lebensbereichen. Es ist entscheidend, alle drei Energien innerhalb der Matrix-Schlüssel zu berücksichtigen, denn „wenn auch nur eine Vertiefung im Schlüssel falsch positioniert ist, bleibt die Tür geschlossen"!

Lasst uns nun die Zeilen einzeln untersuchen und die entsprechenden Schlüssel für jede Linie bestimmen!

Analyse der Erdlinie

Die Erdlinie stellt die horizontale Dimension des diagonalen Quadrats dar. Hier wurden bereits zwei Energien ermittelt, während die dritte der Summe der beiden vorhandenen Energien entspricht. In meinem Beispiel sind die Energien 5, 21 und die resultierende Summe $5 + 21 = 26$. Da 26 größer als 22 ist, addiere ich die Zehner- und Einerstellen: $2 + 6 = 8$. Folglich wird meine Erdlinie durch die Energien 5, 21 und 8 repräsentiert, wobei die 8 nicht im Chart notiert wird.

Die Erdlinie symbolisiert die materiellen Aspekte unseres Lebens. Sie repräsentiert alles, was mit unserem irdischen Dasein verbunden ist – das, was wir anfassen und wahrnehmen können, die physische Welt, die uns umgibt. Dazu zählt dein Wohnraum, jegliche Art von Bestellungen, die du tätigst, und die Einkünfte, die du generierst. Kurz gesagt, es geht um alles, was dein menschliches Glück beeinflusst. Lass uns den Matrixschlüssel entlang der Erdlinie entschlüsseln, dargestellt durch die Energien 5, 21 und 8.

Die erste Zahl entlang der Erdlinie verkörpert die Energie, mit der du als unendliches Wesen in diese Welt eintritt. Diese Energie steht in direktem Zusammenhang mit den individuellen Aufgaben in der Beziehung zwischen Kind und Eltern. Daher erfolgt die Informationsübermittlung durch das Prisma dieser spezifischen Energie, zwischen dir und deinen Eltern sowie deinen Kindern. Darüber hinaus werden auch die Beziehungen von weiteren Energien beeinflusst, die etwas tiefer in der Matrix verankert sind. An dieser Stelle öffnet sich jedoch die „Tür" zur familiären Harmonie.

Energien entlang der Himmelslinie

Die Himmelslinie repräsentiert die vertikale Achse eines diagonalen Quadrats und ähnelt der Erdlinie, da sie ebenfalls aus drei essentiellen Energien besteht. Zwei dieser Energien sind in der Grafik dargestellt – die Werte 2 und 10. Die dritte Energie entlang der Erdlinie ergibt sich aus der Addition dieser beiden Werte: $2 + 10 = 12$. Somit wird die Himmelslinie durch die Energien 2–10–12 abgebildet. Berechne deine spezifischen Werte für die Himmelslinie und halte sie fest!

Die Himmelslinie steht für Spiritualität, Intuition, die Verbindung des Individuums zu höheren Mächten, sowie für die Nyaya-Energie im Inneren, die Entfaltung von Talenten und den Kontakt mit vergangenen Leben. Sie ist der Ausdruck unserer Lebenskraft. In meinem Beispiel fließen die Energien 2–10–12 entlang dieser Linie des Himmels.

Beginnen wir mit dem 2. Schicksalskodex. Der höchste Punkt der Himmelslinie symbolisiert die Verbindung zum Engeltempel. Diese Verbindung wird sowohl positiv als auch negativ beeinflusst – abhängig von der Stimmung dieser Energie. Eine starke positive Energie erleichtert es dem Schutzengel, sich im entscheidenden Moment mit dem Menschen zu verbinden, um Schutz zu bieten und Hinweise zu geben. Je mehr positive Energie ein Mensch hat, desto besser entwickelt sich seine Intuition, und umso ausgeprägter treten seine Talente hervor! Die Kommunikation mit dem Schutzengel kann auf vielfältige Weise zum Ausdruck kommen.

Der tiefste Punkt der Matrix stellt die Verbindung zu früheren Leben dar und ist entsprechend dem 10. Schicksalskodex gekennzeichnet – die Energie des Glücksrades. Dieser Punkt offenbart, mit welcher Energie ein Mensch in einem früheren Leben Schwierigkeiten hatte. Fließt die Energie an diesem Punkt positiv, erlebt der Mensch einen deutlichen Kraftschub! Umgekehrt, wenn die Energie negative Aspekte aufweist, führt dies zu Desinteresse am Leben, starkem Energieverlust und schwindenden Lebenskräften. Diese Dynamik kann ernsthafte Auswirkungen wie Depressionen und Demotivation mit sich bringen.

Schlussendlich repräsentiert die Gesamtenergie entlang der Himmelslinie die 12. Energie, die sich aus der Summe der Schicksalskodexe 10 und 2 zusammensetzt.

Die dynamische Verbindung von Männern und Frauen aus 7 Generationen auf energetischer Ebene

Auf der energetischen Ebene erleben wir ein tiefes Wohlbefinden und ein intuitives Verständnis dafür, was wir von anderen Menschen erwarten können. Gleichzeitig tragen auch wir etwas Wertvolles in uns, das wir mit anderen teilen können! Der Schlüssel zur Kommunikation liegt in einem gegenseitigen Energieaustausch, der für beide Seiten vorteilhaft ist. Ein harmonischer Austausch von Energie stärkt unsere kreativen Kräfte, fördert den Aufbau wertvoller Beziehungen und unterstützt unsere finanziellen Erfolge!

Wenn dieser Austausch in beide Richtungen erfolgt, sind alle Beteiligten zufrieden und bereichert. Besonders bemerkenswert ist, dass wenn ein Mensch bereits positive Energie mit einem anderen geteilt hat, das bloße Erinnern an diese Interaktion zukünftige Energiezuflüsse aktiviert.

Manchmal scheint das Leben anders zu verlaufen, als wir es uns vorstellen. Obwohl wir das tiefe Bedürfnis spüren, zu investieren, halten wir inne und zweifeln: „Was, wenn der Energieaustausch für mich nicht vorteilhaft ist?" Wir möchten sicherstellen, dass wir mindestens das zurückbekommen, was wir geben.

Unsere Gedanken beginnen sich um den potenziellen Gewinn zu drehen, bevor wir überhaupt bereit sind, unsere eigene Energie zu teilen. In diesem Zustand entsteht eine zaghafte Zurückhaltung, bei der jeder darauf wartet, dass der andere den ersten Schritt macht. Doch anstatt die Tür zu neuen, bereichernden Erfahrungen zu öffnen, bauen wir unbewusst eine Mauer, die den Fluss der positiven Energie blockiert.

Beide Seiten verlieren am Ende den Zugang zu dem, was möglich gewesen wäre, da die Angst vor Verlust die Oberhand gewonnen hat. Hast du schon einmal darüber nachgedacht, wie alles, was du im gegenwärtigen Moment erlebst, eine direkte Folge davon ist, wie du deine Energie austauschst?

Es mag unglaublich klingen, aber genau hier beginnt der Schlüssel zu Veränderung und Wachstum. Was würde sich in deinem Leben ändern, wenn du beginnen würdest, großzügig und ohne Erwartungen zu teilen? Wie wäre es, wenn du Liebe gibst, ohne eine Gegenleistung zu erwarten? Hast du jemals darüber nachgedacht, welche Kraft darin liegt, authentische Verbindungen aufzubauen, einfach nur weil es sich gut anfühlt?

Und wie sieht es mit der Energie des Dienens aus? Wie oft tust du Gutes für andere, ohne darauf zu warten, dass dir jemand Lob oder Dank ausspricht? Was, wenn genau diese uneigennützige Haltung der Schlüssel dazu ist, dass du dich selbst auf einer tieferen Ebene erfüllst? Ist es möglich, dass gerade du selbst diese Energie am meisten brauchst? Wie würde sich dein Leben anfühlen, wenn du diese Prinzipien wirklich lebst und anwendest?

Natürlich gibt es Menschen, die bereitwillig Energie empfangen, ohne etwas zu geben. Es gibt jene, die glauben, dass ihnen alles zusteht. Verstehe jedoch, dass je mehr du die Energie mit anderen teilst, desto mehr Raum schafft das für positive Interaktionen. Umgebe dich mit Menschen, die deine Energie wertschätzen und bereit sind, dir ohne Erwartungen etwas zurückzugeben! Schau, wie sich die Ergebnisse in deinem Leben transformieren werden!

BERECHNUNG DES AHNEN-QUADRATS

Hast du dich jemals gefragt, wie die Dynamiken innerhalb deiner Familie oder Gemeinschaft deine Beziehungen prägen? Die Berechnung des Ahnenquadrats bietet faszinierende Einblicke in diese zwischenmenschlichen Verflechtungen. Stell dir das rechtwinklige Quadrat als eine Art energetisches Netzwerk vor, in dem die Männer- und Frauenlinie wie Achsen fungieren, die das gesamte System zusammenhalten. Diese Linien, die senkrecht zueinander stehen, spiegeln unterschiedliche Energien wider, die uns verraten, wie wir Beziehungen gestalten und welche Erwartungen in uns schlummern.

Was wäre, wenn du die Männer- und Frauenlinie in deinem Leben nicht nur als Teil deiner romantischen Beziehungen betrachtest, sondern als universelle Felder, die all deine zwischenmenschlichen Interaktionen beeinflussen? Welche Erwartungen könnten die Männer und Frauen in deinem Umfeld an dich haben? Und was könntest du ihnen im Gegenzug anbieten?

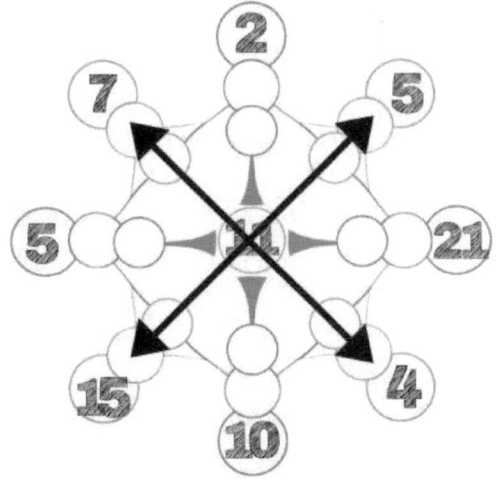

Die Männerlinie, dargestellt durch die Diagonale, die die obere linke Ecke des Quadrats mit der unteren rechten verbindet, trägt eine ganz spezielle Energie. Stell dir vor, diese Linie ist wie ein Spiegel, der dir zeigt, wie du dich in Männergruppen wahrnimmst und wie du dich in diesen Beziehungen verhältst. Bei unserem Beispiel, ein Mensch geboren am 23. Februar 1947, ergibt sich aus den Energien 7 und 4 die Summe 11. Diese Kombination 7–4–11 gibt Hinweise darauf, wie dieser Mensch Beziehungen zu Männern empfindet und gestaltet. Kannst du dir vorstellen, welche inneren Wahrnehmungen hier verborgen liegen?

Auf der anderen Seite hast du die Frauenlinie, die durch die Diagonale von der oberen rechten Ecke zur unteren linken verläuft. Auch hier sehen wir spezifische Energien, die nicht nur anzeigen, wie Beziehungen zu Frauen gestaltet werden, sondern auch welche inneren Beweggründe dich dabei leiten. Für den selben Menschen mit dem Geburtsdatum 23. Februar 1947 ergibt sich aus den Energien 5 und 15 die Summe 20.

Diese Kombination 5–15–20 gibt Aufschluss darüber, wie dieser Mensch seine Bindungen zu den Frauen in ihrer Umgebung interpretiert. Was könnte sich hinter diesen Zahlen verbergen? Und wie könnten sie dir helfen, deine Beziehungen auf einer tieferen Ebene zu verstehen?

Was wäre, wenn du durch das Verständnis dieser Energien eine ganz neue Perspektive auf deine zwischenmenschlichen Dynamiken gewinnen könntest? Könnten diese Einsichten dir helfen, harmonischere und erfüllendere Beziehungen zu gestalten?

Hast du jemals darüber nachgedacht, dass die Energie, die dich heute umgibt, ihre Wurzeln tief in der Vergangenheit hat? Sie reicht nicht nur in deine Kindheit zurück, sondern sogar über sieben Generationen hinweg. Stell dir vor, wie sich Aufgaben und Talente durch die Generationen hindurch entfalten, wie ein Faden, der durch die Zeit gesponnen wird.

Die Herausforderungen, denen du heute begegnest, könnten längst von deinen Vorfahren erlebt worden sein. Und ebenso trägst du Talente in dir, die über Generationen hinweg weitergegeben wurden, wie ein kostbarer Schatz, der nun in dir ruht und darauf wartet, erkannt und genutzt zu werden.

Was wäre, wenn du die Kraft und die Weisheit all dieser Generationen in dir spüren könntest? Was würdest du tun, wenn du wüsstest, dass all ihre Erfahrungen, ihr Wissen und ihre Fähigkeiten in dir lebendig sind?

Unsere Reiseziele – Der Zweck

Was bedeutet es für dich, nach deiner Bestimmung zu leben? Die häufigste Antwort, die wir darauf hören, lautet: „Tue das, was dir Freude bereitet und dir gleichzeitig finanziellen Wohlstand bringt – was liebst du?" Doch der wahre Zweck unseres Lebens geht noch tiefer. Es ist die Erfüllung unserer seelischen Lebensaufgabe, jener einzigartigen Mission, die nur du in diesem Leben verwirklichen kannst.

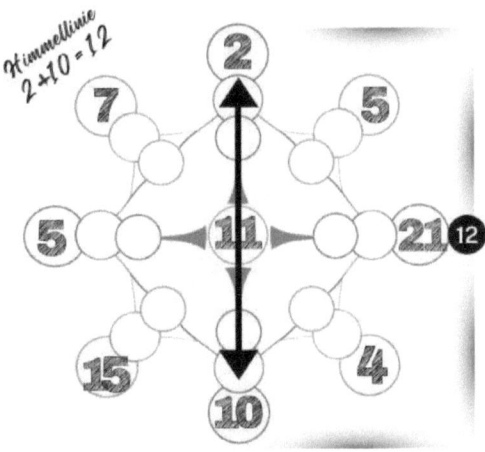

Jeder von uns muss seinen eigenen Weg finden und diesen mit Entschlossenheit beschreiten. Auf diesem Weg erfährst du persönliche Weiterentwicklung, lernst Neues, entfaltest dein Potenzial in der Gesellschaft und sammelst die Energie der Liebe. Diese Reise führt dich zu neuen Entwicklungsstufen und bereitet den Boden für materielle Fülle und Wohlstand. Sobald du dich aufmachst, dein Schicksal zu erfüllen, beginnt all das, wovon du geträumt und wofür du bisher hart gearbeitet hast, wie von selbst in dein Leben zu strömen.

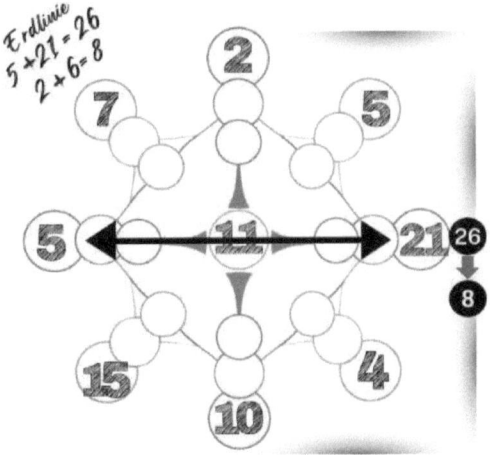

Mit jedem Tag fließt mehr Energie der Liebe in dein Leben, und diese Liebe zieht das Beste an, was für dich bestimmt ist. Nach der Matrix of Fate lassen sich vier grundlegende Ziele berechnen: Persönliches, Gesellschaftliches, Spirituelles und Planetarisches Schicksal.

Das persönliche Schicksal eines Menschen ist das, was du konkret für dich selbst erfüllen musst. Es offenbart den Weg, den deine Seele für ihre Entwicklung in diesem Leben gewählt hat. Und auf diesem Weg wirst du Prüfungen begegnen – in der Regel tritt die erste Schlüsselprüfung um das 40. Lebensjahr auf. Wenn du in Übereinstimmung mit deinem Schicksal lebst, werden in deinem Leben herausragende Erfolge in den Bereichen Gesundheit, finanzielle Sicherheit und zwischenmenschliche Beziehungen sichtbar.

Doch wenn zwischen dem 35. und 45. Lebensjahr, insbesondere während der „Midlife-Crisis", gesundheitliche Probleme auftreten, du unter Geldmangel leidest oder Konflikte in deinen Beziehungen spürst, ist Vorsicht geboten. Diese Zeichen können darauf hindeuten, dass du von deinem Lebensweg abgekommen bist oder Schwierigkeiten hast, deinen Zweck zu meistern.

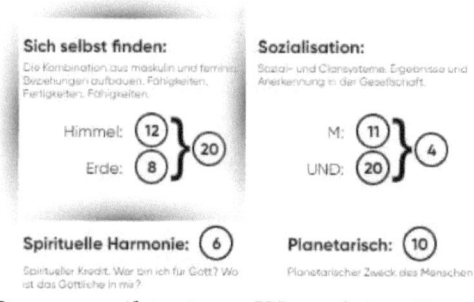

Ein weiteres Zeichen ist die Langeweile. Wenn du das Gefühl hast, „vor deinem eigenen Leben fliehen" zu wollen, und aktiv nach Ablenkungen suchst, kann dies letztendlich dazu führen, dass all das, was dir bisher wertvoll war, zusammenbricht. Doch das muss nicht sein. Denn es gibt einen Weg, deine Bestimmung zu entdecken und den Pfad zu einem erfüllten, glücklichen Leben zu gehen.

Bist du bereit, deine Bestimmung zu entdecken und den Weg zu einem Leben voller Erfüllung und Glück zu gehen? Was hält dich zurück? Welche Schritte kannst du heute noch machen, um deinem Schicksal näherzukommen?

Zweck für die Gesellschaft

Der öffentliche, zweite Zweck eines Menschen besteht darin, einen bedeutenden Beitrag zur Gesellschaft zu leisten. Diese Erkenntnis entfaltet sich oft in der Lebensmitte, etwa gegen Ende der 50er oder Anfang der 60er Jahre. Interessanterweise fällt dieses Alter in vielen Ländern mit dem Renteneintritt zusammen, was diesen Lebensabschnitt besonders bedeutungsvoll macht. Doch was passiert, wenn du gerade in dieser Phase deine gesellschaftliche Bestimmung erkennst? Wie wirkt sich das auf dein Leben nach der Pensionierung aus?

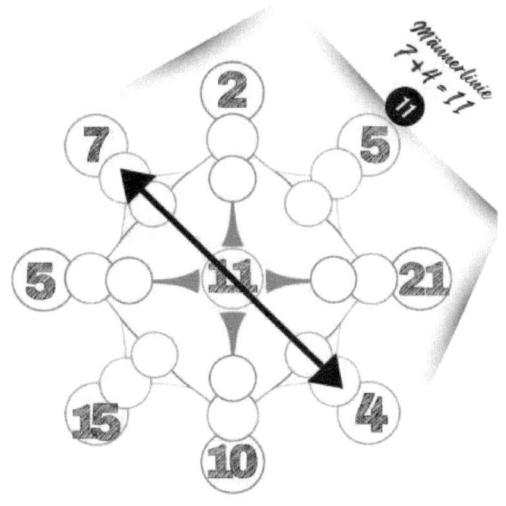

Stell dir vor, dein Alltag bleibt nicht nur unberührt, sondern verbessert sich sogar signifikant! Die nachfolgenden Generationen blühen auf, unternehmerische Vorhaben gedeihen, und die positiven Ergebnisse deiner langfristigen Projekte zeigen sich endlich in vollem Umfang. Du entdeckst dein zweites Schicksal, wenn du beginnst, die essenziellen Fragen der sozialen Verantwortung zu beantworten: Was erwartet die Gesellschaft von dir? Was kannst du der Gesellschaft bieten? Und was kannst du von ihr erwarten?

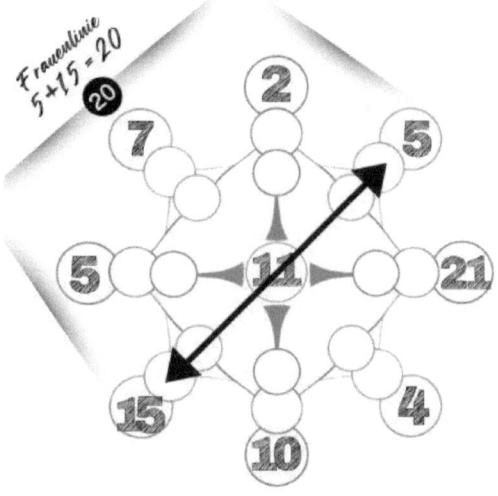

Was geschieht jedoch, wenn diese Phase der Prüfung kommt und das angestrebte Ziel bleibt unerreicht? Die Lebensenergie, die dir zur Erfüllung deiner Bestimmung verliehen wurde, kann rasch schwinden. Du bemerkst vielleicht physische Beschwerden, Veränderungen deines Gesundheitszustandes, und das beunruhigende Gefühl, „vor den Augen anderer zu altern". In extremen Fällen kann dies sogar die Lebensspanne um Jahre verkürzen.

Doch beobachte einmal Menschen, die „in Würde altern". Was ist ihr Geheimnis? Sie sind in der Regel stark engagiert, oft in sozialen Projekten tätig, und bleiben stets aktiv. Trotz ihres Alters strahlen sie Lebensfreude und Frische aus. Diese Individuen haben ihr zweites Ziel erkannt und erfolgreich verwirklicht. Wie möchtest du dein Leben gestalten? Was ist deine gesellschaftliche Bestimmung? Und wie wirst du sicherstellen, dass du sie auch in den kommenden Jahren erfüllst?

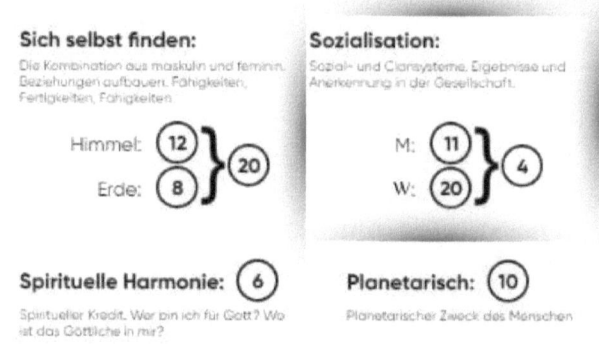

Sich selbst finden:
Die Kombination aus maskulin und feminin. Beziehungen aufbauen. Fähigkeiten, Fertigkeiten, Fähigkeiten.

Himmel: 12
Erde: 8
} 20

Sozialisation:
Sozial- und Clansysteme. Ergebnisse und Anerkennung in der Gesellschaft.

M: 11
W: 20
} 4

Spirituelle Harmonie: 6
Spiritueller Kredit. Wer bin ich für Gott? Wo ist das Göttliche in mir?

Planetarisch: 10
Planetarischer Zweck des Menschen

Allgemeiner spiritueller Zweck

Das gemeinsame, dritte Schicksal eines Menschen ist tief in seiner spirituellen Entwicklung verwurzelt. Wenn du dich von diesem Weg entfernst, führt das oft zu inneren Konflikten und einer subtilen Zerstörung, die sich auf dein gesamtes Leben auswirken kann. Hast du dich jemals gefragt, was es bedeutet, Gott in jeder Lebenssituation dankbar zu sein? Genau das ist der Schlüssel zur Erkenntnis deines dritten Schicksals. Es geht darum, die Fähigkeit zu entwickeln, Fehler nicht nur zu erkennen, sondern auch die Bereitschaft zu haben, sie zu korrigieren, solange es noch möglich ist.

Hast du je darüber nachgedacht, wie deine materiellen Handlungen in direktem Zusammenhang mit ihrer spirituellen Reflexion stehen? Jede einzelne deiner Handlungen trägt sowohl eine Bedeutung als auch eine Konsequenz in sich. Dein irdischer Weg – so wie er sich täglich vor dir entfaltet – ist eine Einladung, durch kontinuierliche Bemühungen die Reinheit deiner Seele zu bewahren. Das ist es, was wir oft als den Weg zur Bearbeitung unserer „karmischen Schwänze" bezeichnen.

Kurz gesagt: Die Energie deines dritten Schicksals zeigt dir genau auf, was du anstreben solltest, um deine Seele rein zu halten, und was du besser vermeiden solltest. Dieses Wissen hilft dir, nach dem irdischen Leben in deinem authentischen Zustand zu Gott zurückzukehren.

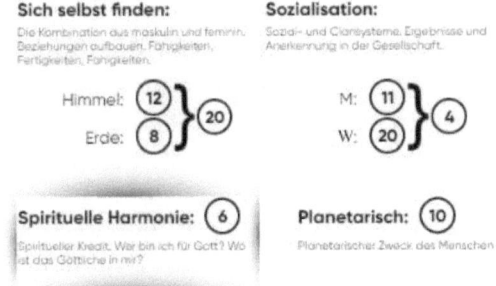

Um die Zahl zu bestimmen, die das dritte Ziel deines Lebens repräsentiert, kannst du die Energien deines ersten und zweiten Zwecks addieren. So erhältst du eine Zahl, die dir wertvolle Einblicke in deine spirituelle Reise gibt. Addiere hierzu die Werte der beiden Energien, die dein erstes und zweites Ziel repräsentieren – in unserem Beispiel 20 + 4 = 24. Da 24 größer ist als 22, addiere ich die Zehner- und Einerstelle, was 2 + 4 = 6 ergibt. Das bedeutet, dass die Energie meines dritten Ziels die Zahl 6 ist. Und wie sieht es bei dir aus?

Planetarischer Zweck

Der planetarische (vierte) Zweck eines Menschen offenbart, welche fundamentalen Prinzipien zu berücksichtigen sind, wenn man auf eine Vielzahl von Menschen Einfluss nimmt und sie anspricht. Der Lebenssinn geht weit über die bloße Erfüllung persönlicher Ziele und den Wunsch, gehört zu werden, hinaus. Wenn du vom Universum die Fähigkeit erhältst, Chancen zu ergreifen, dann trägst du auch die Verantwortung, dem Universum etwas zurückzugeben. Dieser Austausch manifestiert sich in der Transformation deiner sozialen Umgebung und den positiven Veränderungen, die du bewirken kannst.

Dein viertes Ziel zeigt dir, mit welcher Energie du deine Arbeitskollegen, die Organisation, in der du tätig bist, und sogar das Land, in dem du lebst, beeinflussen kannst. Es gibt unzählige Wege, persönliche Ziele zu erreichen, doch das vierte Ziel offenbart dir den effizientesten Ansatz. Diese Energie bildet nicht nur den Kern deines gegenwärtigen Wirkens, sondern dient auch als Ausgangspunkt für zukünftige Reinkarnationen. Es ist die Essenz, die du in die nächste Lebensreise mitnimmst.

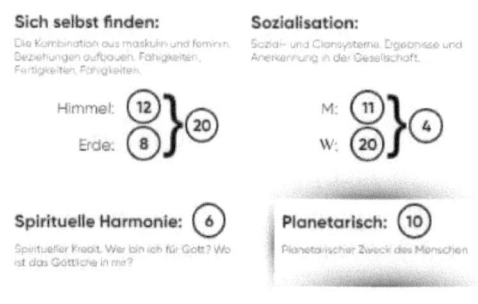

Um die Zahl zu ermitteln, die das vierte Ziel in deinem Leben repräsentiert, addierst du die Energien deines zweiten und dritten Ziels. In meinem Beispiel ergibt die Addition $4 + 6 = 10$. Das bedeutet, dass die Energie meines vierten Zwecks die Energie 10 ist. Nun bist du an der Reihe: Berechne deine eigene Zahl und entdecke, welches planetarische Schicksal dich auf deiner Reise leitet!

Mit diesen wertvollen Einsichten in deine vier Lebensziele erkennst du, dass jeder Moment deines Daseins eine Reflexion deiner Lebensbestimmung ist. Wenn deine Energieströmungen im Einklang sind, lebst du in Harmonie mit dir selbst und deiner Umwelt.

Ein Mensch, der sein Schicksal annimmt, durchschreitet das Leben und sammelt die Energie der Liebe, die ihm in jeder Begegnung widerfährt.

Doch es ist wichtig zu verstehen, dass die Erfüllung deiner persönlichen Ziele nicht nur bedeutet, die individuellen Bedürfnisse deines ersten Ziels zu befriedigen. Vielmehr musst du auch das zweite, dritte und insbesondere das vierte Ziel in deine Betrachtung einbeziehen. Andernfalls riskierst du eine empfindliche Disharmonie in deinem persönlichen und sozialen Leben. Sei also achtsam und handle stets im Bewusstsein deiner Verantwortung!

KOMFORTZONE

Die Komfortzone – ein Begriff, den wir alle kennen, und doch hat er für jeden Menschen eine tiefere, individuelle Bedeutung. Stell dir vor, die Komfortzone ist nicht einfach nur ein sicherer Hafen, sondern eine mächtige Energiequelle, die dein gesamtes Leben prägt und formt. Diese Energie, egal ob sie als angenehm oder herausfordernd empfunden wird, ist das, was dich tief in deinem Inneren beruhigt und dir das Gefühl gibt, am richtigen Ort zu sein.

Doch wusstest du, dass die Energie deiner Komfortzone wie ein unsichtbares Markenzeichen wirkt? Andere Menschen können diese Energie wahrnehmen, oft schon bevor du ein Wort gesagt hast. Sie können spüren, wer du bist, und eine vorläufige Einschätzung treffen, wie du tickst.

Nehmen wir die Energie 11 in der Komfortzone als Beispiel. Menschen, die diese Energie tragen, sind bekannt für ihre Ausdauer und ihre Fähigkeit, durch körperliche Herausforderungen wie Sportwettkämpfe oder Marathonläufe Stärke zu gewinnen. Sie finden in gesunder Routine, wie regelmäßigem Schlaf und Bewegung, ihre Balance und strahlen dies auch aus.

Oder die Energie 12 in der Komfortzone: Menschen fühlen sich sofort wohl in deiner Nähe, weil sie wissen, dass sie jederzeit auf dich zählen können. Du bist jemand, der immer bereit ist zu helfen, und das spüren andere instinktiv.

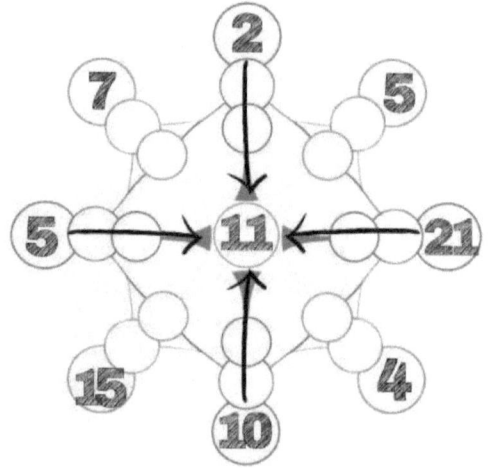

Dann gibt es noch die Energie 7 – diese strahlt eine natürliche Führungsqualität aus. Menschen spüren, dass du sie unterstützen und anleiten wirst, damit sie ihre eigenen Siege erringen können.

Du bist ein Motivator, ein stiller Anführer, dessen Energie andere ermutigt und ihnen Kraft gibt. Diese Energie der Komfortzone beeinflusst, wie du dein Leben gestaltest, wie andere dich wahrnehmen und wie du mit den Herausforderungen des Lebens umgehst. In der Schicksalsmatrix spielt sie eine zentrale Rolle, denn sie hilft dir, dich selbst besser zu verstehen und deine Lebensentscheidungen bewusster zu treffen.

Um die Energie deiner Komfortzone zu berechnen, addiere die Energiewerte in einem diagonalen Quadrat deiner Matrix. Zum Beispiel, wenn deine Energiewerte 5, 2, 21 und 10 sind, ergibt dies 38. Da diese Zahl über 22 liegt, addierst du die Ziffern erneut: $3 + 8 = 11$. Diese 11 ist die Energie deiner Komfortzone, dein innerer Anker, der dir Stabilität und Orientierung gibt.

Jetzt bist du dran! Berechne die Zahl deiner Komfortzone und entdecke, welche einzigartige Energie in dir schwingt. Welche Botschaft trägt diese Energie für dich? Und wie beeinflusst sie dein tägliches Leben und deine Entscheidungen? Es ist an der Zeit, diese Energie zu entschlüsseln und ihre Kraft bewusst zu nutzen. Was kannst du aus der Energie deiner Komfortzone lernen? Bist du bereit, dich auf diese Reise zu begeben?

GELD UND LIEBE

Um zu verstehen, wie die energetischen Einflüsse in unserem Leben wirken und uns dabei helfen, Geld anzuziehen, lohnt es sich, einen tieferen Blick auf die Verbindung zwischen Geld und Liebe zu werfen. Ein besonders faszinierender Aspekt dabei ist die enge Wechselwirkung zwischen dem Familienleben und der finanziellen Situation. Ist dir aufgefallen, dass in harmonischen Familien oft auch der finanzielle Wohlstand zu Hause ist? Und hast du vielleicht bemerkt, dass finanzielle Schwierigkeiten oft dort auftreten, wo Dankbarkeit und Liebe fehlen?

In der energetischen Matrix unseres Lebens sind die Kanäle für Geld und die persönlichen Aufgaben in Beziehungen auf einer Ebene angeordnet. Um diese Beziehung zu verstehen, schauen wir uns zunächst die Erd- und Himmelslinien deiner Matrix an und berechnen die energetischen Schlüsselpunkte, die deine Beziehung zu Geld und Liebe beeinflussen.

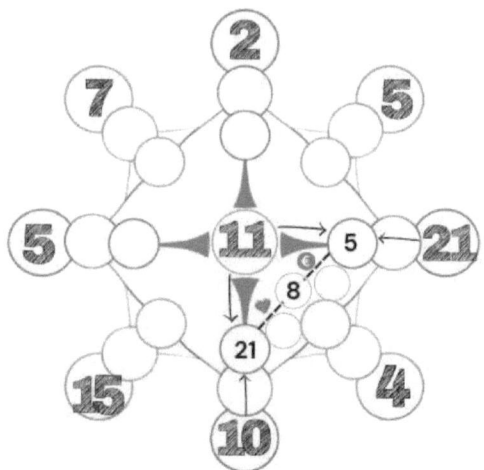

Zuerst analysieren wir die Erdlinie. Du nimmst die Zahl ganz rechts auf der Erdlinie, die für die materielle Ebene steht, und addierst sie zur Zahl, die deine Komfortzone repräsentiert, also das Zentrum deiner Matrix. In meinem Beispiel ergibt das 21 + 11, was zusammen 32 ergibt. Wenn wir die Quersumme bilden, kommen wir auf 5. Diese Zahl 5 trägt man entlang der Erdlinie ein.

Als Nächstes analysieren wir die Himmelslinie, die für den spirituellen Einfluss steht. Auch hier addierst du die Zahl an der unteren Position zur Zahl, die deine Komfortzone angibt. In meinem Fall ist das 11 + 10, was zusammen 21 ergibt. Diese 21 trägt man entlang der Himmelslinie ein und verbindet diese beiden Energien mit einer gepunkteten Linie.

Nun addieren wir diese beiden Ergebnisse: 21 von der Himmelslinie und 5 von der Erdlinie. Das ergibt zusammen 26, und wenn wir die Quersumme bilden, kommen wir auf 8. Dieser Prozess offenbart die energetischen Verbindungen zwischen Geld und Liebe in deinem Leben – und genau hier liegt dein Balancepunkt!

Die Energie, die in dieser Berechnung sichtbar wird, hilft dir, eine klare Vorstellung davon zu bekommen, wie Geld und Liebe in deinem Leben zusammenwirken. Diesen Balancepunkt kannst du nutzen, um deine Beziehung zu Finanzen und persönlichem Glück gezielt zu optimieren. Bist du bereit, diese Erkenntnisse in deinem Leben anzuwenden? Welche Möglichkeiten ergeben sich, wenn du diese Balance zwischen Geld und Liebe findest und lebst?

Berechnung der Energien im Geldkanal

Die Linie, die wir zuvor definiert haben, ist nicht einfach eine Linie – sie ist eine Brücke, die das Potenzial des Geldflusses in deinem Leben widerspiegelt. Diese Linie teilt sich in zwei wichtige Abschnitte, und das obere Symbol repräsentiert den Geldkanal. Wie du sicher weißt, agieren Energien in Dreiergruppen, und die Summe der beiden äußeren Energien dieser Linie ergibt den Wert der dritten Energie, die den Geldkanal vollständig aktiviert.

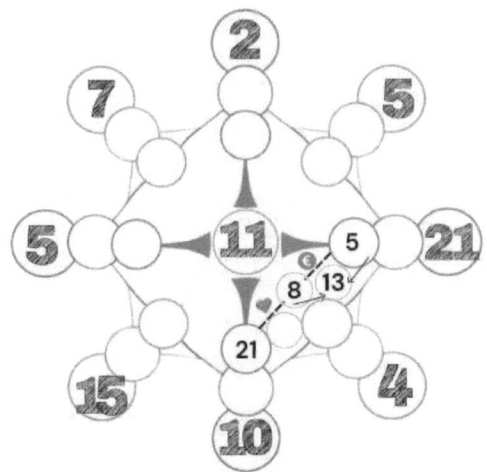

In meinem Beispiel ergibt sich die Berechnung folgendermaßen: 8 + 5 = 13. Dies bedeutet, dass die Energien des Geldkanals in meinem Leben durch die Kombination 8 - 5 - 13 definiert werden.

Was auch immer du im Leben tust – ob du ein kreatives Projekt leitest, in der Geschäftswelt aktiv bist oder in einem ganz anderen Berufsfeld tätig bist – entscheidend ist, dass dein Geldkanal nicht seine volle Kraft entfalten kann, wenn negative Energien in diesem Bereich vorherrschen. Diese unausgeglichenen Energien wirken wie Hindernisse, die es dir erschweren, finanzielle Fülle in deinem Leben zu manifestieren.

Wenn du jedoch das Prinzip der Energien im Geldkanal verstehst und dich bewusst darauf einstellst, kannst du nicht nur zusätzliches Geld anziehen, sondern auch lernen, es weise und beständig zu verwalten. Beobachte, wie deine finanziellen Möglichkeiten sich erweitern, indem du deine Energien im Geldkanal bewusst lenkst und harmonisierst!

Was würde sich in deinem Leben verändern, wenn du die volle Kraft deines Geldkanals entfalten könntest? Wie kannst du heute beginnen, diese Energien positiv zu beeinflussen? Bist du bereit, die Verantwortung für deine finanzielle Fülle zu übernehmen?

Persönliche Aufgaben in Partnerschaften

In jeder Partnerschaft trägt jeder Einzelne die Verantwortung für ganz spezifische persönliche Aufgaben. Diese Aufgaben zu erkennen und sie effektiv zu meistern, ist von entscheidender Bedeutung für das Wohlbefinden innerhalb der Familie. Oft wird jedoch angenommen, dass Konflikte in Beziehungen hauptsächlich auf Missverständnisse oder mangelnde Kompatibilität zurückzuführen sind. Aus diesem Grund neigen viele dazu, ihre Probleme durch einen Partnerwechsel lösen zu wollen. Doch dieser Ansatz führt meist nur zu enttäuschten Erwartungen und weiteren Schwierigkeiten, solange man nicht begreift, dass der Schlüssel zu einer erfolgreichen Beziehung darin liegt, die eigenen Aufgaben zu erkennen und zu erfüllen.

Berechnung der Energien persönlicher Aufgaben in ehelichen Beziehungen

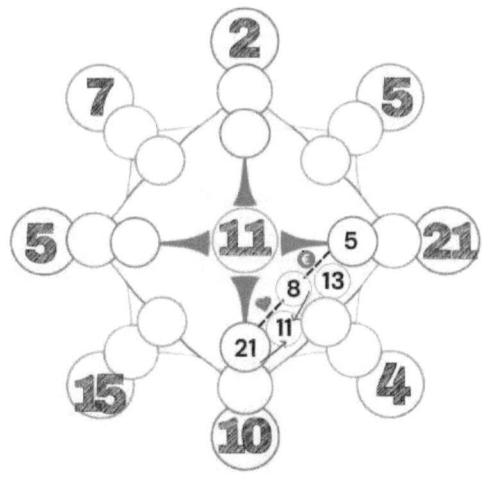

Um die persönlichen Aufgaben innerhalb einer ehelichen Beziehung zu ermitteln, konzentrieren wir uns auf den unteren Teil der zuvor definierten Linie. Hier haben wir bereits die Energien 21 und 8 festgelegt. Um die dritte Energie zu bestimmen, addieren wir die beiden extremen Werte: 21 + 8 = 29. Anschließend zerlegen wir 29 in seine Ziffern: 2 + 9 = 11. Diese Zahl gibt Aufschluss darüber, welche Perspektive ein Mensch einnehmen sollte, um seine persönlichen Herausforderungen innerhalb der Partnerschaft erfolgreich zu bewältigen.

In meinem Beispiel trage ich die 11 zwischen den Werten 21 und 8 ein. Der persönliche Aufgabenschlüssel für einen Menschen mit dem Geburtsdatum 23.02.1947 lautet somit: 21-11-8. Diese Kombination repräsentiert den individuellen Weg, um die Herausforderungen in der Partnerschaft erfolgreich zu meistern und gemeinsam zu wachsen!

Wie würde sich deine Beziehung verändern, wenn du deine persönlichen Aufgaben klarer erkennen könntest? Welche Schritte könntest du heute unternehmen, um diese Aufgaben in deiner Partnerschaft anzugehen? Bist du bereit, die Verantwortung für dein eigenes Wachstum in der Beziehung zu übernehmen?

Paarkompatibilität: Entschlüsselung der Energien und persönlicher Aufgaben in ehelichen Beziehungen

Wenn zwei Menschen aufeinandertreffen, sich verlieben und eine einbeziehende Beziehung führen, beginnt ein neues Kapitel voller Glück in ihrem Leben! Diese Phase des Verliebtseins bringt eine besondere Freude in den Alltag, denn nichts erfüllt das Herz mehr als die Kraft der gegenseitigen Liebe. Oft glauben die Menschen, dass dieses Gefühl für immer anhalten wird – und das ist nur allzu verständlich!

Doch leider ist die Zeit des glückseligen Verliebtseins in einer Ehe oft nicht unbegrenzt. In der Regel haben Paare maximal sieben Jahre, um diese besondere Zeit voll auszukosten. Warum nur so kurz? Das liegt daran, dass das anfängliche Verliebtsein mit jedem Jahr an Intensität verliert, während die Herausforderungen und der Druck des Schicksals zunehmen.

Um diesen negativen Einflüssen entgegenzuwirken, ist es entscheidend, dass die Beziehung sich zu reifer, authentischer und einbeziehender Liebe entwickelt. Wenn diese Entwicklung ausbleibt, können Groll, Gereiztheit, Aggression und letztlich sogar Hass entstehen, diese Ablenkungsimplantate zerstören jede Beziehung. Leider führt dies dazu, dass viele Paare, die mit diesen negativen Emotionen nicht umgehen können, ihre Ehe durch eine Scheidung beenden.

Stellen wir uns vor, wie viel Leid vermieden werden könnte, wenn Menschen vor der Ehe klare Antworten auf entscheidende Fragen hätten: Sind wir wirklich kompatibel? Passen wir zueinander? Werden wir glücklich miteinander sein? Sind wir in der Lage, unsere Liebe ein Leben lang zu bewahren?

Die Suche nach Antworten auf diese Fragen mag auf den ersten Blick komplex erscheinen, ist jedoch viel einfacher, als man denkt: Es gibt keine „unvereinbaren" Menschen!

Wenn ein Paar sich gefunden hat, besteht die wahre Herausforderung darin, gemeinsam an den Möglichkeiten von einbeziehenden Beziehungen zu arbeiten, das von höheren Mächten vorgegeben wurde. Die Frage der Kompatibilität ist dabei zunächst von untergeordneter Bedeutung. Vielmehr sollten sich beide Partner darauf konzentrieren, ihre persönlichen und gemeinsamen Aufgaben zu erkennen und zu verstehen.

Diese praktische Berechnung der Kompatibilität ist eine einzigartige Methode, die in keinem der herkömmlichen Matrix-Rechner zu finden ist. Es ist wichtig zu verstehen, dass wir hier eine Berechnungsweise präsentieren, die eine besondere Stellung innerhalb der *Matrix of Fate*-Methode einnimmt.

Diese Methode geht über die übliche Matrix-Analyse hinaus und bietet eine tiefere Einsicht in die energetische Übereinstimmung zwischen zwei Menschen. Während herkömmliche Rechner oft nur oberflächliche Übereinstimmungen und Abweichungen aufzeigen, ermöglicht diese spezielle Berechnung, die verborgenen Schichten einer Beziehung zu erkunden. Sie erfasst die feinen Nuancen der energetischen Verbindungen und zeigt auf, wie zwei Menschen auf einer tieferen, seelischen Ebene miteinander interagieren.

Warum ist diese Methode so besonders? Weil sie nicht nur darauf abzielt, die Kompatibilität zu bestimmen, sondern auch darauf, Potenziale und Herausforderungen innerhalb der Beziehung aufzudecken. Es geht darum, das Verständnis für die eigenen Bedürfnisse und die des Partners zu vertiefen, und dabei eine Beziehung zu schaffen, die auf einem soliden, energetischen Fundament basiert.

Diese Berechnung steht daher in einer besonderen Tradition innerhalb der Matrix of Fate und sollte nicht als gewöhnliches Werkzeug betrachtet werden. Sie eröffnet einen neuen Weg, Beziehungen zu betrachten und sie in ihrer ganzen Tiefe zu verstehen.

Kompatibilitäts-Code 11-16-5 Moralischer Instinkt / Widerspruch zwischen Moral und Instinkt / Ehrenkodex / Karmische Heilung von Aggression, unmoralischen Handlungen

Schlüssel 5

Dieses Programm umfasst drei essenzielle Aspekte:

1. Direkter Reaktivismus (11-16)

2. Instinkte (11)

3. Intelligenz (5)

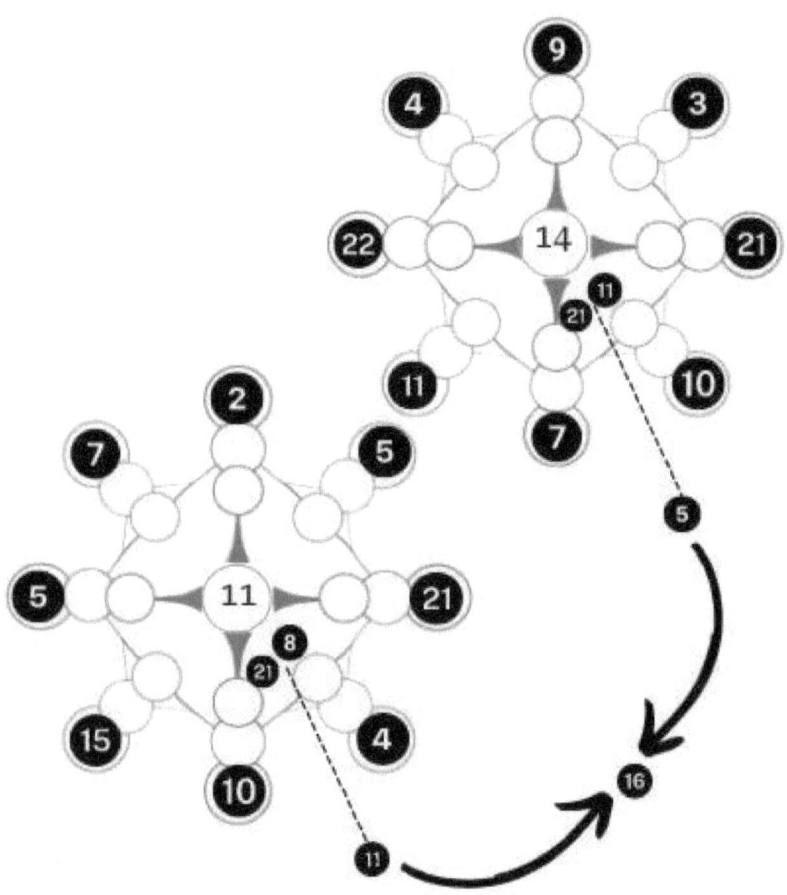

In einer Beziehung zwischen zwei Menschen, die am 23. Februar 1947 und am 22. September 1938 geboren wurden, zeigt das Kompatibilitätsprogramm 11-16-5 eine spannende Dynamik, die sowohl Herausforderungen als auch tiefgreifende Wachstumschancen bietet.

Moralischer Instinkt – Der Spannungsbogen zwischen Moral und Instinkt

Die Energie dieses Programms bringt eine tiefe Auseinandersetzung mit inneren moralischen Konflikten, die sich durch das Zusammenspiel von Instinkten und rationalen Überlegungen und Hass (11) entfalten. In eurer Beziehung kann es Momente geben, in denen instinktive Gefühle wie Angst (5-16) oder sexuelles Verlangen (11) mit dem Wunsch nach gesellschaftlicher Anerkennung (5-16) und intellektueller Integrität kollidieren. Diese Spannung kann zu intensiven emotionalen Erlebnissen führen, die es erforderlich machen, dass ihr beide euch bewusst mit euren inneren Impulsen auseinandersetzt und gemeinsam Wege findet, um diese harmonisch in eure Beziehung zu integrieren.

Konflikte und Herausforderungen

Ihr könntet auf Konflikte stoßen, die sowohl durch unterschiedliche moralische Prinzipien als auch durch emotionale Reaktionen auf äußere Reize entstehen. Diese Konflikte können euch herausfordern, tief in euer eigenes Verständnis von Moral und Instinkt einzutauchen und zu reflektieren, wie ihr in verschiedenen Situationen reagiert und handelt. Besonders dann, wenn ihr mit unmoralischem Verhalten von außen konfrontiert werdet, ist es wichtig, als Team zusammenzuhalten und eine gemeinsame Strategie zu entwickeln, um solche Herausforderungen zu bewältigen.

Aufgaben und Wachstumschancen

Das Programm 11-16-5 lädt euch ein, traditionelle Werte und spirituelle Überzeugungen in eurer Familie wiederzubeleben und zu stärken. Es fordert euch dazu auf, ein harmonisches Gleichgewicht zwischen Arbeit und Erholung zu schaffen, eure Emotionen zu steuern und euer spirituelles

Wachstum zu fördern. Diese Aufgaben können euch als Paar nicht nur näher zusammenbringen, sondern auch dazu beitragen, dass ihr euch gegenseitig auf eurem individuellen Weg unterstützt und inspiriert.

Spirituelles Erwachen und innere Transformation

Besonders in Bezug auf die Energie von Programm 16 werdet ihr dazu aufgefordert, euch spirituell weiterzuentwickeln und hemmende Glaubenssätze zu überwinden, die euch vielleicht aus der Vergangenheit eurer Vorfahren begleiten. Dies ist eine Einladung, eure Ängste zu überwinden, mutig neue Projekte zu beginnen und als spirituelle Führer innerhalb eurer Familie zu wirken.

Gemeinsames Wachstum

Die Energien eurer Beziehung bieten ein reiches Potenzial für tiefgreifendes persönliches und gemeinsames Wachstum. Durch das bewusste Erkennen und Annehmen der Aufgaben, die euch durch dieses Programm gestellt werden, könnt ihr eure Beziehung auf eine höhere Ebene der Harmonie und Erfüllung bringen. Arbeitet zusammen, um diese Herausforderungen zu meistern und nutzt die Möglichkeiten, die euch geboten werden, um eine stabile, liebevolle und erfüllende Partnerschaft zu schaffen.

Lasst euch von diesen Energien leiten, während ihr euren Weg gemeinsam gestaltet und entdeckt, wie ihr euer Leben in Liebe und spirituellem Bewusstsein bereichern könnt!

Berechnung des Schlüssels gemeinsamer Aufgaben in einer ehelichen Beziehung

In diesem Abschnitt erforschen wir die individuellen Aufgaben der Partner in einer ehelichen Beziehung. Dafür verwenden wir zwei konkrete Beispiele: das Geburtsdatum einer Frau, den 23. Februar 1947, und das Geburtsdatum eines Mannes, den 22. September 1938. Durch ein bestimmtes Berechnungsschema können wir für den Mann, geboren am 22. September 1938, den Schlüssel für seine persönliche Aufgabe in der Familie bestimmen: 21-5-11.

Kopplung der Partnerschlüssel

Im Schlüssel des Ehemanns, 21-5-11, repräsentiert die 5 die Energie, die es ihm ermöglicht, seine familiären Beziehungen fruchtbar und harmonisch zu gestalten. Bei der Frau, deren Schlüssel 21-11-8 lautet, steht die 11 für die Energie, die sie in ihren familiären Beziehungen entwickeln sollte. Durch die Addition dieser beiden Energien entsteht die gemeinsame Aufgabe des Paares.

In unserem Beispiel ergibt sich daraus der gemeinsame Schlüsselcode: 11-16-5. Dieser Code stellt die kollektive Aufgabe des Paares dar – eine aufregende Herausforderung, die sowohl persönliches Wachstum als auch ein harmonisches Miteinander fördert!

Was bedeutet dieser Schlüssel für dich und deine Beziehung? Was könnt ihr gemeinsam erreichen, wenn ihr euch dieser Aufgabe bewusst werdet? Geht es um das Entwickeln von Geduld, das Verstehen von tieferem Vertrauen oder vielleicht um das Erschaffen von etwas Neuem in eurer Verbindung? Die Reise beginnt mit dem Verstehen, wie diese Energien in eurer Beziehung wirken.

Nachfolgend werden wir dieses Programm detailliert beschreiben, damit du ein tieferes Verständnis für die Dynamiken in deiner Beziehung erlangst. Was kannst du aus diesen Erkenntnissen lernen, und wie kannst du sie nutzen, um deine Partnerschaft zu stärken und gemeinsam zu wachsen? Lass uns gemeinsam diesen spannenden Weg der Entdeckung und Veränderung weitergehen.

Gesundheitskarte: Die transformative Kraft der Wiedergenesung

Krankheit ist oft ein Signal der Seele, ein Hinweis darauf, dass tiefgreifende Veränderungen im Leben eines Menschen notwendig sind. Manchmal erscheint es, als sei die Krankheit ein Kommunikationsmittel, das versucht, uns zu vermitteln, dass der eingeschlagene Lebensweg nicht zu wahrer Glückseligkeit und Liebe führt. Vielleicht kennst du das: Eine gesundheitliche Krise zwingt Menschen dazu, ihren Lebensstil, ihr Umfeld oder sogar ihren Wohnort radikal zu verändern. Es ist faszinierend zu beobachten, wie sich durch solche Wendepunkte neue Interessen und Freuden entwickeln, die zuvor undenkbar schienen.

Schon die bloße Andeutung einer ernsthaften Erkrankung kann einen tiefen Wandel im Wertesystem eines Menschen herbeiführen. In diesem Sinne kann Krankheit als eine Chance zur positiven Transformation betrachtet werden, als eine Einladung, unser Leben neu zu gestalten.

Alle Krankheiten haben ihren Ursprung auf der energetischen Ebene! Doch wie oft sind wir uns nicht bewusst, wann diese energetischen Veränderungen beginnen? Häufig fühlen wir uns müde, nervös und unzufrieden, ohne zu erkennen, dass diese Empfindungen Vorboten einer tieferen Störung sein könnten. Wie oft akzeptieren wir erst, dass wir krank sind, wenn unsere körperliche Verfassung bereits erheblich beeinträchtigt ist?

Innere Ressentiments – sei es gegenüber dem Schicksal, Mitmenschen, der Familie oder sogar dem Schöpfer – wirken wie Blockaden in unseren Energieflüssen. Diese stagnierenden Energien können, wenn sie nicht gelöst werden, zu ernsthaften Krankheiten führen.

Die energetische Dimension jeder Krankheit ist ein zentraler Schlüssel zur Heilung! In einem gesunden Körper wohnt ein gesunder Geist, aber auch umgekehrt: Ein gesunder Geist fördert einen gesunden Körper. Was passiert jedoch, wenn wir ausschließlich unsere körperliche Verfassung stärken, ohne uns um unser inneres Gleichgewicht zu kümmern? Die Heilung bleibt unvollständig.

Während einer Krankheit ist es entscheidend, das eigene Weltbild zu überdenken – die Heilung folgt dann auf natürlichem Wege! Studien belegen, dass Menschen, die sich aktiv um das Wohl ihrer Seele kümmern, oft signifikante Fortschritte in ihrer Gesundheit machen, bis hin zur völligen Genesung.

Nun liegt es in deiner Hand: Arbeitest du weiterhin an den notwendigen Veränderungen für deine innere Harmonie, oder kehrst du in den alten Lebensrhythmus zurück, der einst zur Erkrankung führte? Ärzte und Heiler können Symptome mildern oder sogar vollständig beseitigen, aber die Verantwortung, die zugrundeliegenden Ursachen einer Krankheit zu erkennen und zu transformieren, liegt bei dir. Wenn sich während der Behandlung das Weltbild nicht ändert, kann dies zu einer Verschlechterung führen oder ungelöste familiäre Herausforderungen hervorrufen, die sich auch auf zukünftige Generationen auswirken.

Heilungsversuche, die die energetische Dimension einer Erkrankung außer Acht lassen, sind wie der Versuch, das Fundament eines Hauses zu stabilisieren, indem man nur einen Raum renoviert. Nur durch tiefgreifende Veränderungen im eigenen Denken und durch das Verständnis der Aufgaben deiner Seele kann eine vollständige Heilung eintreten.

Manchmal genügt bereits das Bewusstsein für die Ursachen einer Erkrankung, um den ersten, wichtigen Anstoß zur Genesung zu geben. Das bedeutet nicht, dass die Hilfe von Ärzten und Heilern nicht wichtig ist – im Gegenteil! Es geht darum, wie du diese Unterstützung optimal nutzen kannst, um deine gesundheitlichen Herausforderungen zu meistern.

In unserer Arbeit zur Berechnung und Entschlüsselung von Gesundheitskarten verwenden wir den Begriff „Chakra", um die Energiezentren zu beschreiben, die für den Zustand bestimmter Organe oder Organsysteme verantwortlich sind. Es kann sowohl als Gesundheitskarte als auch als Chakrenkarte betrachtet werden. Lass uns gemeinsam diese aufregende Reise der inneren Transformation und Heilung antreten!

Kreation einer Gesundheitskarte / Chakrenkarte

Die Erstellung einer Gesundheitskarte erfordert zusätzliche präzise Berechnungen. Wir beginnen mit einem persönlichen (diagonalen) Quadrat innerhalb der Schicksalsmatrix. In diesem Quadrat sind die Energien von drei zentralen Chakren – Wurzel, Solarplexus und Krone – entlang der Erd- und Himmelslinie eingezeichnet. Besonders bemerkenswert ist, dass die Energie des Solarplexus-Chakras am Schnittpunkt dieser beiden Linien positioniert ist, was ihm eine doppelte Bedeutung verleiht!

Die Energien, die entlang der Himmelslinie strömen, haben eine tiefgreifende Wirkung auf die Ebene der Seele, während die Energien der Erdlinie unmittelbar den Zustand der Organe und des Körpers beeinflussen. Es ist von Bedeutung, die spezifischen Energien zu betrachten, die den oben genannten Chakren zugeordnet sind.

Hier ist die visuelle Darstellung der Ergebnisse:

Entlang der Himmelslinie:
Wurzelchakra: 10. Energie
Nabelchakra: 11. Energie
Kronenchakra: 2. Energie

Entlang der Erdlinie:
Wurzelchakra: 21. Energie
Nabelchakra: 11. Energie
Kronenchakra: 5. Energie

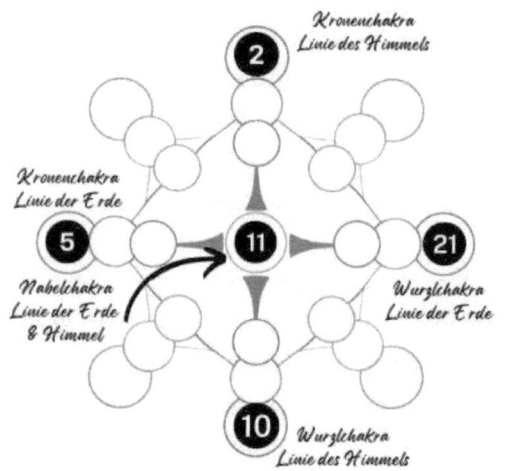

Nun ist es an der Zeit, die Energien für die restlichen Chakren zu berechnen und diese in die Matrix einzutragen! Lass uns dieses spannende Experiment fortsetzen und die verborgenen Kräfte der Chakren entschlüsseln!

Hals-Chakra - Dein Ausruck!

Um die Energien des Hals-Chakras zu bestimmen, addieren wir die numerischen Werte des Kronen-Chakras und des Solarplexus-Chakras! In meinem spezifischen Beispiel ergibt sich entlang der Himmelslinie die 16. Energie (5 + 11) und entlang der Erdlinie die 13. Energie (2 + 11).

Erkenne, wie die Energie des Hals-Chakras mit deinen anderen Chakren harmoniert und dir dabei hilft, deine Kommunikationsfähigkeit zu entfalten! Das Hals-Chakra ist das Zentrum des Ausdrucks, und seine Energien wirken direkt auf deine Fähigkeit, deine Wahrheit zu sprechen und in authentischem Austausch mit anderen zu stehen. Nutze diese Werte, um deine energetische Balance zu fördern und deine innere Stimme kraftvoller werden zu lassen!

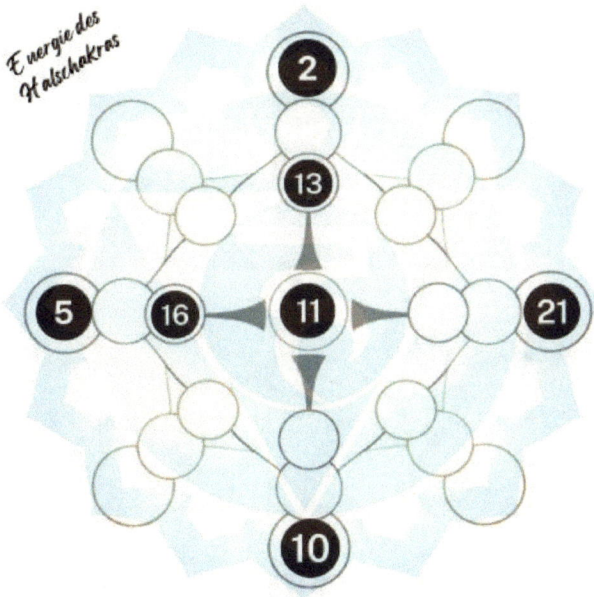

Chakra Drittes Auge - Intuition

Um die energetischen Werte des Chakras „Drittes Auge" zu bestimmen, addiere einfach die Ziffer des Kronenchakras mit der Ziffer des Halschakras. In meinem Fall ergibt sich für das Chakra „Drittes Auge" entlang der Himmelslinie die 15. Energie (2 + 13) und entlang der Erdlinie die 21. Energie (5 + 16).

Diese Berechnungen eröffnen dir ein tieferes Verständnis für die energetischen Verbindungen und die spirituelle Ausrichtung deines „Dritten Auges". Es ist das Zentrum deiner Intuition und deines inneren Wissens – hier bündeln sich die Kräfte deiner höheren Chakren, um dir eine klare Sicht auf dein Leben und deine spirituelle Reise zu ermöglichen! Nutze diese Werte, um deine spirituellen Fähigkeiten zu stärken und deine innere Weisheit zu vertiefen.

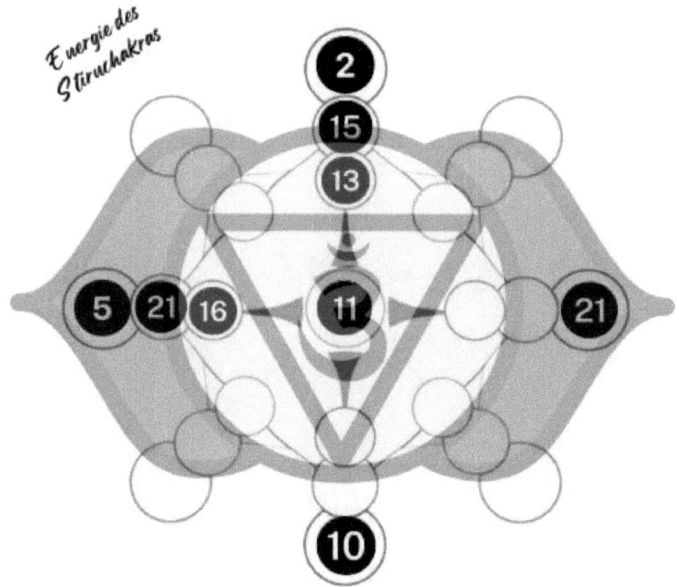

Herzchakra - Bedingungslose Liebe

Um die energetischen Eigenschaften des Herzchakras zu bestimmen, addieren wir zunächst die Werte des Halschakras und des Solarplexus-Chakras. In meinem persönlichen Fall ergibt sich für das Herzchakra entlang der Himmelslinie eine Energiestufe von 6, basierend auf der Berechnung: 13 (Halschakra) + 11 (Solarplexus-Chakra). Entlang der Erdlinie ergibt sich für das Herzchakra eine Energiestufe von 9, durch die Addition von 16 (Halschakra) + 11 (Solarplexus-Chakra).

Das Herzchakra ist das Zentrum der Liebe, des Mitgefühls und der Verbindung zu anderen. Diese energetischen Werte helfen dir, die Balance in deinem emotionalen Zentrum zu verstehen und zu stärken. Nutze diese Erkenntnisse, um die Harmonie in deinem Herzen zu fördern und deine Fähigkeit zur bedingungslosen Liebe zu vertiefen.

Sexualchakra - Empfangen

Um die Energien des Sexualchakras zu bestimmen, addiere die Zahlen des Solarplexuschakras und des Wurzelchakras! In meinem Fall ergibt die Berechnung für das Sexualchakra entlang der Himmelslinie eine Energie von 21 (10 + 11). Für das Sexualchakra entlang der Erdlinie ergibt sich eine Energie von 5 (11 + 21).

Diese energetischen Werte geben dir Einblicke in die Dynamiken deiner schöpferischen Kraft und deiner Lebensfreude. Sie helfen dir, die Balance in diesem wichtigen Zentrum zu verstehen und zu harmonisieren, um ein erfülltes und vitales Leben zu führen!

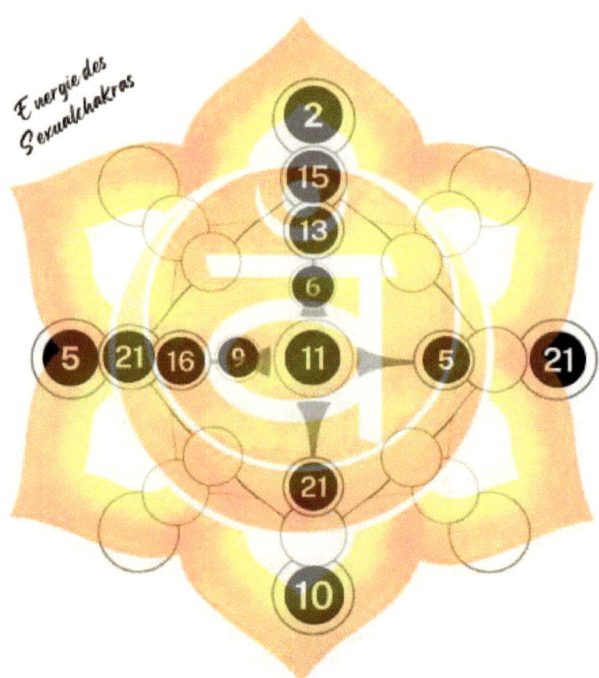

Das Kronenchakra repräsentiert das spirituelle Bewusstsein, die Verbindung zum Universum und das Gefühl von Erleuchtung. Es ist das Zentrum des Wissens und der spirituellen Einsicht. Dieses Chakra benötigt ebenfalls keine Berechnung.

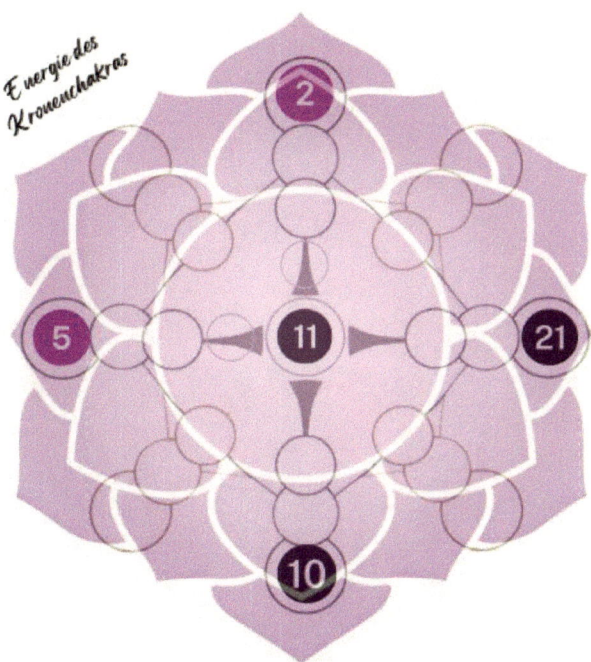

Das Wurzelchakra ist das energetische Zentrum, das für Sicherheit, Stabilität und grundlegende Bedürfnisse wie Nahrung und Schutz verantwortlich ist. Es bildet die Basis unserer Lebensenergie und sorgt dafür, dass wir uns geerdet und sicher fühlen. Für das Wurzelchakra bedarf es keiner Berechnung.

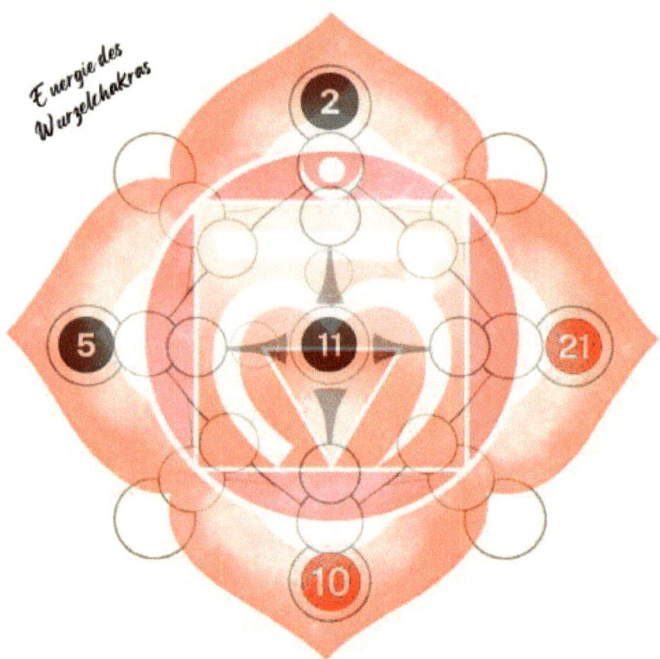

Das Solarplexus-Chakra steht für persönliches Machtbewusstsein, Selbstbewusstsein und die Fähigkeit, Entscheidungen zu treffen. Es beeinflusst unser Selbstwertgefühl und unseren Willen, unseren Platz in der Welt zu behaupten. Auch hier ist keine Berechnung erforderlich.

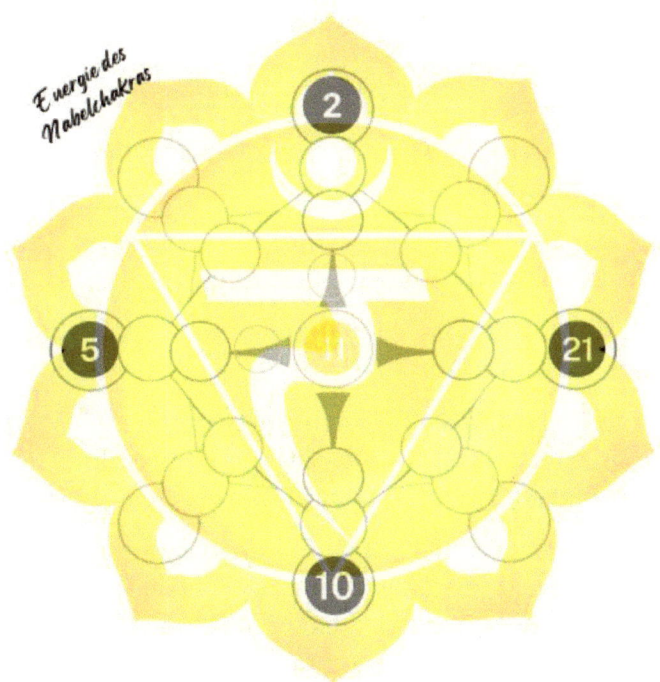

ENTSCHLÜSSELUNG DER GESUNDHEITSKARTE/ CHAKRENKARTE

Nachdem die sieben Chakren in jeder Reihe berechnet wurden, integrieren sie sich harmonisch in eine Matrix, die als Gesundheitskarte und Chakrenkarte dient. Der erste Schritt besteht darin, eine strukturierte Tabelle mit vier klaren Spalten zu erstellen:

Chakra-Name: Die Bezeichnung des jeweiligen Chakras.

Energie entlang der Erdlinie: Die energetische Ausstrahlung des Chakras in Bezug auf die Erdenergie.

Energie entlang der Himmelslinie: Die energetische Ausstrahlung des Chakras in Bezug auf die kosmische Energie.

Endpotential des Chakras: Die Gesamtsumme der beiden energetischen Werte (Erdlinie + Himmelslinie).

Beispielsweise ergibt das Gesamtpotential des Wurzelchakras in meinem Beispiel: 21 (Energie entlang der Erdlinie) + 10 (Energie entlang der Himmelslinie) = 31, was numerologisch 4 ergibt!

Durch die Analyse dieser Tabelle können wir die zugrunde liegenden Ursachen von Krankheiten im Leben eines Individuums erkennen. Eine Gesundheitskarte ermöglicht ein tiefgehendes Verständnis dafür, warum bestimmte Beschwerden auftreten und welche Schritte unternommen werden sollten, um diese zu beheben.

Bei der Entschlüsselung der Energiefelder der Chakren liegt der Fokus darauf, welche kulturellen und persönlichen Einstellungen zu Störungen in diesen energetischen Bereichen führen können. Durch die Identifizierung und Transformation von negativen Energieaspekten in positive Kräfte kann der Einzelne den Heilungsprozess aktiv unterstützen! Lass uns gemeinsam den Weg zu einem gesünderen Leben gehen!

Das Kronenchakra repräsentiert das spirituelle Bewusstsein, die Verbindung zum Universum und das Gefühl von Erleuchtung. Es ist das Zentrum des Wissens und der spirituellen Einsicht. Dieses Chakra benötigt ebenfalls keine Berechnung.

Wie nutze ich eine Gesundheitskarte

Die Ursprünge von Krankheiten liegen oft nicht in den Energien selbst, sondern in der Manifestation der negativen Aspekte dieser Energien. Um die Ursachen von Erkrankungen zu identifizieren, ist es wichtig, eine gezielte Analyse durchzuführen!

Nehmen wir an, du hast Beschwerden im Halsbereich, wie häufige Halsschmerzen. In diesem Fall lohnt es sich, das Hals-Chakra ins Auge zu fassen, welches die Funktion des Rachens reguliert. Überprüfe auf deiner Gesundheitskarte die spezifischen Energien, die durch diesen Bereich fließen. Stelle dir nun ehrlich folgende Fragen:

Inwiefern haben sich diese Energien negativ für mich ausgewirkt?
Welche Veränderungen sollte ich in meiner Kommunikation mit anderen Menschen vornehmen?
Welche Energie transportieren meine Worte zu den anderen?
Was kann ich tun, um dies zu optimieren?

Eine häufige Frage lautet:
Kann man akute Krankheiten oder Voraussetzungen für schwerwiegende Krankheiten identifizieren?

Antwort: Ja, das ist möglich!

Denke jedoch daran, dass medizinische Diagnosen ausschließlich von qualifizierten Ärzten gestellt werden sollten.

Generell gilt: Es ist nicht ratsam, über Krankheiten zu sprechen, es sei denn, es wird gezielt nach Informationen gefragt. Nur wenn jemand mit einer spezifischen Anfrage zu dir kommt, kannst du als Berater Informationen bereitstellen, jedoch niemals in Form einer Diagnose!

Schicksal transformieren – Der Schlüssel zu deinem Lebensweg!

Herzlichen Glückwunsch! Du hast den ersten Schritt in die faszinierende Welt der Schicksalsdiagnose anhand deines Geburtsdatums gemacht! Diese innovative Methode wurde speziell entwickelt, um dir die Möglichkeit zu geben, die tiefere Bedeutung deines Schicksals eigenständig zu erfassen. Sie gibt dir die Macht, die Wurzeln von Konflikten innerhalb deiner Familie zu erkennen und die feinen Verbindungen zwischen deinen Emotionen und körperlichen Beschwerden aufzudecken.

Aber sei dir bewusst, dass diese Methode nur dann wirklich wirksam ist, wenn du nicht nur die Berechnung deiner persönlichen Schicksalsmatrix anhand deines Geburtsdatums lernst, sondern auch verstehst, wie du diese Erkenntnisse aktiv nutzen kannst, um dein Leben zum Positiven zu verändern. Hier liegt der wahre Schatz dieser Methode!

Hast du dich jemals gefragt, warum bestimmte Lebenssituationen immer wiederkehren, egal wie sehr du dich bemühst, sie zu vermeiden? Hast du den Eindruck, dass du in bestimmten Bereichen deines Lebens einfach nicht vorankommst, egal wie hart du arbeitest? Die Antwort liegt oft tief in deiner Schicksalsmatrix verborgen. Die Matrix enthüllt die energetischen Muster, die deinem Leben zugrunde liegen, und gibt dir die Werkzeuge an die Hand, um diese Muster zu erkennen und bewusst zu verändern.

Vielleicht fragst du dich jetzt: „Wie schnell werde ich Veränderungen spüren?" Die Antwort ist so individuell wie du selbst. Manche Menschen erleben sofortige Erleichterung und positive Veränderungen, sobald sie beginnen, die Energien ihrer Schicksalsmatrix zu verstehen und bewusst zu transformieren. Andere brauchen etwas mehr Zeit, um die „karmische Schicht" zu durchdringen und nachhaltige Veränderungen herbeizuführen. Doch eines ist sicher: Sobald du die Verantwortung für deine Energien übernimmst, beginnt eine bemerkenswerte Transformation!

In diesem Prozess können unsere Arbeits- und Malbücher wertvolle Begleiter sein. Unser veröffentlichtes Buch **„Farbenspiel der Seele"** (ISBN: 978-3759736550) und zwei bald erscheinende Arbeitsbücher bieten dir konkrete Werkzeuge, um deine Matrixcodes zu aktivieren und deine Energien ins Positive zu lenken.

Diese Bücher sind mehr als nur Ratgeber – sie sind Wegweiser auf deiner Reise zu einem erfüllten und harmonischen Leben.

Bist du bereit, deine Reise zu beginnen? Lass uns gemeinsam in die Tiefe gehen und dein Schicksal in die eigene Hand nehmen! Es ist Zeit für den Wandel!

Die zwei Berechnungsarten der Matrix: Ein Vergleich

In der Matrix of Fate gibt es zwei Berechnungsarten, die uns bekannt sind. Keine davon ist richtig oder falsch. Laut unseres Wissensstandes aus dem russischen Bereich wurde diese Formel vor etwa 10 Jahren von der Begründerin verändert. Der Unterschied liegt hauptsächlich in den Ahnen väterlicher und mütterlicher Seite, und die Deutungen sind etwas anders. Daher verwenden wir sehr gerne beide Rechner.

Da die Ahnen-Deutungen ein sehr spezielles Thema darstellen, das man als Selbststudierender nur schwer erfassen kann, gehen wir in diesem Buch nicht weiter darauf ein. Wir werden euch jedoch die beiden Schritte zeigen. Auch gibt es in dem einen Rechner rechts neben der Komfortzone das gelbe Haus in der Mitte, das zwei weitere Häuser enthält. Dieser Kanal ist nach der einen Berechnung die Macht der Familie und nach der anderen Berechnung - hier stehen die Häuser anders - der Sexualkanal.

Wie wäre es, wenn du beide Berechnungsarten kennenlernst und ausprobierst? Diese Unterschiede in den Berechnungsarten können zu unterschiedlichen Interpretationen führen, insbesondere in Bezug auf die Ahnenlinien und die spezifischen Energien, die sich aus ihnen ergeben. Es ist wichtig, beide Methoden zu kennen und anzuwenden, um ein umfassenderes Verständnis deiner Matrix zu erlangen. Auch wenn die Unterschiede subtil erscheinen mögen, können sie einen erheblichen Einfluss auf die Deutung und das Verständnis der individuellen Energien und Herausforderungen haben.

Indem du beide Berechnungsarten anwendest und die Ergebnisse vergleichst, kannst du die vielfältigen Facetten deiner Matrix besser verstehen und die tiefere Bedeutung der Energien, die dein Leben beeinflussen, erkennen. Jede Methode hat ihre eigene Perspektive und kann dir wertvolle Einblicke in deine persönliche Matrix und die darin enthaltenen Informationen bieten. Durch die Verwendung beider Berechnungsarten erhältst du ein umfassenderes und nuancierteres Bild deiner Lebensenergie und Bestimmung.

Wie wäre es, wenn du die tiefere Bedeutung deiner Ahnenlinien und deren Einfluss auf dein Leben entdeckst? Wir ermutigen dich, beide Berechnungsarten auszuprobieren und die Ergebnisse zu vergleichen. Dies wird dir helfen, die vielfältigen Facetten deiner Matrix zu verstehen und die tiefere Bedeutung der Energien, die dein Leben beeinflussen, zu erkennen. Indem du dich mit beiden Methoden vertraut machst, kannst du ein noch tieferes Verständnis für deine persönliche Matrix und die darin enthaltenen Informationen gewinnen.

Die Anwendung beider Berechnungsarten kann dir helfen, versteckte Muster und Einflüsse zu erkennen, die möglicherweise in nur einer Berechnungsmethode übersehen werden könnten. Durch diesen umfassenden Ansatz kannst du die Harmonisierung deiner Energien und die Erfüllung deiner Lebenszwecke gezielt angehen und optimieren.

HÄUSER UND KANÄLE IN DER MATRIX

HAUS A: ELTERN-KIND-KANAL

Was wäre, wenn du die energetischen Verbindungen und Muster zwischen dir und deinen Kindern besser verstehen könntest? Der Eltern-Kind-Kanal in der Matrix of Fate bietet dir genau diese Möglichkeit. Dieser inspirierende und tiefgehende Aspekt zeigt dir die energetischen Muster auf, die zwischen dir und deinen Kindern bestehen. Wie wäre es, wenn du Einblicke sowohl aus deiner Perspektive als Elternteil als auch aus der Perspektive deines Kindes erhalten könntest, unabhängig vom Alter?

Im Kern geht es darum zu erkennen, warum dein Kind in deine Familie geboren wurde. Hast du gewusst, dass Kinderseelen ihre Eltern bewusst auswählen, um bestimmte Erfahrungen zu machen und Lektionen zu lernen? Dieser Kanal hilft dir, die Energien zu identifizieren, die hinter dieser bewussten Wahl stehen. Welche Aufgaben stellen deine Kinder für dich dar, und welches Ergebnis soll sich daraus ergeben?

Haus A spielt dabei eine besondere Rolle. Was wäre, wenn die Energie in Haus A, die dem Tag der Geburt entspricht, wie eine Visitenkarte fungiert? Diese Zahl gibt Hinweise darauf, wie du von der Außenwelt wahrgenommen wirst und welche Energie du in deine Umgebung ausstrahlst.

Der Eltern-Kind-Kanal beleuchtet auch die energetischen Muster, die von Generation zu Generation weitergegeben werden. Welche Talente und Herausforderungen gilt es zu erkennen und zu transformieren? Beispielsweise können wiederkehrende Themen wie Kommunikation, Vertrauen oder Unabhängigkeit innerhalb deiner Familie auftauchen und auf bestimmte karmische Lektionen hinweisen, die gelernt werden müssen.

Hast du dich jemals gefragt, warum deine Kinder genau in deine Familie hineingeboren wurden? Jede Seele wählt ihre Eltern, um bestimmte Erfahrungen zu machen, die für ihre spirituelle Entwicklung notwendig sind. Kinder können dich durch ihr Verhalten und ihre bloße Existenz dazu bringen, dich bestimmten Herausforderungen zu stellen oder bestimmte Aspekte deines eigenen Seins zu erkennen und zu heilen.

Du als Elternteil hast die Aufgabe, deine Kinder in diesen Prozessen zu unterstützen und zu begleiten. Wie wäre es, wenn du durch die Analyse des Eltern-Kind-Kanals besser verstehen könntest, welche Rolle du im Leben deiner Kinder spielst und wie du sie bestmöglich unterstützen kannst? Gleichzeitig lernst du durch deine Kinder wichtige Lektionen über dich selbst und deine eigenen unbewussten Muster.

Die Betrachtung des Eltern-Kind-Kanals kann dir auch Aufschluss darüber geben, wie familiäre Dynamiken funktionieren und welche energetischen Muster innerhalb deiner Familie wirken. Dies ermöglicht es dir, gezielt an der Harmonisierung der Beziehungen zu arbeiten und ein tieferes Verständnis für die individuellen Bedürfnisse und Herausforderungen jedes Familienmitglieds zu entwickeln.

In diesem Kanal sind auch das Halschakra (Vishuddha) und das Stirn-chakra (Ajna) involviert, die auf der Erdlinie liegen. Hast du jemals darüber nachgedacht, welche Rolle diese Chakren in der Kommunikation und Wahrnehmung, sowohl in der inneren als auch in der äußeren Welt, spielen?

Der Eltern-Kind-Kanal ist ein wertvolles Werkzeug, um die tiefere Bedeutung familiärer Verbindungen zu erkennen und an den energetischen Mustern zu arbeiten, die dein Leben und das deiner Kinder prägen. Durch diese Erkenntnisse kannst du ein harmonischeres und erfüllteres Familienleben schaffen, das sowohl die individuellen als auch die kollektiven Seelenaufgaben berücksichtigt. Wie wäre es, wenn du die Geheimnisse dieses Kanals erkunden und die energetischen Verbindungen innerhalb deiner Familie bewusst gestalten könntest?

HAUS B: KANAL DER SPIRITUELLEN TALENTE

Was wäre, wenn du den Schlüssel zu deinen spirituellen Talenten finden könntest? Haus B in der Matrix of Fate hat eine besondere Bedeutung, da es den Monat deiner Geburt repräsentiert und dir Hinweise darauf gibt, welche spirituellen Talente in dir schlummern. Diese Position zeigt dir, wohin du streben solltest, um dein volles Potenzial zu entfalten. Was wäre, wenn du deine tief verankerten Talente entdecken könntest, die darauf warten, in deinem aktuellen Leben genutzt zu werden?

Der Kanal der spirituellen Talente liegt auf der Himmellinie und hilft dir zu erkennen, welche Fähigkeiten und Potenziale du von deinem höheren Selbst erhalten hast. Diese Talente sind tief in deiner Seele verankert und weisen den Weg, den du einschlagen solltest. Wie wäre es, wenn du wüsstest, dass diese Talente in früheren Leben entwickelt wurden und jetzt darauf warten, aktiviert zu werden?

Oft fällt es uns schwer, herauszufinden, welche Ziele wir verfolgen sollten oder was unsere wahren Talente sind. Der Kanal der spirituellen Talente bietet dir eine klare Richtung und zeigt dir die Energien auf, die in deiner Matrix von besonderer Bedeutung sind. Was wäre, wenn du Einblick in die Energien hättest, die dein höheres Selbst für dich vorgesehen hat?

Die Hauptenergie in diesem Kanal repräsentiert nicht nur deine Position als höheres Selbst, sondern auch das Talent, das du von deiner Seele erhalten hast. Diese Energie zeigt dir, welche Fähigkeiten und Stärken dir innewohnen und welche Rolle sie in deinem Leben spielen sollten. Wie wäre es, wenn du diese Talente entdecken und nutzen könntest, um deinen Lebensweg klarer zu sehen?

Die zentrale Energie repräsentiert die Talente aus deiner Vergangenheit. Hast du dich jemals gefragt, welche Fähigkeiten du aus früheren Inkarnationen mitgebracht hast? Diese Talente sind tief in deinem Wesen verwurzelt und warten darauf, wiederentdeckt zu werden.

Die Talente aus deinem aktuellen Leben zeigen, was in dieser Inkarnation am deutlichsten hervortreten wird. Welche Fähigkeiten sind in deinem jetzigen Leben besonders präsent und sollten gefördert und weiterentwickelt werden? Was wäre, wenn du diese Talente nutzen könntest, um dein Leben erfüllter und erfolgreicher zu gestalten?

Indem du alle drei Energien analysierst und miteinander in Verbindung bringst, erhältst du wertvolle Informationen über deine natürlichen Talente. Dies hilft dir, deinen Lebensweg klarer zu sehen und die Bereiche zu identifizieren, die für dich besonders geeignet sind. Wie wäre es, wenn du den Kanal der spirituellen Talente nutzen könntest, um deine Ziele und Talente zu erkennen und deinen Lebensweg zu gestalten?

Dieser Kanal kann dir eine neue Welt eröffnen, die Fähigkeiten und Potenziale zu erkennen, die in dir schlummern, und dir den Weg zu einem erfüllteren und erfolgreicheren Leben weisen. Es ist eine wertvolle Ressource, die dir hilft, die Verbindung zu deinem höheren Selbst zu stärken und dein volles Potenzial zu entfalten. Bist du bereit, die Geheimnisse dieses Kanals zu erkunden und deine spirituellen Talente zu entdecken?

HAUS C UND DER GELDKANAL:
DIE VERBINDUNG ZUR SEELENAUFGABE

Was wäre, wenn du deine Seelenaufgabe und deine Beziehung zum Geld wirklich verstehen könntest? Haus C in der Matrix of Fate spielt eine zentrale Rolle, da es genau diese Aspekte deines Lebens beleuchtet. Es zeigt dir, welche Berufungen und Tätigkeiten du verfolgen solltest und wie du finanzielle Fülle und Erfolg erreichen kannst. Der Geldkanal, der von Haus C ausgeht, ist ein wesentlicher Teil deines Lebensweges und hilft dir, Hindernisse im Zusammenhang mit Geld zu erkennen und zu verändern.

Wie wäre es, wenn du die Seelenaufgabe, als grundlegenden Aspekt deines Lebensplans sehen könntest? Sie repräsentiert das größere Ziel, nach dem deine Seele strebt. Es geht darum, deinen einzigartigen Beitrag zur Welt zu leisten und dein volles Potenzial zu entfalten. Diese Aufgabe ist oft mit tiefen inneren Bestrebungen und einer größeren Lebensvision verbunden, die über das Materielle hinausgehen und dir eine tiefere Erfüllung bieten.

Was wäre, wenn der Geldkanal dir helfen könnte, die Bereiche zu identifizieren, in denen du beruflich erfolgreich sein kannst? Er zeigt dir, welche Tätigkeiten und Berufe dir finanzielle Sicherheit und Wohlstand bringen können. Durch die Analyse des Geldkanals kannst du herausfinden, was dich daran hindert, Geld zu verdienen, und welche Schritte du unternehmen musst, um finanzielle Fülle zu aktivieren. Dieser Kanal ist der Beginn eines größeren Ganzen, das sich Wohlfühllinie nennt.

Wie wäre es, wenn die Wohlfühllinie dir helfen könnte, ein Gleichgewicht zwischen deinen materiellen Bedürfnissen und deiner spirituellen Erfüllung zu finden? Sie ist eine umfassende Idee, die nicht nur deine finanziellen Aspekte, sondern auch dein allgemeines Wohlbefinden und deine Lebenszufriedenheit umfasst. Durch die Arbeit mit dem Geldkanal und der Wohlfühllinie kannst du ein Leben gestalten, das sowohl finanziell erfolgreich als auch innerlich erfüllend ist.

Und wie wäre es, wenn du durch die Verbindung von Haus C mit dem Wurzelchakra und dem Sexualchakra tief verwurzelte Glaubenssätze und Hindernisse im Zusammenhang mit Geld und Selbstwert erkennen und transformieren könntest? Das Wurzelchakra ist verantwortlich für dein grundlegendes Überleben, deine Stabilität und Sicherheit. Ein starkes und ausgeglichenes Wurzelchakra hilft dir, eine solide Basis zu schaffen, von der aus du deine Seelenaufgabe und deine finanziellen Ziele verfolgen kannst.

Wie wäre es, wenn das Sakralchakra, dir beitragen könnte, Kreativität, Lebensfreude und emotionale Balance zu fördern? Es beeinflusst deine Beziehungen, deine Sexualität und deine Fähigkeit, Freude und Leidenschaft in dein Leben zu bringen. Ein ausgeglichenes Sexualchakra fördert deine Fähigkeit, kreative Lösungen zu finden und deine Leidenschaften in Einklang mit deiner Seelenaufgabe zu leben.

Was wäre, wenn die Aktivierung dieser Energien es dir ermöglichen würde, nicht nur finanziellen Erfolg, sondern auch ein tiefes Gefühl der Sicherheit und des Wohlbefindens zu erreichen? Durch die Arbeit mit dem Geldkanal, dem Wurzelchakra und dem Sexualchakra kannst du eine gesunde Beziehung zu Geld entwickeln und deine finanziellen Ressourcen optimal nutzen.

Die Seelenaufgabe und der Geldkanal in Haus C bieten dir eine kraftvolle Möglichkeit, dein Leben in Einklang zu bringen und sowohl materielle, gesundheitliche als auch spirituelle Erfüllung zu finden. Wie wäre es, wenn du diese Energien in dein Leben integrierst und deinen Lebensweg klarer siehst, um mit Zuversicht und Freude voranzuschreiten?

HAUS D: DER KARMISCHE SCHWANZ

Was wäre, wenn du tiefgreifende Einblicke in deine karmischen Muster und Aufgaben erhalten könntest? Haus D in der Matrix of Fate ist ein zentrales Element, das genau diese Einblicke bietet. Oft als karmischer Schwanz bezeichnet, offenbart dieses Haus die energetischen und karmischen Erbschaften, die du aus deinen vergangenen Inkarnationen mitbringst. Wie wäre es, wenn du genau wüsstest, welche karmischen Lektionen und Herausforderungen du in diesem Leben zu bewältigen hast und wie du diese transformieren kannst?

Was wäre, wenn der Kanal des karmischen Schwanzes dir die karmischen Verbindungen und Muster deiner Seele enthüllen könnte? Diese Energien beeinflussen dein gegenwärtiges Leben und können sowohl Hindernisse als auch Potenziale darstellen. Indem du dich mit den Informationen und Energien beschäftigst, kannst du eintreten in das „Wissen", „Sein" und „Empfangen" und wahrnehmen, warum bestimmte Herausforderungen immer wieder in deinem Leben auftauchen und wie du diese ändern kannst.

In unserem ersten Buch haben wir bereits alle Programme des karmischen Schwanzes offengelegt und die Bedeutung dieser Codes erklärt. Jeder Code im karmischen Schwanz erzählt eine bestimmte Geschichte über deine Seele und die Lektionen, die du zu lernen hast. Hast du dich je gefragt, warum diese Codes bei deiner Ankunft auf der Erde immer im Minus sind? Es bedeutet, dass du aktiv ihre Energie clearen musst, um die positiven Aspekte zu erleben.

Wie wäre es, wenn diese Energien des karmischen Schwanzes dir auch zeigen könnten, welche unbewussten Muster und Blockaden aus deinen vergangenen Leben dich beeinflussen? Diese karmischen Muster sind tief in deinem Unterbewusstsein verankert und können sich in verschiedenen Lebensbereichen manifestieren, wie in Beziehungen, Karriere, Gesundheit und persönlicher Entwicklung. Oft sind diese Muster schwer zu erkennen, weil sie tief in deinem Inneren verborgen sind und sich in Form von wiederkehrenden Problemen oder unerklärlichen Ängsten zeigen.

Stell dir vor, du könntest durch die Arbeit mit dem Kanal des karmischen Schwanzes alte Wunden heilen und negative Muster transformieren. Es erfordert eine tiefe Selbstreflexion und die Bereitschaft, sich mit deinen Schattenseiten auseinanderzusetzen. Indem du diese karmischen Lektionen bewusst durchlebst und aufarbeitest, kannst du dich von alten Lasten befreien und ein Leben in größerer Freiheit und Erfüllung führen.

Wie wäre es, wenn die Arbeit mit dem karmischen Schwanz durch das Wurzelchakra und das Sexualchakra unterstützt wird? Das Wurzelchakra, auch Muladhara genannt, steht für grundlegende Überlebensinstinkte, Stabilität und Sicherheit. Das Sexualchakra, auch Svadhisthana genannt, steht für Kreativität, Sexualität und emotionale Tiefe. Diese Chakren spielen eine zentrale Rolle bei der Integration der karmischen Energien und der Transformation negativer Muster.

Was wäre, wenn du die Chakren entlang der Himmelslinie aktivieren könntest? Diese Linie beginnt beim Wurzelchakra und steigt bis zum Kronenchakra auf, durchdringt dabei alle Chakren. Durch die Arbeit mit den Energien des karmischen Schwanzes kannst du diese Chakren aktivieren und ihre positiven Eigenschaften in deinem Leben manifestieren.

Stell dir vor, du durchläufst die 7 Stufen der Alchemie, während du die Chakren hinaufsteigst. Jede Stufe repräsentiert eine Phase der inneren Transformation, die dir hilft, dein volles Potenzial zu entfalten. Diese Stufen führen dich durch die Reinigung alter Muster und Überzeugungen, die Integration neuer Einsichten und die endgültige Erleuchtung. Dabei lernst du, deine Energien zu harmonisieren und im Einklang mit deinem höheren Selbst zu leben.

Wie wäre es, wenn die Kreation mit dem karmischen Schwanz und den zugehörigen Chakren ein integraler Bestandteil deiner Reise zur Selbsterkenntnis und spirituellen Entwicklung ist? Es ermöglicht dir, die tiefere Bedeutung deiner Lebensumstände zu erkennen und die Verantwortung für dein eigenes Wachstum und deine Wiedergenesung zu übernehmen. Indem du dich auf diesen Kanal fokussierst, kannst du die Vergangenheit loslassen und den Weg für eine positive und erfüllte Zukunft ebnen.

Was wäre, wenn der karmische Schwanz dir eine kraftvolle Möglichkeit bieten könnte, deine karmischen Lektionen zu erkennen und zu transformieren? Durch die bewusste Auseinandersetzung mit diesen Themen kannst du dein Leben in Einklang mit deinem höchsten Potenzial bringen und die Freiheit erlangen, die du suchst. Es ist eine Reise, die dich zu tieferem Verständnis, Wiedergenesung und spiritueller Erleuchtung führt.

Haus E: Die Komfortzone und verborgene Programme

Was wäre, wenn du entdecken könntest, welche Kräfte in deiner Komfortzone schlummern? In der Matrix of Fate stellt Haus E deine Komfortzone dar. Es ist der Raum, in dem du dich sicher und geborgen fühlst, aber auch die Zone, die dich daran hindern kann, dein volles Potenzial zu entfalten, wenn du dich zu sehr darin einnistest. Hier geht es darum, die eigenen Grenzen zu erkennen und zu entscheiden, ob du bereit bist, diese zu überschreiten, um persönliches Wachstum zu erfahren.

Die Komfortzone ist die Zone, die in der Mitte von allem steht, auch als Nabelchakra bekannt. Was, wenn ein Ungleichgewicht in dieser Zone alles andere ins Wanken bringen würde? Diese Stufe in der Alchemie ist sehr interessant, denn sie führt oft dazu, dass wir uns, nachdem wir die ersten Stufen durchlaufen haben, gut fühlen und uns ausruhen, weil wir glauben, es sei geschafft. Doch der Schein trügt, dazu später mehr. In dieser Zone tankst du Kraft auf, es ist das Haus, in dem sich deine Seele sehr wohl fühlt.

Hast du dich jemals gefragt, warum die Komfortzone dich manchmal in eine Art Leiden im Hintergrund führt oder negative Situationen anzieht? Wenn du dich schwer fühlst, schau, welche Energie dort steht. Hast du eine Zehner-Energie, brauchst du dringend Leichtigkeit und Dinge, die dir leicht von der Hand gehen, sowie Bewegung. Die Neun benötigt einen Rückzug in sich selbst, wobei dieser Archetyp daraus seine Kraft schöpft – nicht der einsame Wolf. Die Neuner-Energie kann auch im Lesen Kraft finden.

KANAL: MACHT DER FAMILIE UND SEXUALITÄT

Haus E ist mit zwei wichtigen Kanälen verbunden, die dir unterschiedliche Perspektiven und Herausforderungen bieten, wenn wir zwei Berechnungsarten einbeziehen.

Wie wäre es, wenn du die Macht der Familie in deinem Leben voll nutzen könntest? Dieser Kanal zeigt, wie stark der Einfluss deiner Familie auf dein Leben ist. Wenn du für ein bestimmtes Projekt Kraft brauchst, kannst du diese Energie aktivieren. Es geht darum, die Unterstützung und Ressourcen der Familie zu nutzen, ohne sich von ihren Erwartungen und Traditionen einschränken zu lassen.

Hast du dich jemals gefragt, wie tief deine sexuelle Energie in deinem Unterbewusstsein verborgen ist? Der Sexualkanal als verstecktes und meist ungelebtes Programm oder Fantasien, präsentiert sich mit deiner sexuellen Energie und deren Ausdruck. Oftmals ist diese Energie tief im Unterbewusstsein verborgen und kann starke Triebkräfte und Motivationen beeinflussen.

Wie wäre es, wenn du diese Energie bewusst integrieren und harmonisieren könntest, um ein erfülltes und ausgeglichenes Leben zu führen? Die Art und Weise, wie du deine sexuelle Energie nutzt und ausdrückst, kann erheblich zu deinem Wachstum und deiner emotionalen Gesundheit beitragen. Es ist nicht zu vergleichen mit der Energie deines Sexualchakras.

Was wäre, wenn du die Komfortzone und die damit verbundenen Kanäle bewusst verstehen und mit ihnen arbeiten könntest? Indem du dies tust, kannst du lernen, dich von einschränkenden Mustern zu befreien und die verborgenen Potenziale deines Lebens zu entdecken.

Wie wäre es, wenn du dich von der Macht der Familie und der bewussten Nutzung deiner sexuellen Energie inspirieren lässt? Diese Kräfte können helfen, dein volles Potenzial zu entfalten und ein harmonisches, erfülltes Leben zu führen. Indem du dich mit diesen Energien verbindest, kannst du den Weg zu persönlichem Wachstum und emotionaler Gesundheit ebnen.

AHNENKANAL WEIBLICH UND MÄNNLICH AUS 7 GENERATIONEN

Die Häuser F, G, H und I in der Matrix of Fate repräsentieren die Ahnenkanäle mütterlicher- und väterlicherseits, die bis zu sieben Generationen zurückreichen. Was wäre, wenn du entdecken könntest, wie tief die Verbindungen und Einflüsse deiner Ahnen in dein Leben hineinwirken? Diese Häuser zeigen dir die Talente, Spiritualität und Aufgaben, die von deinen Ahnen erfüllt oder unerledigt geblieben sind, sowie die materiellen Aspekte, Gesundheit und Wohlbefinden, die aus deiner Familienlinie stammen.

Wie wäre es, wenn du wüsstest, welche spirituellen und kreativen Talente du von deinen Ahnen geerbt hast? In der oberen Hälfte der Ahnenkanäle geht es um die geistigen und kreativen Erbschaften, die dir Hinweise darauf geben, welche Aufgaben und Talente in deiner Familie weitergegeben wurden. Diese Energien stammen sowohl aus der weiblichen als auch aus der männlichen Linie deiner Familie. Du kannst durch diese Energien erkennen, welche Fähigkeiten und Potenziale in dir schlummern und welche Aufgaben noch auf ihre Erfüllung warten.

Was wäre, wenn du die gesundheitlichen Tendenzen und materiellen Herausforderungen in deiner Familie verstehen könntest? Die untere Hälfte der Ahnenkanäle konzentriert sich auf die physischen und materiellen Aspekte deines Lebens. Hier werden die gesundheitlichen Einflüsse und materiellen Herausforderungen deiner Ahnen sichtbar. Diese Häuser zeigen dir, welche gesundheitlichen Tendenzen und materiellen Herausforderungen in deiner Familie vorhanden sind und wie sie dich beeinflussen.

Die Ahnenkanäle sind mächtige Indikatoren dafür, wie die Vergangenheit deine Gegenwart und Zukunft beeinflusst. Wie wäre es, wenn du tiefere Einblicke in die Muster und Programme gewinnen könntest, die von Generation zu Generation weitergegeben wurden? Diese Erkenntnisse können dir helfen, bewusste Entscheidungen zu treffen und Verhaltensmuster zu durchbrechen, die dich möglicherweise einschränken.

Hast du dich jemals gefragt, welche Talente und Fähigkeiten du von deinen Ahnen geerbt hast und wie du diese in deinem Leben nutzen kannst? Indem du die Energien in den Häusern F, G, H und I untersuchst, kannst du herausfinden, welche Talente und Fähigkeiten du von deinen Ahnen geerbt hast. Gleichzeitig kannst du erkennen, welche ungelösten Aufgaben und Herausforderungen noch bestehen und wie du diese angehen kannst.

Die Arbeit mit den Ahnenkanälen erfordert eine tiefe Reflexion und ein Verständnis der familiären Dynamiken. Was wäre, wenn du durch die Reise in die Vergangenheit die Gegenwart besser verstehen und die Zukunft bewusst gestalten könntest? Diese Reise kann dir helfen, die verborgenen Muster und Programme in den Ahnenkanälen zu erkennen und dein Leben auf eine Weise zu leben, die im Einklang mit deinem höchsten Potenzial steht.

Wie wäre es, wenn du die Weisheit und die Erfahrungen deiner Vorfahren nutzen könntest, um deine eigenen Wege zu finden und deine persönliche und spirituelle Entwicklung voranzutreiben? Indem du die Energien deiner Ahnenkanäle analysierst und bewusst mit ihnen arbeitest, kannst du die Kräfte und Potenziale deiner Familie aktivieren und nutzen, um ein erfüllteres und erfolgreicheres Leben zu führen. Nutze die Weisheit und die Erfahrungen deiner Vorfahren, um deine eigenen Wege zu finden und deine persönliche und spirituelle Entwicklung voranzutreiben.

DIE ZWEI BERECHNUNGSARTEN DER MATRIX: EIN VERGLEICH

In der Matrix of Fate gibt es zwei Berechnungsarten, die uns bekannt sind. Keine davon ist richtig oder falsch. Laut unseres Wissensstandes aus dem russischen Bereich wurde diese Formel vor etwa 10 Jahren von der Begründerin verändert. Der Unterschied liegt hauptsächlich in den Ahnen väterlicher und mütterlicher Seite, und die Deutungen sind etwas anders. Daher verwenden wir sehr gerne beide Rechner.

Da die Ahnen-Deutungen ein sehr spezielles Thema darstellen, das man als Selbststudierender nur schwer erfassen kann, gehen wir in diesem Buch nicht weiter darauf ein. Wir werden euch jedoch die beiden Schritte zeigen. Auch gibt es in dem einen Rechner rechts neben der Komfortzone das gelbe Haus in der Mitte, das zwei weitere Häuser enthält. Dieser Kanal ist nach der einen Berechnung die Macht der Familie und nach der anderen Berechnung - hier stehen die Häuser anders - der Sexualkanal.

Wie wäre es, wenn du beide Berechnungsarten kennenlernst und ausprobierst? Diese Unterschiede in den Berechnungsarten können zu unterschiedlichen Interpretationen führen, insbesondere in Bezug auf die Ahnenlinien und die spezifischen Energien, die sich aus ihnen ergeben. Es ist wichtig, beide Methoden zu kennen und anzuwenden, um ein umfassenderes Verständnis deiner Matrix zu erlangen. Auch wenn die Unterschiede subtil erscheinen mögen, können sie einen erheblichen Einfluss auf die Deutung und das Verständnis der individuellen Energien und Herausforderungen haben.

Indem du beide Berechnungsarten anwendest und die Ergebnisse vergleichst, kannst du die vielfältigen Facetten deiner Matrix besser verstehen und die tiefere Bedeutung der Energien, die dein Leben beeinflussen, erkennen. Jede Methode hat ihre eigene Perspektive und kann dir wertvolle Einblicke in deine persönliche Matrix und die darin enthaltenen Informationen bieten. Durch die Verwendung beider Berechnungsarten erhältst du ein umfassenderes und nuancierteres Bild deiner Lebensenergie und Bestimmung.

Wie wäre es, wenn du die tiefere Bedeutung deiner Ahnenlinien und deren Einfluss auf dein Leben entdeckst? Wir ermutigen dich, beide Berechnungsarten auszuprobieren und die Ergebnisse zu vergleichen. Dies wird dir helfen, die vielfältigen Facetten deiner Matrix zu verstehen und die tiefere Bedeutung der Energien, die dein Leben beeinflussen, zu erkennen. Indem du dich mit beiden Methoden vertraut machst, kannst du ein noch tieferes Verständnis für deine persönliche Matrix und die darin enthaltenen Informationen gewinnen.

Die Anwendung beider Berechnungsarten kann dir helfen, versteckte Muster und Einflüsse zu erkennen, die möglicherweise in nur einer Berechnungsmethode übersehen werden könnten. Durch diesen umfassenden Ansatz kannst du die Harmonisierung deiner Energien und die Erfüllung deiner Lebenszwecke gezielt angehen und optimieren.

DER GELDKANAL

Der Geldkanal in der Matrix of Fate ist ein zentraler Aspekt, der sich mit der Energie des Geldes und des materiellen Wohlstands befasst. Was wäre, wenn du wüsstest, wie du finanziellen Erfolg und Stabilität in deinem Leben erreichen kannst? Dieser Kanal zeigt dir, wie du nicht nur Geld verdienst, sondern auch deine Beziehung zu Geld und materiellen Ressourcen heilen und stärken kannst.

Um den Geldfluss zu aktivieren, ist es wichtig, eine positive Einstellung zu Geld zu entwickeln. Wie wäre es, wenn du Dankbarkeit für das empfinden könntest, was du bereits hast, und Vertrauen in deine Fähigkeit, mehr zu verdienen? Regelmäßige Meditationen, transformierende Fragen, Ahnenarbeit, Mudras, Clearings und Affirmationen, die auf Fülle und Reichtum ausgerichtet sind, können dir dabei helfen, die energetischen Disharmonien zu lösen, die den Geldfluss behindern.

Die Geldenergie kann durch negative Glaubenssätze, Programme, Ängste und Zweifel blockiert werden. Was wäre, wenn du tief verwurzelte Überzeugungen, dass Geld schlecht ist oder dass du es nicht verdienst, auflösen könntest? Ungesunde finanzielle Gewohnheiten, wie übermäßiges Ausgeben oder ständiges Sorgen um Geld, können den Fluss der Geldenergie stören. Könnte es sein, dass Geld nicht das Problem ist, sondern die Art und Weise, wie du darüber denkst?

Um den Geldkanal zu öffnen, musst du dich mit deinen tiefsten Überzeugungen und Emotionen in Bezug auf Geld auseinandersetzen. Wie wäre es, wenn du alte Muster und negative Glaubenssätze auflöst und durch positive, stärkende Überzeugungen ersetzt? Praktische Schritte, wie das Erstellen eines Budgets, das Sparen und kluges Investieren, sind ebenfalls wichtig.

Was wäre, wenn du kontinuierlich etwas anderes tust oder etwas anderes bist, wenn du in der Frage lebst und Antworten nicht nur vom Kopf empfängst?

Der Geldkanal öffnet sich, wenn du sowohl auf energetischer als auch auf praktischer Ebene aktiv wirst. Wie wäre es, wenn du eine positive Einstellung zu Geld entwickelst, dich auf deine Ziele konzentrierst und gleichzeitig konkrete Maßnahmen ergreifst, um deine finanzielle Situation zu verbessern? Regelmäßige Visualisierungen und Meditationen können ebenfalls helfen, die Energie des Geldes anzuziehen.

Welche Berufe könnten besonders geeignet sein, um den Geldfluss zu fördern? Berufe im Bereich Finanzen, Investitionen, Unternehmertum, Kunst, Technologie und Beratung sind oft mit einer starken Geldenergie verbunden. Was wäre, wenn du einen Beruf wählst, der deinen Talenten und Leidenschaften entspricht, um sowohl Erfüllung als auch finanziellen Erfolg zu finden?

Die Balance zwischen deinen finanziellen Zielen und deinen Beziehungen ist entscheidend. Wie wäre es, wenn du nicht nur auf materielle Ziele fokussiert bist, sondern auch deine zwischenmenschlichen Beziehungen pflegst? Eine gesunde Balance zwischen Arbeit und Privatleben hilft, Stress zu reduzieren und deine Lebensqualität zu verbessern. Was wäre, wenn du Unterstützung annehmen und Aufgaben delegieren könntest, um Zeit für dich und deine Lieben zu haben?

Indem du die Energien im Geldkanal verstehst und bewusst damit arbeitest, kannst du nicht nur deinen finanziellen Erfolg steigern, sondern auch ein harmonisches und erfülltes Leben führen. Was wäre, wenn du durch besseres Verständnis und gezielte Arbeit mit deinem Umgang mit Geld ein Leben voller Fülle und Wohlstand erschaffen könntest? Wie oft hältst du dich selbst davon ab, Geld zu manifestieren, indem du dir einredest: „Das ist zu schwer", oder „Das ist zu kompliziert", oder „Das schaffe ich nicht." Was wäre, wenn diese Gedanken keine Rolle spielen würden? Geld folgt der Freude, nicht umgekehrt!

HERAUSFORDERUNGEN UND CHANCEN IN BEZIEHUNGEN

Beziehungen sind ein zentraler Bestandteil unseres Lebens und bringen oft Herausforderungen und Schwierigkeiten mit sich. Wenn eine Beziehung nicht so verläuft, wie wir es uns wünschen, können zahlreiche Probleme auftreten. Eifersucht, Misstrauen, Kommunikationsprobleme und das Gefühl, eingeengt zu werden, sind nur einige der möglichen Hindernisse. Oft entstehen diese Probleme aus tief verwurzelten Unsicherheiten, die sich in unserem Verhalten manifestieren.

Eifersucht ist ein häufiges Thema, das als Ablenkungsimplantat wirken kann. Diese Emotion kann dazu führen, dass du deinen Partner einengst und ständig Angst hast, ihn zu verlieren. Dies ist oft ein Zeichen tiefer liegender Unsicherheiten und Ängste, die gelöst werden müssen, um eine gesunde Beziehung zu führen. Ein weiteres Problem kann die Manipulation sein, die oft in bestimmten Verhaltensmustern auftaucht. Hier dreht sich vieles um Kontrolle und das Bedürfnis, den anderen zu beeinflussen, um eigene Unsicherheiten zu kompensieren. Dies kann sich in unterschiedlichen Formen zeigen, wie zum Beispiel emotionale Erpressung oder subtile Manipulation, um den Partner an sich zu binden.

Wie wäre es, wenn du wüsstest, dass eine Beziehungsanfrage durch ein umfassendes 17-Schritte-Programm beantwortet wird? Dabei betrachten wir nicht nur die Kompatibilität oder den Beziehungskanal, sondern beziehen viele einzelne Aspekte der Matrix mit ein. In der Analyse einer Beziehung gibt es bestimmte Chakren, die berücksichtigt werden müssen. Wir erstellen Tabellen, verwenden Fragebögen und analysieren verschiedene energetische Muster. So gehen wir allgemein bei einer Beratung vor.

Was wäre, wenn du erfahren könntest, dass es erhebliche Unterschiede darin gibt, wo jemand gelernt hat, wie bewusst eine Lehrerin oder ein Lehrer war und welche Vorberufe der Berater hatte?

Viele können die Matrix lesen, an der Oberfläche, und das ist weder richtig noch falsch. Es hängt von deinen Ansprüchen ab, zu wem du gehst, um eine Lesung machen zu lassen oder eine Ausbildung zu absolvieren.

Wie wäre es, wenn du durch die Arbeit mit den Archetypen und den Programmen lernen könntest, deine Beziehungen auf einer tieferen Ebene zu verstehen und zu gestalten? Dies erfordert jedoch eine kontinuierliche Auseinandersetzung und das Bewusstsein, dass persönliche Entwicklung ein lebenslanger Prozess ist. Nur wenn du bereit bist, dich diesen Herausforderungen zu stellen, kannst du das volle Potenzial deiner Beziehungen entfalten und eine tiefgreifende Transformation erleben.

Was wäre, wenn du erkennen könntest, dass wenn Beziehungen nicht klappen, es wichtig ist, die zugrunde liegenden Muster zu erkennen und zu verstehen? Oft sind es die unbewussten Programme, die wir aus unserer Vergangenheit mitbringen, die uns in unseren Beziehungen beeinflussen. Diese Programme können sowohl positive als auch negative Auswirkungen haben. Es erfordert Mut und Bereitschaft, sich diesen Herausforderungen zu stellen und aktiv an der eigenen Entwicklung zu arbeiten, um harmonische und erfüllte Beziehungen zu führen.

GESUNDHEITSKARTE/CHAKRENKARTE

VERSTÄNDNIS DER CHAKREN UND IHRER BEDEUTUNG IN DER GESUNDHEITSKARTE

Die Gesundheitskarte, auch bekannt als Chakrenkarte, ist ein integraler Bestandteil der Matrix of Fate und dient dazu, den energetischen Zustand eines Menschen zu analysieren und zu verstehen. Jeder von uns besteht aus Atomen, und diese Atome bestehen aus Protonen, Neutronen und Elektronen. Durch die Bewegung dieser Teilchen entsteht Energie, die deinen physischen Körper erfüllt und umhüllt. Dein Körper ist somit sowohl eine Energiequelle als auch ein Energieempfänger.

Deine Energie fließt durch die Chakren, die Energiezentren in deinem Körper. Diese Chakren sind nicht nur energetische Knotenpunkte, sondern auch Verbindungspunkte zu den verschiedenen Auraschichten, die dein Biofeld ausmachen. Das Wurzelchakra steht in Verbindung mit der physischen Schicht deiner Aura und beeinflusst deine grundlegende Lebensenergie und Vitalität.

Das Sakralchakra beeinflusst die emotionale Schicht und reguliert deine Gefühle und deine Fähigkeit, Freude zu empfinden. Das Solarplexuschakra betrifft die mentale Schicht und beeinflusst deine Gedanken und mentale Klarheit. Das Herzchakra ist mit der astralen Schicht verbunden und beeinflusst deine Fähigkeit zu lieben und Mitgefühl zu empfinden.

Das Halschakra betrifft die spirituelle Schicht und beeinflusst deine Kommunikation und Ausdruckskraft. Das Stirnchakra, auch bekannt als drittes Auge, ist mit der intuitiven Schicht verbunden und beeinflusst deine Intuition und Einsicht. Das Kronenchakra betrifft die kausale Schicht und beeinflusst dein spirituelles Bewusstsein und deine Verbindung zum Universum. Es gibt eine Vielzahl von Schichten, die je nach Lehransatz unterschiedlich benannt werden und zahlreiche weitere Schichten umfassen können.

Was wäre, wenn du erkennen könntest, wie tief die Energie in deinen verschiedenen Schichten verankert ist und welche Bedeutung sie für dein tägliches Leben hat? Jedes dieser Chakren kann durch verschiedene Faktoren aus dem Gleichgewicht geraten, was sich auf dein gesamtes Wohlbefinden auswirkt. Die Gesundheitskarte ermöglicht es dir, den Zustand dieser Chakren zu analysieren und die Energieflüsse zu harmonisieren, um ein erfüllteres und gesünderes Leben zu führen. Dabei ist es wichtig, sich bewusst zu machen, dass jedes Chakra und jede Energie sowohl positive als auch negative Aspekte haben kann, die in der Gesundheitskarte abgebildet werden.

Wie wäre es, wenn du die verborgenen Muster und Energien deiner Chakren erkennen und harmonisieren könntest? In der Matrix of Fate sind die 22 Archetypen integriert, die sich in den verschiedenen Chakren manifestieren können. Diese Archetypen können spezifische Hindernisse und Potenziale in deinen Chakren identifizieren und harmonisieren.

Unsere DNA und Atome sind die Bausteine unseres physischen Körpers, aber es sind die Chakren und die damit verbundenen Auraschichten, die unsere energetische und spirituelle Gesundheit bestimmen. Genau wie die inneren Organe deines Körpers funktionieren auch die Chakren optimal, wenn sie in einem gesunden Zustand sind. Wenn der Energiefluss so ist, wie er sein sollte, erlebst du ein fruchtbares und glückliches Leben. Doch leider ist dies nicht immer der Fall.

Unsere Chakren sind für uns genauso wichtig wie das Herz, die Lunge oder das Kreislaufsystem. Ebenso wie unsere inneren Organe können auch sie negativen und zerstörerischen äußeren Einflüssen ausgesetzt sein. Auch unsere Chakren benötigen Wiedergenesung und Schutz. Leider schenken nur wenige Menschen ihren Energieorganen die gebührende Aufmerksamkeit, was dazu führen kann, dass sie in einen schlechten Zustand geraten.

Wenn sich ein Chakra in einem schlechten Zustand befindet, sprechen wir von energetischen Disbalancen. So wie in der Medizin die Zustände unserer inneren Organe untersucht und behandelt werden müssen, muss auch der Zustand unserer Chakren bei Bedarf rechtzeitig korrigiert werden.

Es gibt verschiedene Zustände, die sich auf die Chakren auswirken: Unterdrückung, Starrheit und Bruch. Wenn ein Chakra übermäßige Aktivität erfährt, führt dies ebenfalls zu einer Disbalance, bekannt als Hyperaktivität. Zusätzlich zu diesen Disbalancen treten manchmal Zustände auf, die den Energiefluss hemmen und das Chakra verstopfen, verkleben oder eine Art Energieleck zeigen. Balance ist ein wichtiger Faktor beim Empfangen und Geben von Energie.

Damit eine Pflanze wachsen kann, braucht es einen ausgewogenen und proportionalen Zusammenhang zwischen der Erde, dem Regen und der Sonne. Bekommt die Pflanze nicht genügend Wasser, fehlt ihr die nötige Kraft zum Wachsen. Wenn es zu viel Wasser gibt, entsteht Staunässe. Ohne das Licht der Sonne sind Leben und Wachstum überhaupt nicht möglich.

Das Gleiche gilt auch für deine Chakren. Wenn der Energiefluss in einem deiner Chakren den Fluss durch andere übersteigt, beginnt dieses Chakra zu wachsen und eine ungesunde dominante Rolle einzunehmen. Auf diese Weise werden deine anderen Chakren unterdrückt, was zur Zerstörung deines „Energiekörpers" führt. Oder umgekehrt: Ein Chakra könnte nicht die Energie bekommen, die es braucht, und schrumpft.

Was wäre, wenn du durch das Studium der Gesundheitskarte und die Analyse der Chakren erkennen könntest, welche Bereiche deines Lebens aus dem Gleichgewicht geraten sind und gezielt Maßnahmen ergreifen könntest, um deine Energiezentren zu harmonisieren? Diese energetischen Disbalancen können sich auch auf der körperlichen Ebene manifestieren.

Stell dir zum Beispiel einen Mann mit breiter Brust, korrekter Körperhaltung und geraden Schultern vor. Menschen, die nicht gesprächig und zurückhaltend sind, haben sehr oft dünne Lippen und einen kleinen Mund. Dies sind klare Manifestationen, die den Zustand ihres Vishuddha widerspiegeln – dem Chakra, das für die Sprache verantwortlich ist, für die Fähigkeit, eine eigene Stimme zu haben und die eigene Meinung zu äußern.

Um die Matrix of Fate-Technik produktiv nutzen zu können, ist es wichtig zu lernen, wie du den Zustand deiner Chakren erkennen kannst. Wenn du verstehst, wo und wie viel Energie verbraucht wird oder nicht, ob deine Chakren energetische Disbalancen aufweisen oder normal funktionieren, kannst du damit beginnen, eine Art Wiedergenesung zu entwickeln, um deine Energieflüsse auszugleichen, etwaige Schwächen zu analysieren und Energie an die richtigen Stellen und in die richtige Richtung zu lenken.

So kannst du wieder in deinen normalen, optimalen Zustand zurückkehren. Indem du die Gesundheitskarte studierst und die Chakren analysierst, kannst du erkennen, welche Bereiche deines Lebens aus dem Gleichgewicht geraten sind und gezielt Maßnahmen ergreifen, um deine Energiezentren zu harmonisieren. Dies ermöglicht es dir, ein erfüllteres, gesünderes und ausgeglicheneres Leben zu führen.

BEDEUTUNG DER CHAKREN

Die Chakren spielen eine entscheidende Rolle in der Erfüllung dieser Zwecke. Jedes Chakra ist mit bestimmten Aspekten deines Lebens verbunden und beeinflusst, wie du deine Zwecke erfüllst.

Zum Beispiel:

Das Wurzelchakra (Muladhara) ist mit deinem persönlichen Zweck verbunden, da es deine grundlegende Lebensenergie und Vitalität beeinflusst.

Das Herzchakra (Anahata) spielt eine wichtige Rolle in deinem sozialen Zweck, da es deine Fähigkeit zu lieben und Mitgefühl zu empfinden unterstützt.

Das Stirnchakra (Ajna) und das Kronenchakra (Sahasrara) sind entscheidend für deinen spirituellen und planetarischen Zweck, da sie deine Intuition, Weisheit und spirituelle Verbindung fördern.

Wie wäre es, wenn du deine Chakren aktivieren und harmonisieren könntest, um deine Lebenszwecke vollständig zu erfüllen? Indem du die Energien der Chakren verstehst und bewusst mit ihnen arbeitest, kannst du ein Leben führen, das im Einklang mit deinem höchsten Potenzial steht und sowohl persönlich als auch kollektiv erfüllend ist.

Die vier Zwecke

Hast du dir auch schon einmal oder mehrmals die Frage gestellt, was wohl der Zweck deines Daseins hier ist? Warum du in diese Welt geboren wurdest und welche Mission du erfüllen sollst? Diese Fragen sind tief verwurzelt in unserem menschlichen Streben nach Sinn und Erfüllung. In diesem Abschnitt wollen wir uns mit den vier Zwecken beschäftigen, die in der Matrix of Fate eine zentrale Rolle spielen. Diese Zwecke geben dir Einblicke in deine persönliche, soziale, spirituelle und karmische Reise und helfen dir, deinen Lebensweg klarer zu erkennen und bewusst zu gestalten.

In der Matrix of Fate werden vier wesentliche Zwecke definiert, die dein Leben prägen und dir helfen, deine Bestimmung zu verstehen und zu erfüllen. Diese Zwecke umfassen verschiedene Lebensphasen und Aspekte deiner Existenz, von den frühen Jahren bis hin zu deinem spirituellen Vermächtnis. Jeder dieser Zwecke spielt eine bedeutende Rolle in deinem Lebensweg und beeinflusst, wie du dein Potenzial entfalten und deine Herausforderungen meistern kannst.

Persönlicher Zweck

Der persönliche Zweck konzentriert sich auf die frühen Jahre deines Lebens, typischerweise von der Geburt bis etwa 20 Jahre. Diese Phase ist geprägt von Selbstentdeckung und Persönlichkeitsentwicklung. Es ist die Zeit, in der du deine Identität formst, deine Fähigkeiten und Talente entdeckst und beginnst, deinen Platz in der Welt zu finden. In dieser Phase geht es darum, deine Stärken und Schwächen zu erkennen und zu verstehen, was dich einzigartig macht. Dein persönlicher Zweck ist wie ein leuchtender Wegweiser auf deiner Reise der Selbsterkenntnis und inneren Wiedergeburt.

Diese Energien sind wie verschlüsselte Hinweise darauf, was du tun musst, um deine innere Balance zu erreichen und dein volles Potenzial zu entfalten. Sie geben dir einen Einblick in die Bereiche, die du erkunden und transformieren musst, um dich als Mensch zu formen und zu wachsen.

Im Zeitraum zwischen 20 und 40 Jahren liegt der Fokus darauf, dich als Individuum zu formen und positive Eigenschaften in dir zu entwickeln. Diese Jahre sind entscheidend für deine persönliche Entwicklung und dienen als Fundament für dein zukünftiges Wachstum und deine Erfüllung.

Wie wäre es, wenn du die Energien deiner Zahlen entschlüsseln könntest, um deinen Lebensweg zu erleuchten? Wenn du dich auf deinen persönlichen Zweck einlässt und die darin enthaltenen Lektionen annimmst, wirst du die Leiter deiner Seele hinaufsteigen und deine Lebensmission erfüllen. Indem du deine Bestimmung lebst, wirst du die Hindernisse und Misserfolge, die dich auf deinem Weg begleiten, ändern und aus deinem Lebensweg entfernen. Du wirst dich mit Leichtigkeit und Selbstbewusstsein bewegen, bereit, dein volles Potenzial zu entfalten und deine Lebensaufgabe zu erfüllen.

Sozialer Zweck

Der soziale Zweck zeigt sich meistens Mitte dreißig bis Anfang vierzig und betont deine Rolle in der Gemeinschaft und Gesellschaft. In dieser Phase entwickelst du deine sozialen Fähigkeiten und baust Beziehungen auf. Es geht darum, wie du dich in die Gesellschaft einfügst, welche Beiträge du leistest und wie du durch deine Interaktionen und Beziehungen einen positiven Einfluss ausüben kannst. Dein berufliches Leben und deine sozialen Verpflichtungen stehen im Vordergrund. Dein sozialer Zweck ist von großer Bedeutung, denn er zeigt dir, wie du dich in der Gesellschaft verwirklichen kannst und welchen Beitrag du für andere leisten solltest.

Wie wäre es, wenn du entdecken könntest, wie du deine sozialen Talente optimal nutzen könntest, um anderen zu helfen und gleichzeitig Erfüllung zu finden? Diese Aufgaben sind zwar für Menschen über 40 Jahre bedingt vorgesehen, aber es ist nie zu früh, damit anzufangen, sie zu erfüllen. Es ist wichtig, nichts zu überstürzen und von einem Zweck zum nächsten zu springen, sondern mit einer soliden Basis zu beginnen. Das bedeutet, dass du zunächst an dir selbst arbeiten musst, um deine eigenen Ziele zu erreichen.

Sobald du dich selbst besser verstehst und deine eigenen Fähigkeiten und Qualitäten entwickelt hast, kannst du dein Wissen und deine Erfahrungen mit anderen teilen und einen positiven Einfluss auf ihre Leben haben.

Es spielt keine Rolle, wie alt du bist, wenn es darum geht, deinen sozialen Zweck zu erfüllen. Der wichtigste Schritt ist, bei dir selbst anzufangen und dann deine Stärken und Fähigkeiten einzusetzen, um anderen zu helfen und einen positiven Beitrag zur Gesellschaft zu leisten.

Indem du die Balance und Gesundheit deiner Chakren pflegst, kannst du die Energie und Ressourcen, die du für die Erfüllung deiner Zwecke benötigst, optimieren. Die Matrix of Fate hilft dir, diese Zusammenhänge zu erkennen und gezielt an den verschiedenen Aspekten deines Lebens zu arbeiten, um dein volles Potenzial zu entfalten und ein erfülltes, harmonisches Leben zu führen.

Spiritueller Zweck

Der spirituelle Zweck wird typischerweise nach dem 40. Lebensjahr relevant, obwohl er sich oft auch früher bemerkbar machen kann. In dieser Phase suchst du nach einem tieferen Verständnis deines Lebens und deiner Verbindung zum Universum. Es geht darum, deine spirituellen Praktiken zu vertiefen, Weisheit zu erlangen und eine tiefere Bedeutung und Erfüllung in deinem Leben zu finden. Dies ist die Zeit, in der du beginnst, deine spirituellen Lektionen zu integrieren und dein Bewusstsein zu erweitern.

Wie wäre es, wenn du dein Leben so gestalten könntest, dass du tiefen inneren Frieden und Erfüllung findest? Das spirituelle (endgültige) Schicksal ist wie eine Taschenlampe, die auf dich scheint und dir zeigt, wohin du im Leben streben und was du am Ende erreichen sollst. Diese Aufgaben treten bedingt nach 60 Jahren in Kraft.

Hier werden die Qualitäten bewertet, die du im Laufe deines Lebens entwickelt hast. Wenn du alle deine Ziele und Aufgaben erfüllt und die besten Eigenschaften entwickelt hast, kannst du dein Alter in einem Zustand des Seelenfriedens, in Güte, in Wohlstand, mit deinen Lieben leben. Wenn der richtige Moment kommt, wird die Seele vom Körper befreit und geht zur nächsten Wiedergeburt über.

Wenn du jedoch dein Leben im Minus deiner Energie lebst, wirst du am Ende deines Lebens sehr traurig sein. Dies äußert sich in einem Gefühl geistiger Unruhe, einem ständigen Gefühl, etwas noch nicht erledigt zu haben, wenn die Gesundheit nachlässt und du nicht genug Geld zum Leben hast.

Planetarischer Zweck

Der planetarische Zweck wird oft als der tiefgreifendste angesehen und ist eng mit der Erfüllung deines Lebenswerkes und deiner langfristigen Seelenentwicklung verbunden. Dieser Zweck umfasst alle Lebensphasen und wird besonders nach dem 60. Lebensjahr wichtig. Hier geht es um die Bewältigung planetarischer und karmischer Aufgaben und Lektionen, die du aus früheren Leben mitbringst. Es ist die Phase, in der du deine vergangenen Taten verstehst, aus ihnen lernst und daran arbeitest, sie zu korrigieren oder auszugleichen.

Wie wäre es, wenn du deine tiefsten karmischen Lektionen erkennen und transformieren könntest? Dein planetarischer Zweck gibt dir auch einen Einblick in die größere Rolle, die du im Rahmen des gesamten Planeten Erde spielst. Es offenbart die spezifischen Aufgaben, die du im Zusammenhang mit dem globalen Wohl und der planetarischen Entwicklung erfüllen sollst. Deine Aufgaben auf planetarischer Ebene mögen sich anders anfühlen als die persönlichen Ziele, die du im Leben verfolgst. Sie beziehen sich auf dein Engagement für das kollektive Wohl der Menschheit und die Pflege unseres Planeten.

Indem du deinen planetarischen Zweck verstehst und danach handelst, kannst du dazu beitragen, eine positive Veränderung auf globaler Ebene zu bewirken und eine nachhaltige Zukunft für kommende Generationen zu gestalten.

Verbindung der Zwecke

Diese vier Zwecke sind miteinander verwoben und beeinflussen sich gegenseitig. Dein persönlicher Zweck bildet die Grundlage für deinen sozialen Zweck, indem er dir hilft, deine Identität und Fähigkeiten zu entwickeln. Dein sozialer Zweck baut auf diesen Grundlagen auf und erweitert deine Interaktionen und Beiträge zur Gesellschaft. Der spirituelle Zweck vertieft dein Verständnis und deine Verbindung zum Universum, während der planetarische Zweck dich auf eine tiefere Ebene der Selbstreflexion und des karmischen Ausgleichs führt.

Weitere Matrizenarten

Die Kompatibilitätsmatrix

Die Kompatibilitätsmatrix ist ein mächtiges Werkzeug innerhalb der Matrix of Fate, das dazu dient, die Beziehung zwischen zwei Menschen zu analysieren und ihre Kompatibilität zu bewerten. Diese Matrix betrachtet die energetischen Verbindungen und die Potenziale, die zwischen den beteiligten Partnern bestehen, und hilft dabei, die Dynamik der Beziehung zu verstehen.

In der Kompatibilitätsmatrix werden die individuellen Archetypen und Energien beider Partner in Bezug gesetzt. Jeder Mensch bringt seine einzigartigen Energien und Eigenschaften in die Beziehung ein, und die Matrix zeigt auf, wie diese miteinander interagieren. Es geht darum, die Stärken und Schwächen der Beziehung zu erkennen und zu verstehen, wie man harmonischer miteinander leben kann.

Praktische Anwendung

Wie wäre es, wenn du die Kompatibilitätsmatrix nutzen würdest, um deine Beziehungen zu analysieren und zu verbessern? Diese Matrix kann in verschiedenen Kontexten angewendet werden und ist besonders nützlich in romantischen Beziehungen, kann aber auch in beruflichen Partnerschaften und Freundschaften verwendet werden. Durch die Analyse der Matrix können die Partner besser verstehen, wie sie ihre Beziehung stärken und harmonisieren können.

Die Matrix hilft auch dabei, mögliche Herausforderungen und Hindernisse in der Beziehung zu identifizieren. Sie zeigt auf, welche Energien möglicherweise in Konflikt stehen und wie diese Konflikte gelöst werden können. Durch die Arbeit mit der Kompatibilitätsmatrix können die Partner lernen, ihre Beziehung bewusster und achtsamer zu gestalten.

Wie wäre es, wenn du diese Erkenntnisse nutzen würdest, um deine Beziehungen auf eine neue Ebene zu heben? Die Kompatibilitätsmatrix ist ein wertvolles Werkzeug, um die Dynamik und die Potenziale einer Beziehung zu verstehen. Sie bietet tiefe Einblicke in die energetischen Verbindungen zwischen den Partnern und hilft dabei, eine harmonischere und erfüllendere Beziehung zu führen. Durch die Arbeit mit der Matrix können die Partner ihre gemeinsamen Ziele und Werte klarer erkennen und ihre Beziehung bewusster und achtsamer gestalten.

Indem du die Kompatibilitätsmatrix in deinem Leben anwendest, kannst du die Stärken und Schwächen deiner Beziehungen besser erkennen und Strategien entwickeln, um die Harmonie und das gegenseitige Verständnis zu fördern. Nutze die tiefen Einblicke, die die Matrix bietet, um deine Beziehungen zu stärken und eine einbeziehende und harmonischere Verbindung zu deinen Partnern zu schaffen.

DIE KINDERMATRIX

Die Kindermatrix ist ein spezielles Werkzeug innerhalb der Matrix of Fate, das dazu dient, die energetischen und karmischen Verbindungen eines Kindes zu analysieren. Diese Matrix hilft Eltern, das Potenzial und die Herausforderungen ihres Kindes besser zu erkennen und zu unterstützen. Es geht darum, die Einzigartigkeit des Kindes zu verstehen und Wege zu finden, sein Wachstum und seine Entwicklung bestmöglich zu fördern.

Die Kindermatrix betrachtet die Energien und Archetypen, die ein Kind mitbringt, und zeigt, wie diese sich im Laufe des Lebens manifestieren können. Sie gibt Einblicke in die natürlichen Talente, Stärken und Herausforderungen des Kindes und hilft dabei, eine unterstützende Umgebung zu schaffen, in der das Kind sein volles Potenzial entfalten kann.

Die Analyse der Kindermatrix umfasst mehrere Aspekte:

Archetypen und Energien: Die Matrix zeigt, welche Archetypen und Energien das Kind prägen. Dies hilft dabei, die grundlegende Natur des Kindes zu verstehen und seine Bedürfnisse und Wünsche besser zu erkennen.

Karmische Verbindungen: Die Matrix beleuchtet die karmischen Verbindungen des Kindes zu seinen Eltern und anderen wichtigen Personen in seinem Leben. Dies kann helfen, zu verstehen, welche Aufgaben und Herausforderungen das Kind mitgebracht hat und wie diese im familiären Kontext gelöst werden können.

Entwicklungspotenzial: Die Matrix gibt Hinweise darauf, welche Bereiche des Lebens für das Kind besonders wichtig sind und in welchen Bereichen es gefördert werden sollte. Sie zeigt, welche Talente und Fähigkeiten das Kind hat und wie diese im Alltag unterstützt werden können.

Emotionale und geistige Gesundheit: Die Matrix hilft, die emotionale und geistige Gesundheit des Kindes zu verstehen. Sie zeigt auf, welche emotionalen Herausforderungen das Kind möglicherweise erlebt und wie es unterstützt werden kann, um ein ausgeglichenes und glückliches Leben zu führen.

Praktische Anwendung der Kindermatrix

Wie wäre es, wenn du die Kindermatrix nutzen würdest, um die Erziehung und das Wachstum deines Kindes besser zu gestalten? Eltern und Erzieher können die Matrix anwenden, um die Erziehung und Bildung des Kindes zu optimieren. Sie können die natürlichen Talente und Interessen des Kindes erkennen und entsprechende Aktivitäten und Lernumgebungen schaffen.

Die Matrix hilft auch dabei, die Beziehung zwischen dem Kind und seinen Eltern sowie anderen Familienmitgliedern zu verstehen. Sie zeigt auf, welche karmischen Aufgaben in der Familie bestehen und wie diese gelöst werden können. Die Matrix unterstützt das Kind dabei, sich selbst besser zu verstehen und seine eigene Identität zu entwickeln. Sie gibt Hinweise darauf, wie das Kind seine Talente und Fähigkeiten nutzen kann, um seine Ziele zu erreichen und ein erfülltes Leben zu führen.

Ein Beispiel für die Anwendung der Kindermatrix ist die Analyse der Talente und Interessen eines Kindes. Die Matrix kann aufzeigen, welche Bereiche besonders gefördert werden sollten, sei es in der Kunst, Musik, Sport oder Wissenschaft. Dies hilft Eltern und Lehrern, das Kind in seinen Stärken zu unterstützen und ihm die besten Möglichkeiten für seine Entwicklung zu bieten.

Ein weiteres Beispiel ist die Betrachtung der emotionalen Herausforderungen eines Kindes. Die Matrix kann helfen zu verstehen, warum ein Kind möglicherweise Schwierigkeiten hat, seine Emotionen auszudrücken oder mit bestimmten Situationen umzugehen. Durch die Analyse der Matrix können Wege gefunden werden, das Kind emotional zu unterstützen und ihm zu helfen, ein gesundes Selbstbewusstsein zu entwickeln.

Die Kindermatrix ist ein wertvolles Werkzeug, um das Potenzial und die Herausforderungen eines Kindes zu verstehen. Sie bietet tiefe Einblicke in die energetischen und karmischen Verbindungen und hilft dabei, eine unterstützende und liebevolle Umgebung zu schaffen. Durch die Arbeit mit der Kindermatrix können Eltern und Erzieher das Kind in seiner Entwicklung optimal begleiten und ihm helfen, sein volles Potenzial zu entfalten.

Kapitel 3

DIE VERBORGENEN PROGRAMME: WIE ERLEBNISSE & UMWELTEINFLÜSSE UNSER LEBEN PRÄGEN

Was wäre, wenn du wüsstest, dass die Erlebnisse und Erfahrungen deiner Vorfahren in deinen Genen weiterleben? Wie wäre es, wenn du erkennen würdest, dass viele deiner Reaktionen und Verhaltensweisen nicht wirklich deine eigenen sind, sondern durch die Einflüsse deiner Umgebung geformt wurden? Was wäre, wenn du feststellen würdest, dass dein Selbstwertgefühl und deine Lebensziele stark von idealisierten Darstellungen in den Medien beeinflusst sind? Was wäre, wenn du die Kontrolle über deine inneren Programme übernehmen und sie in positive, stärkende Glaubenssätze umwandeln könntest?

In der modernen Quantenphysik und Neurowissenschaft wird zunehmend erkannt, dass der menschliche Geist und Körper nicht nur durch genetische Veranlagungen, sondern auch durch vielfältige Programme geprägt werden. Diese Programme, die wir im Laufe unseres Lebens entwickeln, können sowohl durch Vererbung als auch durch unsere Umwelt entstehen. Sie beeinflussen unser Verhalten, unsere Gedanken und unsere Emotionen auf tiefgreifende Weise. Vererbte Programme sind die genetischen und epigenetischen Muster, die wir von unseren Vorfahren geerbt haben. Diese Muster können bestimmte Verhaltensweisen, Neigungen und gesundheitliche Tendenzen umfassen.

Epigenetik befasst sich mit den Veränderungen in der Genexpression, die durch Umwelteinflüsse und Verhalten verursacht werden, ohne dass die DNA-Sequenz verändert wird. Studien zeigen, dass Traumata, Ernährungsgewohnheiten und andere Umwelteinflüsse der Vorfahren epigenetische Marker hinterlassen können, die die Genaktivität in den Nachkommen beeinflussen. Diese Marker können vererbt werden und das Risiko für bestimmte Krankheiten oder Verhaltensweisen erhöhen.

Neben den vererbten Programmen spielen auch die Programme, die wir durch unsere Eltern, Lehrer und andere wichtige Bezugspersonen erhalten, eine bedeutende Rolle.

Diese Programme entstehen durch die Erziehung, die wir genießen, die Werte, die uns vermittelt werden, und die Erwartungen, die an uns gestellt werden. Soziale Programme entstehen durch die Interaktion mit unserer Umgebung und der Gesellschaft insgesamt. Sie prägen unsere Sicht auf die Welt und unsere Rolle darin. Ein Beispiel hierfür ist das Rollenverständnis in Bezug auf Geschlechter, das durch gesellschaftliche Normen und Erwartungen geformt wird.

Selbstprogramme sind die Überzeugungen und Denkmuster, die wir im Laufe unseres Lebens entwickeln. Diese Programme entstehen durch unsere persönlichen Erfahrungen und die Schlussfolgerungen, die wir aus ihnen ziehen. Beispielsweise können wiederholte Misserfolge zu dem Glaubenssatz führen, dass wir nicht gut genug sind oder dass wir immer scheitern werden. Solche Programme sind oft tief in unserem Unterbewusstsein verankert und können unser Verhalten und unsere Entscheidungen stark beeinflussen, oft ohne dass wir uns ihrer bewusst sind.

In der heutigen Zeit spielen auch Medien und Technologie eine entscheidende Rolle bei der Prägung unserer Programme. Die Inhalte, die wir konsumieren – sei es durch Fernsehen, soziale Medien oder andere digitale Plattformen – beeinflussen unsere Wahrnehmungen, Werte und Überzeugungen. Ständige Konfrontation mit idealisierten Lebensstilen, Schönheitsidealen und Erfolgsgeschichten kann unsere Selbstwahrnehmung und unsere Erwartungen an das Leben stark verzerren.

Programme manifestieren sich nicht nur auf psychologischer, sondern auch auf physischer Ebene. Im Gehirn sind sie in den neuronalen Netzwerken verankert. Durch wiederholte Gedanken und Verhaltensmuster bilden sich synaptische Verbindungen, die diese Programme stärken. Das Prinzip der Neuroplastizität besagt, dass das Gehirn sich ständig neu verkabeln kann. Dies bedeutet, dass häufig genutzte neuronale Pfade stärker werden, während weniger genutzte Pfade schwächer werden. Diese Programme sind also buchstäblich in den Strukturen unseres Gehirns eingebettet.

Im Körper können sich Programme als chronischer Stress, Verspannungen oder gesundheitliche Probleme manifestieren. Ein Programm, das beispielsweise mit Angst oder Unsicherheit verbunden ist, kann zu chronischem Stress führen, der wiederum das Immunsystem schwächt und verschiedene körperliche Beschwerden verursachen kann. Die Programme, die unser Leben steuern, können weitreichende Auswirkungen haben.

Sie beeinflussen, wie wir auf verschiedene Situationen reagieren, wie wir Beziehungen führen und welche Entscheidungen wir treffen. Beispielsweise kann ein Programm, das uns glauben lässt, dass wir ständig um Anerkennung kämpfen müssen, dazu führen, dass wir uns in Beziehungen unglücklich fühlen oder in unserem Beruf ausbrennen. Streit mit dem Partner, Konflikte im Job oder allgemeine Unzufriedenheit können oft auf tief verwurzelte Programme zurückgeführt werden, die unsere Wahrnehmung und unser Verhalten beeinflussen.

Ein Beispiel hierfür könnte ein Mensch sein, der in seiner Kindheit ständig Kritik erfahren hat und deshalb das Programm entwickelt hat, dass er nie gut genug ist. In seinem Erwachsenenleben könnte er daher in ständiger Angst leben, Fehler zu machen, was zu Perfektionismus und Stress führt. Diese Programme können ebenfalls unsere Fähigkeit zur Selbstverwirklichung einschränken und uns daran hindern, unser volles Potenzial auszuschöpfen.

Die Erkenntnis, dass unser Leben von solchen Programmen beeinflusst wird, ist der erste Schritt, um sie zu erkennen und zu ändern. Durch die Arbeit an unseren Überzeugungen und Denkmustern können wir neue neuronale Verbindungen schaffen und alte, destruktive Pfade schwächen. Dies erfordert jedoch Bewusstsein und kontinuierliche Anstrengung.

Indem wir die Macht dieser Programme verstehen, können wir beginnen, sie zu transformieren und ein erfüllteres und authentischeres Leben führen. Indem wir uns dieser inneren Mechanismen bewusst werden und aktiv daran arbeiten, sie zu verändern, können wir unser Leben nach unseren eigenen Vorstellungen gestalten und unser volles Potenzial entfalten.

SYSTEMATISIERUNG DER PROGRAMME DURCH 9 SCHLÜSSEL

Wir haben die Möglichkeit, die Matrix nicht nur in ihren Programmen zu deuten, sondern uns auch den neun Schlüsseln zuzuwenden. Diese Schlüssel tragen immer eine spezielle Botschaft in sich und bieten eine tiefere Einsicht und Handlungsempfehlungen. Die Matrix ist generell in drei Teile eingeteilt, und in allen drei Teilen können diese Schlüssel wiedergefunden werden. Diese neun Schlüssel können von Anfängern genutzt werden, um einen leichteren Zugang zur Matrix zu erhalten, da sie eine klarere Struktur und Orientierung bieten.

Gleichzeitig können fortgeschrittene Nutzer die Schlüssel als tiefere Deutungshilfen und Handlungsempfehlungen lesen, die von innen nach außen wirken. Jeder Schlüssel besitzt eine spezifische Charakteristik, die in Verbindung mit den jeweiligen Programmen eine tiefere Einsicht ermöglicht. Durch die Verinnerlichung des Schlüssels kann jedes Programm dauerhaft in eine positive Ausprägung gebracht werden. Es ist, als ob der Schlüssel den Zugang zum Programm erleichtert und einen klaren Fokus bietet.

Der Fokus auf die Themen der Schlüssel hilft, das Potenzial des Programms zu entfalten. Jeder Schlüssel hat eine besondere Bedeutung und richtet die Aufmerksamkeit auf spezifische Aspekte des Lebens und der persönlichen Entwicklung.

Durch die Arbeit mit den neun Schlüsseln kann ein Mensch oder Berater tiefere Einsichten in seine eigene Matrix gewinnen und verstehen, wie verschiedene Programme miteinander interagieren. Dies unterstützt dabei, das Programm langfristig und nachhaltig in eine positive Ausprägung zu bringen. Die Schlüssel wirken wie Katalysatoren, die die Transformation und das persönliche Wachstum beschleunigen, indem sie klar definierte Wege und Strategien anbieten.

Diese Schlüsselfaktoren fungieren als Leitprinzipien und schaffen eine strukturierte Basis, auf der die Programme effizienter und zielgerichteter gestaltet werden können. Sie fördern nicht nur die Kohärenz innerhalb der Programme, sondern optimieren auch die Ergebnisse und die Erfahrung der Nutzer.

Die Schlüssel sind in folgender Darstellung in Form der roten Kreise dargestellt.

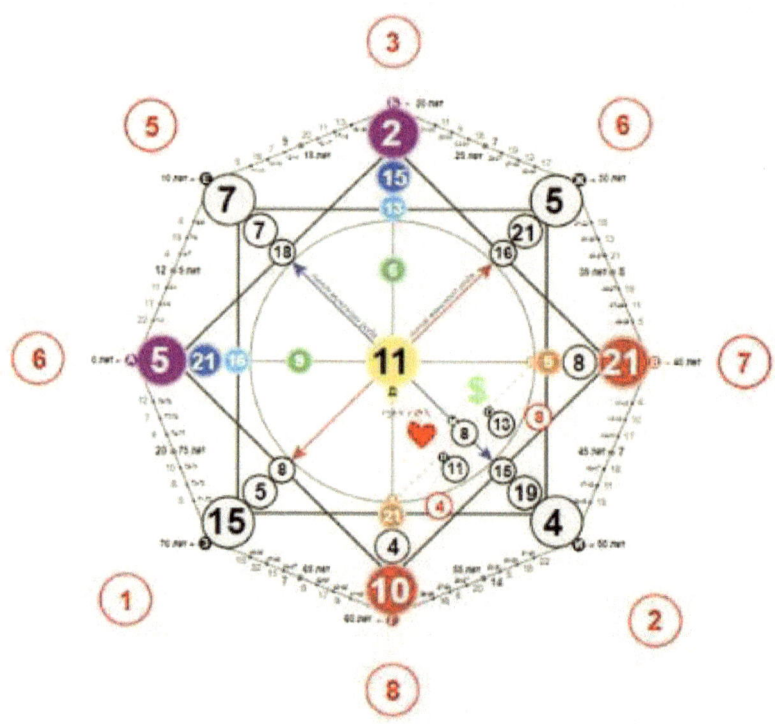

DER MATRIX CODE

EIN TIEFER EINBLICK IN 30 CODES

In der Matrix of Fate spielen Programme eine wesentliche Rolle. Wie kann man diese Programme erkennen und verstehen? Was sind die spezifischen Hinweise, die uns die Matrix gibt, um unsere aktuellen Lebensmuster und Herausforderungen zu identifizieren? Wie lassen sich diese Programme mit den individuellen Archetypen kombinieren, die wir in unserem Geburtsbild finden? In unserem ersten Buch haben wir die Programme aus dem karmischen Schwanz vorgestellt, und eine kleine Einführung in Programme habt ihr im letzten Buch auch schon erhalten.

Heute möchten wir noch tiefer darauf eingehen. An sich sind die Arkana in sich selbst ein Programm. Darüber hinaus gibt es Programme in Zweier- oder Dreierkombinationen. Das bedeutet, dass Programme eine Kombination von Energien sind, denen du in der Matrix begegnen kannst. Diese Kombinationen können überall in der Matrix auftauchen – in den Kanälen, in den Häusern, in den Chakren und in den Zwecken. Sie können in unterschiedlicher Reihenfolge stehen, all das sind Programme oder sogenannte Codes.

Generell sind Programme - wie auch der karmische Schwanz - Hinweise darauf, welche Themen und Herausforderungen in deinem Leben besonders wichtig sind. Die Matrix zeigt dir das Geburtsbild, und von der Geburt an bis jetzt bist du vielen Umständen ausgesetzt. Daher kann man nicht zu 100% festlegen, ob ein Programm tatsächlich auch jetzt noch aktiv in deinem Leben ist.

Wenn du also irgendwelche Kombinationen von Energien siehst, können das durchaus karmische Programme sein, aber auch der karmische Schwanz. Diese karmischen Programme können auf der einen Seite aus vergangenen Leben stammen, aber sie können auch im Hier und Jetzt durch Glaubenssätze, durch verschiedene Verhaltensmuster, durch Fremdeinflüsse wie TV und Musik entstanden sein. Es geht darum, bei den Programmen zu schauen, ob wir in diesen Kombinationen oder Codes erkennen können, wo unsere aktuellen Stolpersteine oder Schwierigkeiten liegen.

Programme können auch mehrmals hintereinander in der Matrix wiederholt auftreten. Je öfter sich also ein Programm in der Matrix wiederholt, desto größer ist die Wirkung und desto mehr lohnt es sich, diesem besondere Aufmerksamkeit zu schenken. Dies kann zum Beispiel sein, wenn du auf der Ahnenlinie der männlichen Seite ein wiederholtes Programm hast, das sich auch in deinem Geldkanal widerspiegelt. Das würde zum Beispiel bedeuten, dass du den Finanzfluss vom männlichen Geschlecht besser empfangen kannst.

Jedes dieser Programme kann einen Hinweis darauf geben, was ein Mensch in einem vergangenen Leben getan hat, aber nur, wenn es sich um die allgemeine Matrix nach dem Geburtsdatum handelt. In der Monats- und der Jahresmatrix ist überhaupt keine Rede von vergangenen Leben. Die Hauptinterpretation über die vergangenen Leben eines Menschen befinden sich überwiegend im karmischen Schwanz, was du in unserem ersten Buch findest.

Es gibt auch Programme, die aus zwei Energien bestehen, wie zum Beispiel die Kombinationen 22-15 oder 6-5. Diese zeigen an, dass diese beiden Energien die führenden Energien in diesem Code oder Programm sind. Dann ist es egal, was die dritte Energie sein wird – die Hauptsache ist, dass diese beiden Energien nebeneinander in der Matrix stehen.

Bis heute hat man von den 1540 möglichen Kombinationen nur ein paar Dutzend entschlüsselt, aber es kommen ständig neue Programme hinzu. Insgesamt kennen wir mittlerweile circa 250 Programme. Es gibt auch sogenannte kubische Programme oder Würfelprogramme, dabei handelt es sich um eine dreifache Verstärkung einer Arkana. Diese Interpretation basiert auf einer hyper-spezifischen Beschreibung von Energien und es ist ziemlich schwierig, solche Programme auszuarbeiten. Wenn ein Mensch jedoch ein solches Programm durcharbeitet, kann er ein dreifaches Energieplus erhalten.

Die Programm-Codes sollten ausschließlich als technische Referenzen betrachtet werden! Innerhalb der einzelnen Programme verwenden wir unterschiedliche Bezeichnungen, da sie auf variierende Szenarien zugeschnitten sind.

Wenn wir das Ganze aus der Perspektive eines astrologischen Horoskops betrachten, können wir sehen, dass das Zeichen Skorpion viele Facetten in seiner Beschreibung aufweist. Dies wird zusätzlich durch die Vielfalt an Lebensrealitäten, geprägt von Kultur, elterlicher Erziehung und sozialem Umfeld, beeinflusst. Unsere Zielsetzung war es, diese Programme aus einer psychologischen Perspektive zu klassifizieren. Daher ist es von großer Bedeutung, die Code-Beschreibungen nicht zu wörtlich zu interpretieren!

Die Programme sind in drei Hauptkategorien unterteilt: Stärken, mögliche Herausforderungen und Empfehlungen. Es ist wichtig zu verstehen, dass diese Programme lediglich einen kleinen Ausschnitt der komplexen Realität repräsentieren. Die Herausforderungen und Empfehlungen, die wir bereitstellen, bieten nur einen ersten Einblick. Für eine umfassendere und persönlich zugeschnittene Analyse empfehlen wir dringend eine vollständige Matrix-Beratung! Es ist ebenfalls möglich, dass nicht jedes Programm konstant aktiv ist; deren Aktivierungsstatus kann je nach Lebensphase und äußeren Umständen schwanken.

Immer wieder werden neue Programme identifiziert – genau das ist der Kern von Bewusstsein: die Fähigkeit und das Talent, Verbindungen herzustellen. Wenn du dir bewusst wirst, welche Programme in dir wirken, und es vermagst, diese Verknüpfungen herzustellen, können daraus beeindruckende Codes entstehen!

Die Entschlüsselung der Energien der Ahnenprogramme unterscheidet sich signifikant von der Analyse der Energien im Rest der Matrix. Um dir eine tiefere Einsicht zu ermöglichen und praktische Beispiele zu geben, wie du diese Programme in deinem eigenen Leben erkennen und verstehen kannst, werden im Folgenden 30 dieser Programme vorgestellt!

CODE 3-18-15 / SCHLÜSSEL 9

Beste-Schlechteste / Höhepunkt-Zusammenbruch / Toxische Liebe / Liebesfessel / Code des Verführers / Magnetische Ausstrahlung / Manipulationsfokus / Hypnotische Kraft / Enthüllung / Karmische Reinigung von negativen okkulten Einflüssen, vorsätzlicher Schädigung

Ein Mensch mit diesem Code trägt eine außergewöhnliche Energie in sich, die ihn sowohl zu großen Höhen als auch zu tiefen Tiefen führen kann. Es ist ein starkes Programm, das das Potenzial für immense Erfolge, aber auch für bedeutende Herausforderungen birgt. Hier sind die Stärken und möglichen Probleme dieses Programms:

Ein Mensch mit einem solchen Programm hat einen großen sozialen Kreis, viele Freunde und Bekannte. Die Menschen schauen zu ihm auf und versuchen, ihn in allem zu imitieren, selbst in kleinen Dingen. Auf dem höchsten Punkt der Entwicklung fühlt sich ein Mensch großartig, er ist an seinem Platz. Alles gelingt im Geschäft und in den Beziehungen. Deine Gesundheit ist in Ordnung, denn du unterziehst dich mindestens einmal im Jahr einer Vorsorgeuntersuchung, wählst die besten Lebensmittel aus, kümmerst dich um dich selbst und kannst dir nicht vorstellen, wie es anders sein könnte. Dein Stoffwechsel und deine Nerven sind in Ordnung, und du bist nicht übergewichtig.

In der Arbeit zeigst du volle Hingabe, und alles, was investiert wird (Anstrengungen, Geld), zahlt sich sofort aus. Es ist gut, ein eigenes Geschäft zu haben oder sich mit Finanzen und der Verwaltung des Eigentums anderer Leute zu beschäftigen. Eine harmonische Persönlichkeit verwandelt alles, was sie berührt, in Erfolg und Wachstum. Du wirst zu einem Magneten des Überflusses und des Wohlstandes. In Beziehungen bist du ein idealer und sehr einfacher Partner im Leben. Du hast keine Angst, ein Unternehmen zu gründen oder deinen Wohnsitz zu wechseln. Du akzeptierst Veränderungen mit Begeisterung und Freude. Du beeindruckst durch deine innere Fülle, hohen Einfallsreichtum und gleichzeitig einfache Einstellung zu vielen Dingen.

Die negative Seite manifestiert sich sehr selten und nicht sofort. Du zeigst deine Ablehnung der Welt, alles in diesem Leben ist das Schlimmste für dich und du wählst das entgegengesetzte Extrem. Als ob du dich selbst zerstörst und bestrafst, um andere zu ärgern. Was die Gesundheit betrifft, so kann es sich um sehr seltene und unerkennbare Krankheiten handeln. Am schwierigsten ist die Situation, wenn man von Spendengeldern oder der Suche nach einem Spender, Arzt usw. abhängig ist. Selbst nach der Heilung hinterlässt die Krankheit oft lebenslang schwere Spuren im Körper der Betroffenen.

In der Geschäftswelt widmest du viel Energie der Beobachtung der Konkurrenz. Du kannst die Ideen anderer kopieren oder einzigartige Werke stehlen. Alternativ kannst du in deiner eigenen Nische arbeiten und versuchen, das Beste daraus zu machen! Wenn du das tust, öffnest du dir viele tolle Möglichkeiten, um deine eigene Strategie und dein eigenes Produkt zu entwickeln. Lass deiner Kreativität freien Lauf! Denn ansonsten blockierst du deine Möglichkeiten, deine eigene Strategie oder dein eigenes Produkt zu entwickeln. Und diese Art von Geschäft, das auf Neid und Rivalität beruht, verschwindet oft plötzlich. Es ist, als würdest du in der Versenkung verschwinden, und es bleibt dir nichts anderes übrig, als aufzugeben.

In deinem Privatleben kannst du einen Partner wählen, der in seiner sozialen Stellung viel niedriger ist als du. Du könntest absichtlich aufhören, dich um dich selbst zu kümmern und dabei eine besondere versteckte Befriedigung empfinden, wenn du die Zerstörung deines Körpers beobachtest. Selbstmordgedanken, Drohungen gegenüber dem Partner und schmerzhafte Eifersucht sind keine Seltenheit. In der Regel kommt es nicht zu einem Fall, und so drückst du deinen inneren Protest aus und zeigst, dass du am Rande des Abgrunds stehst.

Im Bereich der Beziehungen manifestiert sich das Programm sowohl im positiven als auch im negativen Sinne sehr deutlich. Im Minus kann es dazu führen, dass du abhängige Partner, Manipulatoren oder geistig ungesunde Menschen anziehst. Im Plus kannst du jedoch sehr statusbewusste und kreative Persönlichkeiten anziehen. Um das Programm in das Plus zu bringen, ist es notwendig, alle Energien positiv zu aktivieren.

Nimm die 3. Energie, deine Weiblichkeit, und verbessere die Beziehung zu deiner Mutter, falls es dort Probleme gibt. Beschäftige dich mit Kreativität und ihrer Verwirklichung. Sei statusbewusst und selbstsicher. Mit der 18. Energie beseitige alle Ängste und negativen Einstellungen im Zusammenhang mit Beziehungen.

Mit der 15. Energie arbeite an deinem Selbstwert. Ein Mensch mit positiver 15 ist selbstbewusst, kreativ und eine leichte, nicht langweilige Persönlichkeit. Du musst an deinem Selbstwert arbeiten und nicht zu viel auf die 15 setzen, bis du diese Energie in dir selbst gefestigt hast.

Transformierende Fragen:
1. Was braucht es, um deine einzigartigen Stärken zu erkennen und zu feiern?
2. Welche Ängste halten dich zurück, und wie kannst du sie in Mut und Wachstum verwandeln?
3. Wie kannst du deine Kreativität nutzen, um positive Veränderungen in deinem Leben und in deiner Umgebung zu bewirken?
4. Was braucht es, um dich selbst so zu akzeptieren und zu lieben, wie du bist?
5. Wie kannst du in deinen Beziehungen gesunde Grenzen setzen und gleichzeitig authentisch und liebevoll bleiben?

CODE 4-17-13 / SCHLÜSSEL 7

Verkapselung / rituelle Zeremonien / Hacking / gefährliche Lagerung / Hoffnungsschimmer / Regeneration / Transformation zurückweisen / Karmische Verbindung zum Vater / Verzauberung in der Liebe / Auflösung vergangener Verstrickungen

Ein Mensch mit diesem Programm besitzt besondere Fähigkeiten, Dinge oder Situationen bis zum richtigen Zeitpunkt vor Außenstehenden zu verbergen. Dieses Talent kann sowohl positiv genutzt werden als auch zu Problemen führen.

Ein Mensch mit diesem Programm ist sich der Momente, Dinge und Situationen bewusst, die er bis zu einem bestimmten Zeitpunkt mit besonderer Aufmerksamkeit von Außenstehenden fernhalten muss. Diese Fähigkeit erstreckt sich auf viele verschiedene Bereiche, sowohl direkt als auch indirekt. Was man streng zurückhält, soll im richtigen Moment zum Vorschein kommen und Nutzen bringen. Dies kann sich positiv auswirken, aber auch zu Problemen führen, wenn es negativ genutzt wird.

Im Arbeitsbereich kann dies durch die Arbeit mit Verpackung, Transport und Lagerung von Produkten oder wertvollen Gegenständen zum Ausdruck kommen. Auch im Bereich der Bestattungen und rituellen Zeremonien, bei denen maximaler Komfort und umfassende Betreuung gewährleistet sind, spielt diese Fähigkeit eine Rolle. Oder bei der Entwicklung von Rettungstechnologien im Zusammenhang mit Gesundheit und Impfstoffen, die eine starke Wirkung haben und sehr wertvoll sind.

Im persönlichen Leben kann diese Fähigkeit zu einer sehr glücklichen Beziehung führen, indem er den Partner vor den Schwierigkeiten des Lebens schützt und komfortable Bedingungen schafft. Ein Mensch blüht in einer solchen Beziehung buchstäblich auf und sein Leben verbessert sich spürbar. Man akzeptiert sich selbst voll und ganz und muss sich nicht verstellen. Alles läuft sehr gut und erfolgreich, du strahlst von innen heraus, wirst geistig und körperlich stärker, was auch für andere spürbar ist.

Diese Menschen haben oft eine gute Gesundheit und einen starken Körper, sind ausdauernd und beweglich. Oder sie haben die Möglichkeit, ihre Jugend zu verlängern und ihren Zustand mit natürlichen, modernen Mitteln regelmäßig zu verbessern. Sie entspannen in Sanatorien, genießen Heilbäder, besuchen das Fitnessstudio, Schwimmbäder oder Saunen und lassen sich von kompetenten Fachleuten betreuen.

In der negativen Ausprägung könntest du in einer abgeschlossenen Einrichtung unter einem restriktiven Vertrag arbeiten, mit geringem Gehalt und ungünstigen Bedingungen, ohne die Möglichkeit, die Stadt verlassen zu können. Oder man schafft wichtige Entdeckungen, sieht aber den Nutzen darin nicht und vergeudet seine Energie und sein Wissen. Eine weitere Schwierigkeit ist, dass du dich zu sehr vor weniger prestigeträchtiger oder anspruchsvoller Arbeit schützt und auf eine ideale Position wartest, während du reale Chancen ablehnst, die später zu deinem gewünschten Ziel führen könnten.

Im persönlichen Leben kann Einsamkeit ein großes Problem sein, und es besteht die Gefahr, sich mit jedem Partner zufriedenzugeben, der vorbeikommt. Ein solcher Partner könnte sich als Tyrann oder Despot entpuppen. Besonders gefährlich wird es, wenn man nach einer Heirat mit einem Ausländer in ein fremdes Land geht und dort völlig entrechtet wird, mit häuslicher Gewalt, fremder Kultur und einem strengen Verbots- und Bestrafungssystem konfrontiert wird.

Es könnten auch gesundheitliche Probleme auftreten, wie schwache Muskeln und mangelnde Ausdauer. In vielen Bereichen des Lebens müsstest du dich einschränken und auf Hilfsmittel wie spezielle Stützen oder Medikamente angewiesen sein.

Es ist entscheidend, deine natürliche Gabe zu nutzen, wichtige Dinge bis zum passenden Moment aufzubewahren. Nutze diese Fähigkeit verantwortungsvoll, sei es bei der Arbeit oder im Umgang mit den Geheimnissen und Werten anderer Menschen. Wenn etwas, das du aufbewahrst, nicht mehr nützlich ist, behandle es vernünftig und lasse es bis zum richtigen Zeitpunkt liegen.

Achte auf dich selbst und wirf nicht weg, was dir die Natur gegeben hat - deine Talente, Gesundheit und dein Leben. Wähle das richtige Umfeld und gib dich nicht mit irgendjemandem ab. Dulde keine Bedingungen, die dir nicht gefallen, und stimme verletzenden Bedingungen nicht zu. Warte immer auf den richtigen Moment und überstürze nichts. So wirst du gefährliche Situationen und Enttäuschungen vermeiden und Probleme lösen können, bevor sie entstehen.

Transformierende Fragen:
1. Was brauche ich, um meine besonderen Fähigkeiten zu erkennen und verantwortungsvoll zu nutzen?
2. Wie kann ich sicherstellen, dass ich meine Talente und Ressourcen nicht vergeude?
3. Welche Schritte kann ich unternehmen, um ein unterstützendes und positives Umfeld zu schaffen?
4. Wie kann ich lernen, den richtigen Moment abzuwarten und nichts zu überstürzen?
5. Was kann ich tun, um mich selbst und meine Gesundheit bestmöglich zu pflegen und zu schützen?

CODE 4-19-15 / SCHLÜSSEL 2

Die Multivariabilität des Erfolgs / Das Geschenk als schwere Last (König Midas' goldenes Geschenk) / Autoritärer Programmgestalter / Unangefochtener Führer / Extrovertierter Gestalter / Spiel am Limit

Ein Mensch mit diesem Programm besitzt eine außergewöhnlich vielseitige und lebendige Persönlichkeit, die vor Ideen sprüht und viele Interessen hat. Dies kann sowohl eine Quelle großer Freude als auch eine schwere Last sein.

Du bist eine außergewöhnlich vielseitige und lebendige Persönlichkeit, die vor Ideen sprüht und viele Interessen hat. Du hast immer mehrere Lösungen für ein Problem und alle sind gleich gut. In Beziehungen mit dir wird es nie langweilig, du verwöhnst deine Partner mit Geschenken und Überraschungen. Du hast eine Vorliebe für moderne Gadgets und Technologien und hältst dich stets auf dem Laufenden über die neuesten Trends. Dein Leben ist voller besonderer Ereignisse, Gegenstände und Menschen.

Deine Fähigkeit, Interesse am Gesprächspartner zu zeigen und jedes Gespräch in ein positives Ergebnis zu verwandeln, macht dich zu einem angenehmen Gesprächspartner. In der Arbeit bist du oft an vielen Projekten gleichzeitig beteiligt und schaffst es, alle erfolgreich voranzutreiben. Dein Team vertraut dir und du kontrollierst nicht übermäßig, was zu einem positiven Arbeitsumfeld führt. Du bist immer voller Energie und positiv eingestellt, was dich zu einem Magneten für Erfolg und Wohlstand macht.

Mit negativer Energie lebst du nur für den Tag, ohne Pläne oder Ziele und ohne Vertrauen in die Zukunft. Du wechselst ständig die Partner und kannst keine langfristige Beziehung aufbauen. Deine vielen Interessen führen dazu, dass du schnell ausbrennst, und du versteckst deine Müdigkeit und Schwächen vor anderen.

Du könntest dich für ungewöhnlich stark und glücklich halten, was dazu führt, dass du nicht bereit bist, emotional oder materiell in Beziehungen zu investieren. In der Arbeit gibst du oft Projekte auf und verlierst das Interesse, was zu mangelndem Erfolg führt.

Vertraue dir selbst und sei offen für Neues. Plane deine Arbeit und finde Zeit für Ruhe. Habe keine Angst vor Minuszuständen und schäme dich nicht für deine Müdigkeit oder Schwächen. In solchen Momenten wirst du die richtigen Leute und Gelegenheiten finden. Bleibe in schwierigen Situationen gelassen und sei bereit, voranzuschreiten.

Wenn du etwas willst, träume nicht nur davon, sondern fange an, es zu tun. Die notwendigen Energien werden angezogen und der Weg wird sich vor dir öffnen. Übe keinen Druck auf andere aus und kontrolliere nicht übermäßig. Alle Probleme lassen sich durch Worte und Klärung der Situation lösen.

Transformierende Fragen:
1. Wie kann ich lernen, meine vielen Interessen zu bündeln und gezielt zu verfolgen?
2. Welche Schritte kann ich unternehmen, um meine Beziehungen stabiler und erfüllender zu gestalten?
3. Wie kann ich besser mit Burnout umgehen und meine Energie nachhaltig nutzen?
4. Was kann ich tun, um meine Projekte bis zum Ende durchzuziehen und dabei Freude zu empfinden?
5. Wie kann ich in schwierigen Momenten Ruhe bewahren und konstruktiv vorgehen?

CODE 4-21-17 / SCHLÜSSEL 6

Konzentration / Ablenkbarkeit / Erfolgsmanuskript / Architekt des Erfolgs / Bürde des Erfolgs / Glücksstrategie / Transformation von Traditionalismus, Intoleranz und Manipulationsdrang

Dieser Mensch ist extrem zielorientiert. Du weißt genau, was du im Leben erreichen möchtest, und du siehst dein Ziel klar vor Augen. Deine Konzentration, dein Glaube an dich selbst und deine Fähigkeit, deine Energie richtig zu verteilen, sind bemerkenswert. In persönlichen Beziehungen bist du absolut loyal und hingebungsvoll zu deinem Partner.

Du verwöhnst deine Liebsten mit Geschenken und sorgst für sie. Deine Stärke liegt darin, einzigartige Produkte zu schaffen, die mehrere Bedürfnisse gleichzeitig abdecken und alltägliche Probleme lösen. Du bist auch hervorragend in Werbung und sozialer Vernetzung. Deine Aktivitäten helfen anderen Menschen, eine neue Ebene zu erreichen und ein besseres Leben zu beginnen.

Wenn du jedoch deine Orientierung und Lebensziele verlierst, könntest du in eine Depression fallen und dich wie ein Kind fühlen, das die Fürsorge von Angehörigen braucht. Du könntest das Irdische nicht wertschätzen und in den Wolken schweben, was dazu führt, dass du eigene und fremde Geheimnisse ausplauderst und ein Opfer von Betrügern wirst.

In der Arbeit könntest du Schwierigkeiten haben, dich auf ein Projekt zu konzentrieren, was dazu führt, dass du deine Energie schnell verbrauchst und alles aufgibst. Deine Multitasking-Fähigkeit kann dazu führen, dass du das Wichtigste, die Zeit, aus den Augen verlierst. Dies kann zu Problemen mit Papierkram und Berichterstattung führen.

Es ist wichtig, dass du lernst, deine Aufmerksamkeit zu steuern, auch wenn um dich herum Hektik herrscht. Atmungs- und meditative Praktiken können dir dabei helfen. Entwickle Selbstvertrauen und sage dir immer wieder: „Wenn ich diese Idee habe, dann habe ich auch die Kraft, sie zu verwirklichen." Beginne mit der Basis, dem Fundament, und bewege dich systematisch auf dein Ziel zu.

Erweitere dein berufliches Spektrum, sobald du das Gefühl hast, dass es in seiner gegenwärtigen Phase überlastet oder gesättigt ist. Vertraue auf deine Intuition, die dir zur rechten Zeit klare Handlungsanweisungen bieten wird. Sei offen für innovative Ansätze und betrachte vermeintlich missratene Erfahrungen als wertvolle Lerngelegenheiten, die dir praxisnahe Fähigkeiten vermitteln. Eine durchdachte und strukturierte Zeitplanung in Kombination mit gezielten Dehnübungen kann entscheidend dazu beitragen, deine Flexibilität zu fördern und deine beruflichen Strategien systematischer und effizienter zu gestalten!

Transformierende Fragen:
1. Wie kann ich lernen, meine Aufmerksamkeit zu steuern, auch wenn um mich herum Hektik herrscht?
2. Welche Schritte kann ich unternehmen, um mein Selbstvertrauen zu stärken und meine Ziele systematischer zu verfolgen?
3. Wie kann ich sicherstellen, dass ich meine Zeit effizient nutze und meine Projekte erfolgreich abschließe?
4. Was kann ich tun, um offen für neue Trends und Entwicklungen zu bleiben und erfolglose Erfahrungen als Lernerfahrungen zu nutzen?
5. Wie kann ich meine Mission definieren und sicherstellen, dass sie auf meinen Werten basiert?

CODE 5-14-19 / SCHLÜSSEL 2

Millionär / Vom Geld verführt / Glückliche Pfade / Glaubensstrahlen / Ursprung des Glücks / Wahrhaftiger Mentor / Lichtbringer / Karmische Heilung von Arroganz, Selbstsucht, Abgeschiedenheit, Sparsamkeit, Zurückhaltung

Ein Mensch mit dem Programm 5-14-19 hat das Potenzial, viel Geld zu haben. Wenn du von diesem Leben begeistert bist, fließt dir das Geld nur so zu. Allerdings kann ein Zustand der Depression oder das Vorhandensein von Schuldgefühlen paradoxerweise zu finanziellen Einbußen führen. Die Integration von Wohltätigkeit und sozialen Diensten spielt hierbei eine zentrale Rolle für dein Wohlbefinden.

Interessanterweise zeigen Frauen, die an diesem Programm teilnehmen, häufig, dass sie in ihren Beziehungen eine Vielzahl von Partnern haben. Wenn dieses Programm im Kanal des Geldes manifestiert wird, führt es zu Fülle in Geld. Es kann aber auch sein, dass diese Fülle sich durch das Geld deines Partners zeigt, der vielleicht auch andere Frauen hat.

Ein Clan ist ein Zeichen für eine wohlhabende Familie. Es besteht eine hohe Wahrscheinlichkeit, dass das, was deine Familie getan hat, auch für dich profitabel sein wird. In der Eltern-Kind-Beziehung wird dieses Programm mit der Geburt eines jeden Kindes erweitert. Wenn jemand die Gelegenheit, ein hohes Einkommen zu erzielen, nicht wahrnimmt, sind es häufig die Nachkommen, die an die Stelle treten. Im Verlauf eines Jahres stellt dieser Zeitraum den produktivsten dar: 19-14-5, 5-14-19 oder 5-19-14 – diese Zahlen können in beliebiger Reihenfolge angeordnet werden und repräsentieren den Schlüssel zu einem Millionär innerhalb der Matrix des Schicksals!

Der Millionärskodex besagt, dass du alle Chancen auf dem Weg zu Erfolg und Reichtum hast. Dieser Erfolg kann jederzeit und in verschiedenen Bereichen kommen. Manche Menschen mit diesem Programm werden in eine Millionärsfamilie hineingeboren, andere müssen ernsthaft arbeiten. Die Kombination der Zahlen 5, 14 und 19 ermöglicht es dir, dein Potenzial zu maximieren und große Erfolge zu erzielen.

Energie 5 steht für die Beziehung zwischen Lehre und Nachfolge sowie für Gesetz und Ordnung. Diese Menschen ehren das Gesetz, verstehen und beachten die Unterordnung, denken und leben in geordneter Weise.

Energie 14 zeigt die Energie der Reife an. Die Seele eines solchen Menschen hat viele Wiedergeburten erlebt und verfügt über bedeutende Erfahrungen. Sie wissen von frühester Kindheit an, was sie tun wollen, und widmen ihr Leben ihrer Arbeit.

Energie 19 hat starke Sonnenenergie und schenkt Wohlstand in vielen Bereichen. Es bedeutet immer ein Leben im Überfluss und viel Glück in allen Angelegenheiten. Diese Zahlenwerte in einer Zeile der Matrix geben die mächtigste Energie, mit der jeder Mensch Millionär werden kann, auch wenn er ohne jegliche Daten aus Natur und Gesellschaft geboren wurde.

In früheren Leben war die Seele in einem Menschen verkörpert, der der Armut entkommen wollte und fälschlicherweise glaubte, dass Geld alles sei, was man zum Glücklichsein brauche. Wenn du dieses Programm hast, bedeutet das, dass du ein Millionär warst und Erfahrung im Umgang mit großen Geldsummen hast. Große Geldsummen werden jedoch nicht umsonst gegeben. Sie sollen die Welt verbessern und Projekte verwirklichen, die für die Menschen und die Welt nützlich sind.

Du hast vielleicht in der Vergangenheit unverdientermaßen Geld erhalten, sozusagen im Voraus (auf Kredit). Das Universum gibt Geld, aber du hast noch nicht den Wert in die Welt gebracht, der diesem Geld entspricht. Oder du hast das Geld verdient, das du bekommen hast, aber konntest der Verlockung des Geldes nicht widerstehen und hast bestimmte karmische Eigenschaften entwickelt.

In diesem Leben hast du das Gefühl, dass du mehr verdienst, denn seit deiner Kindheit hast du das Gefühl, dass die finanzielle Situation deiner Familie nicht das Limit ist. Es gibt die Fähigkeit, eine Menge Geld zu verwalten, außer in jenen Fällen, in denen du es in früheren Inkarnationen einfach vergeudet hast.

Karmische Züge, die aufgebaut werden, sind unter anderem Undankbarkeit und die Unfähigkeit, für das Leben dankbar zu sein, das du bereits hast. Hinzu kommen Neid, Unwilligkeit zu arbeiten, Gier, begrenztes Denken und eine übermäßige Abhängigkeit von der Meinung anderer Menschen.

Wenn du diesen Kodex in deiner Matrix hast, aber Probleme mit den Finanzen auftreten, finde die zugrunde liegenden Ursachen in dir selbst, deinem Leben und Verhalten. Arbeite an mehreren Bereichen gleichzeitig, beginnend mit deiner Familie. Verzeihe und akzeptiere elterliche Erziehungsfehler, einschließlich möglicher Geldblockaden und falscher Einstellungen. Entdecke die inspirierende Möglichkeit, dein eigenes Unternehmen zu gründen und entfache deine Leidenschaft in dem Bereich, der dir am meisten am Herzen liegt!

Es ist entscheidend, deine Talente und Interessen in eine erfolgreiche Geschäftsidee zu verwandeln. Lass deiner Kreativität freien Lauf und ergreife die Initiative, um ein Geschäft aufzubauen, das nicht nur wirtschaftlichen Erfolg verspricht, sondern auch deiner inneren Überzeugung und deinem persönlichen Wachstum dient! Halte ein Gleichgewicht zwischen Kreativität im Geschäft und dem Streben nach Ordnung.

Programm-Ressourcen umfassen die Fähigkeit, die eigenen Talente und die Talente der anderen wahrzunehmen und einzusetzen. Du kannst für Produkte, Dienstleistungen und alles Mögliche werben. Hindernisse und Misserfolge solltest du als Wachstumsphasen betrachten. Es ist wichtig, die Fähigkeit zu entwickeln, zu warten und günstige Angebote oder Gelegenheiten zu erkennen. Deine Führungsqualitäten und Fähigkeiten zum Sprechen in der Öffentlichkeit solltest du weiterentwickeln.

Finde das Gleichgewicht der Geldausgaben und zeige Großzügigkeit. Nutze diese Ressourcen, indem du gesellschaftlich aktiv bist, auf deine Intuition hörst, Chancen erkennst und ergreifst, und lerne, das Primäre vom Sekundären zu trennen. Entwickle deine Führungsqualitäten und ziehe dich nach Enttäuschungen und Misserfolgen nicht in dich selbst zurück. Achte auf deine Gesundheit, werde nicht arbeitssüchtig und erwecke deine Ideen zum Leben.

Transformierende Fragen:

1. Wie kann ich meine Talente und Fähigkeiten am besten einsetzen, um finanziellen Wohlstand zu erreichen?

2. Welche alten Glaubenssätze und Blockaden in Bezug auf Geld muss ich loslassen?

3. Wie kann ich ein Gleichgewicht zwischen meinem kreativen Potenzial und meiner materiellen Sicherheit finden?

4. Welche Schritte kann ich unternehmen, um meine Beziehung zu Geld zu verbessern und es als Ressource für das Gemeinwohl zu nutzen?

5. Wie kann ich meine karmischen Lektionen in Bezug auf Geld und Wohlstand erkennen und transformieren?

CODE 5-17-12 / SCHLÜSSEL 7

Öffentliche Schande / Beschämung / Wiederentdeckung des Glaubens / Glaube im Wandel / Fehlschlag

Ein Mensch mit dem Programm 5-17-12 sorgt sich oft um den Eindruck, den er in den Augen anderer macht, aber gleichzeitig kann er viel erreichen. Du scheinst unverwundbar, weil du nicht einmal die Möglichkeit zulässt, in eine unangenehme Situation zu geraten. Du schreitest behutsam durchs Leben, auf bewährten Wegen, von denen du genau weißt, was kommen wird. Doch genau diese Eigenschaft beraubt dich neuer Möglichkeiten, da alles Neue fast immer unbekannt ist und die Möglichkeit birgt, zu stolpern. Du beraubst dich selbst des moralischen Rechts, einen Fehler zu machen.

Die karmische Aufgabe dieses Programms ist buchstäblich der Slogan: „Niemals aufgeben! Schäm dich bis zum Ende!" Der Punkt ist, dass die so genannte öffentliche „Schande" im Leben erfahren werden muss, und zwar mehr als einmal. Und das ist der einzige Weg, um neue Optionen für die Entwicklung der Ereignisse und den Weg zu einer grundlegend anderen Ebene des Lebens zu erhalten. Dabei ist zu bedenken, dass die Situation, die du persönlich als Katastrophe empfindest, von anderen Menschen vielleicht anders wahrgenommen wird und sie deine „Scham" gar nicht als solche empfinden.

Du bist in der Lage, im Leben viel zu erreichen. Aber aus irgendeinem Grund geht dein Wachstum bis zu einem bestimmten Punkt und hört dann auf. Du bist taktvoll und beharrlich in deinen Zielen. Es ist wichtig für dich, andere zu respektieren und in ihren Augen ein gutes Bild abzugeben. Der Eindruck, den du hinterlässt, spielt eine wichtige Rolle. Daher ist es äußerst inakzeptabel für dich, in eine unangenehme und lächerliche Situation zu geraten. Von außen mag es den Anschein haben, dass du ein unverwundbarer eiserner Mensch bist.

Aus der Angst, sich lächerlich zu machen oder in der Öffentlichkeit Schande zu erfahren, entstehen viele Komplexe. Du gehst nur den sicheren Weg, und verschließt dir viele Möglichkeiten. Es scheint, dass du, wenn du einmal gestolpert bist, ständig Gegenstand des allgemeinen Spottes sein musst. Das fehlende Recht, Fehler zu machen und deine Ängste zum Schweigen zu bringen, führt zu Problemen. Die eigentlichen Wünsche sind in dieser Situation noch tiefer verborgen.

Um neue Chancen zu erhalten und weiterzukommen, musst du eine Situation der öffentlichen Scham durchleben. Wahrscheinlich wirst du dies im Laufe deines Lebens mehr als einmal tun müssen. Und jedes Mal werden sich danach neue Türen öffnen, soziales und geistiges Wachstum wird stattfinden (Erlangung neuer persönlicher Eigenschaften, Wissen, Beförderung, nützliche Bekanntschaften). Das kann eine Rede auf einer Konferenz sein oder das Erzählen über deine Probleme auf einer Fortbildung. Wichtig ist, dass das, was für dich als Schande empfunden wird, in Wirklichkeit ein Ausgangspunkt für eine neue Stufe erfolgreicher Entwicklung wird.

Wenn die Energie niedrig ist, kann es beim Sprechen zu einem Missgeschick kommen, du kannst husten oder den Kern des Gesprächs verlieren. Manchmal kommt es zu Logophobie, wenn dir der Atem genommen wird und du buchstäblich vergisst zu atmen. Das ist eine so unbegreifliche Geschichte, die passieren kann. Aber nicht jeder gibt es zu. Es kann auch eine komplexe innere, mit einer unangenehmen Situation verursachte Blockade geben, wenn du nicht im öffentlichen Raum glänzen willst.

Transformierende Fragen:
1. Wie kann ich meine Ängste erkennen und überwinden?
2. Welche Schritte kann ich unternehmen, um meine Komfortzone zu erweitern und neue Möglichkeiten zu nutzen?
3. Wie kann ich die Meinung anderer Menschen loslassen und mich auf mein eigenes Wachstum konzentrieren?
4. Welche positiven Lektionen kann ich aus Situationen der öffentlichen Scham ziehen?
5. Wie kann ich die Angst vor Fehlern loslassen und sie als natürliche Schritte auf meinem Weg betrachten?

CODE 6-5-17 / SCHLÜSSEL 1

Stolz/Schönheit, körperlich oder geistig / Ehrliches Bekenntnis / Vertrauen, Hoffnung, Liebe / Vertrauen in den Erfolg/ Zeit ist Vermögen / Selbstwert / Selbstachtung / Transformation von Arroganz, Stolz, Überlegenheit, Distanz und Gleichgültigkeit

Ein Mensch mit dem Programm 6-5-17 hat das Potenzial, sich durch seine besondere körperliche oder geistige Schönheit hervorzutun. Diese Menschen verstehen es, ihre Talente und besonderen Fähigkeiten vorteilhaft darzustellen und sind stolz darauf. Sie zeigen als Stärke, was viele andere als Nachteil sehen würden. Mit einer starken Intuition und einem offenen Kommunikationskanal zu höheren Mächten wissen sie ihre Fähigkeiten zu schätzen, ohne sich mit anderen zu vergleichen. Wo es keinen Vergleich gibt, gibt es auch keinen Stolz. In einem derart gefestigten Zustand wird ein Mensch kontinuierlich von ihrem inneren Leitstern geleitet und befindet sich auf dem optimalen Pfad zur Selbstverwirklichung!

Solche Menschen können ihre Fähigkeiten und Talente weitergeben, lehren und anderen helfen, ihre eigenen Stärken zu entdecken und zu aktivieren.. Du entwickelst eine tiefgehende Liebe und einen respektvollen Umgang mit dir selbst; jede Entscheidung, die du triffst, wird von dir wertgeschätzt und als wertvolle Erfahrung akzeptiert! Aus einem Zustand des Selbstwerts heraus bestimmst du leicht deine wahren Ziele und verwirklichst diese durch den Einsatz deiner Talente, wodurch du unglaubliche Höhen erreichst. Du kannst deine Fähigkeiten und Ziele strukturieren, deine Persönlichkeit ernsthaft entfalten und einen Plan entwerfen, wie du deine Ziele unabhängig erreichen kannst.

Mögliche Probleme entstehen, wenn du deine Talente und Fähigkeiten nicht vollständig verwirklichst oder nicht bereit bist, für ihre Verwirklichung zu arbeiten. Trotz deiner besonderen Fähigkeiten kannst du faul sein, kritisieren und andere abwerten oder leidest selbst an einem geringen Selbstwertgefühl. Du könntest dich über andere erheben und dich selbst überschätzen, was zu einer übermäßigen Beschäftigung mit dir selbst führt.

Ein übermäßiger Wunsch nach schnellem Erfolg kann zu unehrenhaften Handlungen führen, und Stolz kann verhindern, dass du deine eigenen Probleme erkennst und Hilfe annimmst. Die Missachtung von Kritik und die Unfähigkeit, zu vergeben und Dankbarkeit zu zeigen, sind weitere Schwachstellen. Missbrauch von künstlichen Mitteln zur Verbesserung der eigenen Schönheit, basierend auf einem unzureichenden Selbstwertgefühl, kann ebenfalls problematisch sein.

Empfehlungen für Menschen mit diesem Programm beinhalten, mit deinem inneren Selbst in Kontakt zu treten und dich an deine wahren Ziele, Bestrebungen und Wünsche zu erinnern. Du solltest deinen eigenen, individuellen Weg finden und globale, ehrgeizige Ziele setzen. Es ist wichtig, alles aus eigener Kraft zu erreichen und dabei Bevormundung und Betrug zu vermeiden.

Du solltest deine Ideen aufschreiben und umsetzen, neue Ziele setzen und einen neuen Lebensstil finden. Vergleich mit anderen sollte vermieden werden; stattdessen solltest du dich nur mit dir selbst aus der Vergangenheit vergleichen. Du solltest anderen Menschen helfen und sie inspirieren, ihre Talente zu entwickeln, und keinen Kult um die körperliche Schönheit machen.

Du bist einzigartig und solltest dich nicht an allgemeine Schönheitskriterien anpassen. Es ist wichtig, den Menschen zu überlassen, wie sie ihr Leben leben wollen, und die Fähigkeit der Manifestation zu entwickeln. Künstliche Mittel zur Verbesserung der Schönheit sollten vermieden werden, um finanzielle und gesundheitliche Verluste zu verhindern.

Transformierende Fragen:

1. Wie kann ich meine Talente und Fähigkeiten am besten nutzen, um meine wahren Ziele zu erreichen?

2. Welche alten Glaubenssätze und Muster hindern mich daran, mein volles Potenzial zu entfalten?

3. Wie kann ich ein gesundes Gleichgewicht zwischen Stolz auf meine Fähigkeiten und Demut finden?

4. Was sind meine wahren Wünsche und Bestrebungen, jenseits der Erwartungen anderer?

5. Wie kann ich meine Einzigartigkeit feiern und gleichzeitig offen für Wachstum und Veränderung bleiben?

CODE 6-16-10 / SCHLÜSSEL 5

Museum (unantastbare Wertgegenstände) / Zugang zu Wertgegenständen / Karmischer Ausgleich / Krisenmoment / Richtungswechsel / Gefährliche Beziehungen

Ein Mensch mit dem Programm 6-16-10 hat das Potenzial, zu einem anerkannten und erfolgreichen Experten auf seinem Gebiet zu werden. Du kannst dein Wissen leicht weitergeben und machst das auch gerne. Du hast die Fähigkeit, ein Maßstab oder Aushängeschild in deinem Bereich zu werden, vielleicht sogar ein bestimmtes System oder eine Doktrin zu schaffen, die viele Menschen und ganze Lebensbereiche beeinflusst.

Deine Arbeit könnte mit Sicherheitssystemen, der Weitergabe und Anhäufung von Wissen zu tun haben. Oft hast du ein passives Einkommen oder sogar mehrere Einkommensquellen. Du bist erfolgreich, hast wertvolle Kommunikationsverbindungen, und die Bekanntschaft mit dir ist eine Ehre. Du stehst nicht im Schatten, nimmst gerne Dankbarkeit an und wirst in vielerlei Hinsicht nachgeahmt.

Im persönlichen Leben hast du eine gesunde und korrekte Selbsteinschätzung und pflegst harmonische Beziehungen voller Liebe, gegenseitiger Dankbarkeit und Respekt. Es gibt keine Probleme im Haushalt, alle Fragen werden leicht gelöst. Deine Beziehung ist einfach und transparent, es gibt keine Lügen, alles fließt ruhig. Ein Paar wie ihr seid ein echtes Vorbild für viele! Die Menschen kommen auf euch zu und suchen euren Rat. Ihr teilt eure Geheimnisse für ein glückliches Leben auf eine so angenehme, kluge und lockere Weise. Es ist wirklich inspirierend!

Du wirkst oft jünger als deine Jahre, buchstäblich alterslos, und die Zeit hat keine Macht über dich. Es besteht keine Notwendigkeit, regelmäßig die Gesundheit zu überprüfen oder Ärzte zu besuchen, denn alle Prozesse in deinem Körper laufen harmonisch ab. Nutze die Kräfte der Natur, um deine Vitalität zu steigern! Entspanne draußen, genieße wohltuende Kräutertees, atme frische Luft ein oder gönn dir einen Aufenthalt in einem Sanatorium oder einer Kur. Lasst uns die Natur erleben und erfrischen!

Mögliche Probleme können entstehen, wenn du unter Perfektionismus leidest und einen „exzellenten Studenten"-Komplex hast, der es dir erschwert, Ertrag aus deiner Arbeit zu erzielen. Es kann frustrierend sein, zu sehen, wie andere von deiner Arbeit profitieren, während du selbst nichts dagegen unternehmen kannst. Chancen kommen und gehen, und manchmal nutzt man sie nicht. Du gibst dein Bestes, arbeitest hart und fühlst dich oft müde, ohne dass es genug Anerkennung oder Belohnung dafür gibt! Lass uns daran arbeiten, deine Erfolge sichtbar zu machen und die Chancen besser zu nutzen!

Zu Hause kann Negativität durch häusliche Unruhe und vielfältige Probleme manifestiert werden. Du könntest Angst haben, deine Beziehung durch alltägliche Angelegenheiten und Wünsche zu verunreinigen, was zu einem Zerfall der Beziehung führt. Oft lebst du aus Gewohnheit zusammen, heiratest, weil es so sein soll. Manchmal lebst du nur, um anderen zu gefallen, während du zu Hause eine Maske trägst und dich unansehnlich kleidest. Dies verdirbt das Bild der Wahrnehmung und zerstört allmählich die Beziehung.

Bei einer negativen Ausprägung können plötzlich gesundheitliche Probleme auftreten. Du könntest besessen sein von einem gesunden Lebensstil, Nahrungsergänzungsmittel, Lebensmittel, Kleidung und Kissen bis zur Paranoia sorgfältig auswählen. Das kann dein normales, glückliches Leben stark beeinflussen! Plötzlich könntest du mit Krankheiten konfrontiert werden, die dir zuvor vielleicht gar nicht aufgefallen sind.

Empfehlungen für Menschen mit diesem Programm beinhalten, die Chancen, die das Leben bietet, zu nutzen. Du musst dich und deine Rechte durchsetzen, eine gerechte Anerkennung deiner Verdienste einfordern und dich und deine Arbeit richtig einschätzen. Im persönlichen Leben solltest du realistisch denken und dich nicht in idealisierten Bildern eines Partners verlieren. Es ist wichtig, natürlich zu sein und keine Maske aufzusetzen.

Mach keinen Kult um Jugend und ewige Schönheit. Lebe in Übereinstimmung mit deinen eigenen natürlichen biologischen Rhythmen und höre mehr auf deine inneren Gefühle.

Eine positive Einstellung zum Leben, Zeit in der Natur und natürliche gute Gewohnheiten werden dir helfen, Jugend und Gesundheit besser zu bewahren als ewige Hypochondrie und Perfektionismus.

Transformierende Fragen:
1. Wie kann ich meine Talente und Fähigkeiten nutzen, um ein Maßstab in meinem Bereich zu werden?
2. Welche alten Glaubenssätze und Muster hindern mich daran, meine Chancen zu nutzen?
3. Wie kann ich ein gesundes Gleichgewicht zwischen Perfektionismus und Selbstakzeptanz finden?
4. Was sind meine wahren Wünsche und Bestrebungen in meinen Beziehungen, jenseits idealisierter Bilder?
5. Wie kann ich meine körperliche und geistige Gesundheit auf natürliche und harmonische Weise bewahren und fördern?

CODE 6-18-12 / SCHLÜSSEL 9

**Komfort / Bühnenstück/ Gemeinsames Erschaffen von „Ich"
und „Du" / Ein-Mann-Show / Abhängigkeit / Abhängigkeit
/ Verstrickte Beziehungen / Illusionen / Negative Energiein-
terferenzen / Karmische Heilung von Substanzabhängigkeit /
emotionalen Manipulationen und Lügen**

Ein Mensch mit dem Programm 6-18-12 verbringt die meiste Zeit in einem
gemessenen, zuversichtlichen Zustand und arbeitet zielgerichtet auf die
Verwirklichung seiner wahren Wünsche hin. Du hast die Fähigkeit, ständig
in Bewegung zu sein und im eigenen Tempo zu arbeiten, selbst wenn
du an mehreren Projekten gleichzeitig arbeitest. Die Menschen um dich
herum verstehen manchmal nicht, wie du es schaffst, mit allem Schritt zu
halten.

Du strebst danach, jede Arbeit zu perfektionieren und achtest gerne auf
die kleinen Dinge, um deine Werte und Bedeutungen zu vermitteln. Du
bist anspruchsvoll, sowohl dir selbst als auch anderen gegenüber, und
liebst Qualitätsarbeit. Moralische und emotionale Spannungen baust du
durch regelmäßige körperliche Entspannung schnell ab.

Du hast einen guten Kontakt zu deinem Körper und erkennst, dass
körperliche Probleme oft Signale der Psyche sind. Wenn ein Problem
auf der körperlichen Ebene auftaucht, weißt du: Das ist in erster Linie
ein Signal der Psyche, dass es irgendwo auf der emotionalen Ebene eine
Störung gibt. In der Regel weißt du selbst am besten, wo genau das
Problem liegt.

Du hast ein inneres Verständnis deiner eigenen Integrität und Selbstge-
nügsamkeit, was dir hilft, deine wahren Wünsche zu erkennen und in
Übereinstimmung mit ihnen zu handeln, ohne Rücksicht auf die Meinung
anderer. Du kannst nicht in einer abhängigen Beziehung sein, weil deine
Persönlichkeitsbasis auf deinem inneren Kern, auf der Liebe zu dir selbst
und auf dem Selbstwert beruht. Selbst wenn ein Partner oder ein Job
dein Leben verlässt, fühlst du immer, dass du dich selbst hast und an
deine eigene Stärke glaubst.

Bei entwickelter emotionaler Intelligenz bist du in der Lage, deine Gefühle und Gedanken von denen anderer zu trennen. Du eignest dir nicht die negativen Gefühle anderer an und kannst die Quelle deiner negativen Gefühle reflektieren, mit ihnen „kommunizieren" und erkennen, dass sie versuchen, dich zu beeinflussen. Du verwandelst deine Ängste und Blockaden in deine Stärke, deine Ressource und deinen Wachstumsbereich.

In niedriger Schwingung fällt es dir schwer, dich von Menschen zu trennen, es fühlt sich an, als ob du einen Teil von dir selbst verlieren würdest. Die Trennung von den Eltern hat in der Kindheit nicht rechtzeitig stattgefunden, und dieses fehlende Gefühl, ein eigenständiger, unabhängiger Mensch zu sein, überträgt sich im späteren Leben auf andere Menschen. Du könntest unbewusst den Wunsch haben, für jemanden zu leben, um dich gebraucht und wertvoll zu fühlen. Du bist oft an äußeren Umständen für dein eigenes Glück interessiert und hast kein inneres Unterstützungsgefühl.

Du könntest ein Gefühl der Minderwertigkeit, Unwürdigkeit und Leere haben und dich ständig mit anderen vergleichen. In Beziehungen neigst du dazu, von „wir" zu sprechen und keine klaren persönlichen Grenzen zu ziehen. Du könntest beleidigt und aggressiv sein und dich leicht verletzt fühlen. Unentschlossenheit und Angst, das Falsche zu tun, könnten dich plagen, und du könntest immer auf die Meinungen, Wünsche und Gedanken anderer achten.

Es könnte dir schwerfallen, die Verantwortung für dein Leben zu übernehmen, und du neigst dazu, die Opferrolle anzunehmen und zu manipulieren. Emotionale Deprivation und Spannung könnten dein Leben bestimmen, und du blockierst die Äußerung deiner Gefühle.

Lerne, einen Zustand der Bequemlichkeit zu genießen, indem du Aufgaben delegierst und die Position eines Beobachters einnimmst. Deine Seele strebt nach geistigem, spirituellem und körperlichem Wohlbefinden. Überprüfe dabei alle einschränkenden Glaubenssätze, die deinen Weg zu diesem Zustand blockieren könnten.

Erkenne, dass Schuld- und Schamgefühle nicht natürlich sind. Entwickle emotionale Intelligenz und reflektiere. Führe ein Tagebuch der Beobachtungen, um deine Gefühle, Zustände und Wünsche von denen anderer zu unterscheiden. Entwickle ein gesundes Selbstwertgefühl, das auf deinen Fähigkeiten und Leistungen beruht.

Trenne dich von deinen Eltern und erkenne dich als eigenständigen, unabhängigen Erwachsenen. Deine Emotionen, Gefühle und Bedürfnisse sind die natürlichsten Dinge im Leben und nichts, wofür du dich schämen oder wovor du Angst haben musst. Du bist der Liebe würdig, einfach aufgrund deines Geburtsrechts.

Übernimm die Verantwortung für dein Leben und erkenne, dass du dein eigenes Schicksal erschaffst. Definiere deine persönlichen Grenzen und lerne, der Welt und dir selbst zu vertrauen. Übe dich darin, deine Wünsche zu erkennen und drücke deine Gedanken, Gefühle und Wünsche klar aus.

Lerne, um Hilfe zu bitten und diese anzunehmen. Führe regelmäßig körperliche Entspannung in dein Leben ein und verwöhne dich selbst. Lerne, langsamer zu werden und den Platz eines außenstehenden Beobachters einzunehmen. Lerne, nicht nur um Liebe zu bitten, sondern sie deinem Ehepartner auch bedingungslos zu geben.

Transformierende Fragen:
1. Wie kann ich meine emotionalen und körperlichen Bedürfnisse besser verstehen und erfüllen?
2. Welche Glaubenssätze blockieren meinen Weg zu geistigem und körperlichem Wohlbefinden?
3. Wie kann ich meine persönlichen Grenzen klarer definieren und respektieren?
4. Was sind meine wahren Wünsche und wie kann ich sie unabhängig von äußeren Meinungen verfolgen?
5. Wie kann ich lernen, um Hilfe zu bitten und diese anzunehmen, um mein Leben zu bereichern?

CODE 6-22-16 / SCHLÜSSEL 8

Scherz / Ernsthaftigkeit / Durchbrochene Verbindung / Autonomie/ Gebundener Vogel / Unvollkommenheit / Manipulation der Weltanschauung / Aggressive Nachlässigkeit

Ein Mensch mit dem Programm 6-22-16 hat einen ausgezeichneten Sinn für Humor und einen gut entwickelten Intellekt. Dein Gehirn funktioniert gut, insbesondere die neuronalen Verbindungen. Du hast die Fähigkeit, dich gut in der Gesellschaft zu halten und Beziehungen zu pflegen. In der Regel gibst du deinem Partner ein Gefühl von vollem Vertrauen, totalem Wohlbefinden und Unterstützung. Man kann sich mit dir in einer Beziehung buchstäblich entspannen.

Du legst Wert auf Ernsthaftigkeit und schätzt Beziehungen. Du kümmerst dich sehr um kleine Dinge, erinnerst ständig an wichtige Dinge und prüfst, ob alles in Ordnung ist, besonders in Bezug auf Sicherheit. Oft steht die Beziehung mit dir auf einem sehr hohen Niveau: Man kann einen unrealistisch schönen Antrag bekommen oder plötzlich auf eine Reise gehen. Du magst es nicht, Annehmlichkeiten auf morgen zu verschieben, sondern machst so viel wie möglich jetzt, im Moment und jeden Tag.

In der Wirtschaft kannst du mit einem neuen Produkt erfolgreich sein, wenn es einen Wow-Effekt hat, die Art von Überraschung, die die Menschen unerwartet erleben. Oft wird es von einem ansteckenden Werbespot begleitet, den jeder kennt, und das Produkt hat einen hohen Wiedererkennungswert. Es ist auch gut, sich an forschenden Unternehmen zu beteiligen, die der Umwelt nicht schaden, sondern eine Ressource darstellen.

Häufig bist du in einem Unternehmen tätig, das sich durch einen hervorragenden Ruf auszeichnet und über eine Vielzahl von Bewertungen, Inspektionen, Tests sowie Rückmeldungen von zufriedenen Kunden verfügt. Solch ein Unternehmen bietet nicht nur Vertrauen, sondern auch eine wertvolle Grundlage für kontinuierliche Verbesserungen und exzellente Dienstleistungen!

Es gibt keine ernsthaften gesundheitlichen Probleme. Du kontrollierst dich selbst und korrigierst alle Körperprozesse rechtzeitig.

In einer negativen Schwingung machst du ständig Witze, oft deplatziert, was andere beleidigen oder demütigen kann. Du verstehst buchstäblich nicht, wie du andere verärgerst und verletzt. Die Witze sind oft flach und einseitig, und es ist, als ob du außer Kontrolle bist und nicht aufhören kannst. Das ist zum Teil eine Abwehrreaktion, andererseits aber auch ein Zeichen für gesundheitliche Probleme oder Beeinträchtigungen bestimmter Gehirnprozesse. Du verlierst Freunde wegen deiner Witze und hast keine normalen, warmherzigen Beziehungen zu anderen.

Zu dir gibt es dann kein Vertrauen, es herrscht ständige Spannung. Du verhältst dich extravagant und tust oft ungewöhnliche und unverschämte Dinge. Mit dir ist es buchstäblich unmöglich, ernsthaft zu reden, da du auf alles mit Witzen antwortest. Dir fehlt es an Einfühlungsvermögen und du hältst dich für sehr cool. Du spielst das teuerste und riskanteste Spiel und kannst leicht alles verlieren. Versprechen werden nie eingehalten, und du lebst im vollen Vertrauen darauf, dass alle um dich herum verstehen, dass man von dir nichts verlangen kann.

Im unternehmerischen Umfeld ist Unzuverlässigkeit ein erhebliches Risiko. Ein Beispiel hierfür wäre die Einführung einer qualitativ minderwertigen Werbemaßnahme oder die Etablierung eines unzulässig organisierten Unternehmens, was letztlich den Gesamterfolg des Produkts sowie der Produktionsabläufe erheblich gefährden kann. Daher ist es von entscheidender Bedeutung, dass solch unzuverlässige Mitarbeiter einer sorgfältigen Überwachung unterzogen werden.

Sollte der Unternehmensinhaber ähnliche Programme implementieren, könnte er gezwungen sein, autoritäre Methoden anzuwenden und einen rigiden Führungsstil zu praktizieren, um seine Angestellten zu disziplinieren. Es besteht zudem die Möglichkeit, dass Produkte im Sinne von Angst oder einer illusionären Bevorzugung beworben werden, was sowohl ethische als auch strategische Fragestellungen aufwirft und potenziell den Ruf des Unternehmens gefährden könnte. Hierbei sollte immer die langfristige Integrität und Stabilität des Unternehmens im Fokus stehen!

Ein weiterer gravierender Nachteil dieser Herangehensweise ist die potenzielle Gefährlichkeit der Produktion. Oftmals erweisen sich die Projekte und Produkte, die durch unzuverlässige Mitarbeiter entwickelt wurden, als riskant und schlecht durchdacht. Dies kann mühelos zu hohen Rückgaben und einer erheblichen Unzufriedenheit der Kundschaft führen. Somit ist es von zentraler Bedeutung, die Qualitätsstandards und die Verantwortung im Unternehmensumfeld zu fördern, um derartige Schwierigkeiten zu vermeiden.

Im Bereich der Gesundheit könntest du nachlässig sein, dich nicht um dich selbst kümmern und Körpersignale ignorieren. Pathologien könnten schwache Bänder, eine Krümmung der Wirbelsäule, Probleme mit Zähnen und Haaren sowie Nägel umfassen. Häufig kann es zu Verlusten ganzer Körperteile oder einzelner Organe kommen, die durch Implantate oder Prothesen ersetzt werden müssen.

Um mit gesundheitlichen und inneren Problemen sowie psychologischen Auslösern und Schmerzpunkten umzugehen, ist es wichtig, diese zu erkennen und zu behandeln. Versuche, nachhaltig zu leben und die Menschen so zu behandeln, wie du selbst behandelt werden möchtest.

Bei der Arbeit solltest du mehr Zeit für Inspektionen aufwenden, das Image des Unternehmens ernster nehmen und im Allgemeinen die Ergebnisse deiner Tätigkeiten besser überwachen. Achte auf deine Gesundheit und behebe Probleme nicht nur mit schnellen Mitteln, sondern lass dich gründlich untersuchen, finde die Ursache heraus und arbeite daran.

Transformierende Fragen:

1. Wie kann ich meinen Humor auf eine Weise nutzen, die andere nicht verletzt?

2. Welche Schritte kann ich unternehmen, um mein Verantwortungsbewusstsein im Geschäftsleben zu stärken?

3. Wie kann ich lernen, meine körperlichen und emotionalen Bedürfnisse besser wahrzunehmen und zu erfüllen?

4. Welche Maßnahmen kann ich ergreifen, um mein Einfühlungsvermögen zu entwickeln und meine Beziehungen zu verbessern?

5. Wie kann ich meine Gesundheit ernsthaft und umfassend pflegen, um langfristig Wohlbefinden zu gewährleisten?

CODE 7-6-17 / SCHLÜSSEL 3

Parallele Liebe / Kodex der Unverwechselbarkeit / Der vollkommene Mensch / Illusion versus Wahrheit / Idealisiertes Dasein / Leitfigur / Strebe nach Authentizität, nicht nach Götzen / Überheblichkeit und innerer Kälte / Wiedergenesung von Sternenfieber

Ein Mensch mit dem Programm 7-6-17 besitzt einen großen Vorrat an Vitalität. Du bist eine scharfsinnige Persönlichkeit und interessierst dich in der Regel für mehrere Bereiche. Diese Vielseitigkeit ermöglicht es dir, deine Hobbys zu kombinieren und neue kreative Strömungen zu schaffen. Du kannst dich in verschiedenen Bereichen entfalten und hast die Fähigkeit, durch deine Interessen und Talente neue Wege zu gehen.

In deinem Leben gibt es oft zwei Objekte der Sympathie. Dies zeigt sich meistens in Beziehungen, aber es kann auch eine zweite berufliche Richtung oder ein anderes Interesse betreffen. Wenn wir über Beziehungen sprechen, gibt es Situationen, in denen du bewusst oder unbewusst eine Verbindung mit jemand anderem neben deinem Partner oder Ehepartner pflegst. Diese Parallelität muss nicht unbedingt körperliche Untreue beinhalten, aber sie setzt eine Kette von Ereignissen in Gang, die dazu führen können, dass dein Partner fremdgeht oder sogar eine zweite Familie mit Kindern entdeckt.

Es kann herausfordernd sein, diese parallelen Sympathien zu managen, ohne dass sie negative Auswirkungen auf dein Leben und deine Beziehungen haben. Du könntest dich in einem ständigen inneren Konflikt befinden, da du versuchst, beiden Sympathien gerecht zu werden. Dies kann zu emotionaler Unruhe und Unsicherheit führen.

Für dich ist es wichtig, beide Sympathien anzuerkennen und irgendwie zu verbinden. Wenn aus deiner parallelen Beziehung bereits Kinder entstanden sind, solltest du diese Tatsache nicht abwerten oder ignorieren, auch wenn sie verletzend ist und weh tut.

Es ist notwendig, diese Kinder zu akzeptieren und Zeit miteinander zu verbringen. Akzeptiere die Realität und finde Wege, diese Beziehungen harmonisch in dein Leben zu integrieren.

Menschen mit dem Programm „Parallele Liebe" haben oft mehrere Arbeitsbereiche und können problemlos zwischen ihnen wechseln. Du hast die Fähigkeit, in verschiedenen beruflichen Feldern erfolgreich zu sein und kannst deine Vielseitigkeit nutzen, um dich durch die Energie der 17 in einer leuchtenden Sphäre zu zeigen und populär zu werden. Arbeite daran, Statuskunden zu gewinnen und deine beruflichen Ziele zu erreichen.

Transformierende Fragen:
1. Wie kann ich meine verschiedenen Interessen und Sympathien harmonisch in mein Leben integrieren?
2. Welche Schritte kann ich unternehmen, um ehrlich mit meinen Gefühlen umzugehen und meinen Partnern gegenüber transparent zu sein?
3. Wie kann ich die positiven Aspekte meiner vielfältigen Interessen nutzen, um kreativen und beruflichen Erfolg zu erzielen?
4. Welche Maßnahmen kann ich ergreifen, um Konflikte zu vermeiden und Harmonie in meinen Beziehungen zu fördern?
5. Wie kann ich Verantwortung für meine Handlungen übernehmen und die Auswirkungen meiner Entscheidungen auf andere anerkennen?

CODE 7-21-14 / SCHLÜSSEL 6

Folter, Missbrauch / Toleranz / Lebenslange Erfüllung / Karmische Heilung von Verrat am Ursprungsor/, sprachlicher Verbundenheit, Maßlosigkeit / Am Ort des Schicksals / Höhere Bestimmung / Sieger / Karmische Befreiung von Expansion / Selbstbeherrschung / Innere Antriebsstärke / Maßlosigkeit

Ein Mensch mit dem Programm 7-21-14 ist innerlich sehr weich und verletzlich, obwohl er nach außen oft hart und unnahbar wirkt. Diese Fähigkeit zur Empathie ermöglicht es dir, sowohl deinen eigenen Schmerz als auch den der anderen Menschen tief zu fühlen. Du hast eine starke innere Selbstkritik und kannst deine eigenen Schwächen realistisch einschätzen, ohne dich Illusionen hinzugeben.

Du bist fähig, dich in schwierigen Situationen durchzusetzen und deine Interessen zu verteidigen. Deine Fähigkeit zur Selbstkritik und fairen Selbsteinschätzung hilft dir, dich selbst und deine Handlungen zu hinterfragen und zu verbessern.

Die innere Verletzlichkeit ist so tief verborgen, dass du nach außen hin gefühllos und sogar grausam erscheinen kannst. Du findest es oft schwierig, deine Liebe und Zuneigung auf normale Weise zu zeigen und neigst dazu, dies durch moralischen Missbrauch von geliebten Menschen zu tun, in dem Glauben, dass du dadurch ihren Charakter stärkst.

Für dich selbst bist du nicht weniger anspruchsvoll und erlaubst dir nicht, das Leben zu genießen. Du bestrafst dich für jede vermeintliche Schwäche, sowohl moralisch als auch körperlich. Diese Selbstbestrafung kann zu plötzlichen gesundheitlichen Problemen führen, die sogar eine Einlieferung ins Krankenhaus erforderlich machen können.

Du musst lernen, glücklich zu sein und keine Angst davor haben, dass auf das Gute etwas Negatives folgt. Es ist wichtig, sich selbst zu kontrollieren und besonders auf die Momente zu achten, in denen du übermäßig hart zu dir selbst oder zu nahestehenden Menschen bist. Erkenne, dass Glück ohne Schmerz und ohne Erwartung von Strafe möglich ist.

Lerne, dich selbst und andere nicht zu bestrafen, wenn du Freude empfindest, sei es durch die Kommunikation mit jemandem, deine Lieblingsbeschäftigung oder finanziellen Gewinn.

Dieses Programm kann ausgelöst werden, wenn Griesgrämigkeit, Voreingenommenheit gegenüber Menschen und die Unfähigkeit, sich zu entspannen, zu Kommunikationsschwierigkeiten führen. Es ist leichter, Irritationen als Gefühle zu zeigen, was zu möglichen psychosomatischen Krankheiten führen kann. Du musst lernen, deine Schwäche zu akzeptieren und dein wahres, verletzliches Selbst zu zeigen.

Du bist ein Mensch von Welt, mit einer globalen Denkweise. Es ist wichtig, deine Umgebung regelmäßig zu wechseln. Ein Leben, das sich in engen Grenzen bewegt oder ständiger Kontrolle unterliegt, kann zu innerem Widerstand und latentem Stress führen. Diese aufgestaute Aggression findet schließlich ihren Ausdruck in Form von Selbstzweifeln und Spannungen, die sich negativ auf dein persönliches Wohlbefinden und deinen Körper auswirken können.

Mit der kraftvollen Energie der 7 im Doppel besitzt du ein enormes, bislang ungenutztes Potenzial! Es ist von wesentlicher Bedeutung, dass du die Rolle eines Entscheidungsträgers übernimmst, um Konflikte zu entschärfen und dynamische Fortschritte zu erzielen, anstatt dich in Stillstand zu verlieren. Nutze diese Chance, um dich weiterzuentwickeln und neue Wege zu beschreiten!

Es ist von zentraler Bedeutung, in Einklang mit den eigenen energetischen Strömungen zu leben! Die Energie der Zahl 21 lädt dich dazu ein, ein Höchstmaß an Freiraum zu genießen, indem du dich aktiv erholst, deine gewohnten Umgebung verlässt und die Faszination des Alleinreisens auskostest.

Nutze die dynamische Kraft der Zahl 7, um deine physischen Grenzen zu erweitern! Engagiere dich in Aktivitäten wie Laufen, Radfahren, Fitnesstraining und Schwimmen, um nicht nur dein körperliches Wohlbefinden zu fördern, sondern auch deine geografische Position zu variieren und neue Perspektiven zu gewinnen!

Darüber hinaus bereichert die Energie der Zahl 14 dein Leben mit kreativen Talenten, sei es durch Musik, Gesang, das Spielen von Instrumenten oder die künstlerische Ausdrucksform des Malens. Möglicherweise findest du Freude an Theateraufführungen, Konzerten und Kunstausstellungen!

Schaffe dir Momente der Freude und des Ausdrucks, indem du beispielsweise Karaoke singst — und wenn möglich, genieße diese Aktivität in deinem eigenen Raum, um die Freiheit deines kreativen Schaffens zu entfalten!

Wenn du deine Energien unterdrückst, beginnt die Autoaggression. Menschen versuchen mit zunehmendem Alter immer weniger, sich anderen anzupassen, weil sie immer weniger Kraft haben.

Im materiellen Karma-Programm von Folter und Missbrauch neigst du dazu, ein inneres Gleichgewicht zwischen erhaltenem und zurückgegebenem Geld zu suchen. Dein Motto könnte lauten: „Nichts geschieht im Leben umsonst, man muss für alles bezahlen." Du hast eine latente Erwartungshaltung, eine Rechnung für irgendeine Bevorzugung oder einen Vorteil präsentiert zu bekommen.

Vielleicht hast du Angst, dein Ziel zu erreichen, über die Routine und die Begrenzungen hinauszugehen, dir zu erlauben, ohne Grenzen zu träumen, innezuhalten und dich zu beruhigen. Es ist wichtig, mehr Möglichkeiten zu sehen und den Blick nicht zu verengen.

Du hast das Potenzial, in großen internationalen Organisationen zu arbeiten, und es eröffnen sich Möglichkeiten, wenn du reist und Sprachen zumindest auf Konversationsniveau lernst. Setze dir ein Ziel und gehe schrittweise darauf zu. Entwickle deine kreative Handschrift und finde eine Nische im Bereich der Ästhetik und Kunst.

Transformierende Fragen:

1. Wie kann ich lernen, meine inneren Schwächen zu akzeptieren und meine wahre Verletzlichkeit zu zeigen?

2. Welche Schritte kann ich unternehmen, um mich selbst und andere nicht mehr zu bestrafen?

3. Wie kann ich meine Talente und Fähigkeiten nutzen, um mein Potenzial voll auszuschöpfen?

4. Welche Maßnahmen kann ich ergreifen, um in Harmonie mit meinen Energien zu leben und meine Ziele zu erreichen?

5. Wie kann ich Verantwortung für mein Leben übernehmen und mein eigenes Schicksal gestalten?

CODE 8-7-17 / SCHLÜSSEL 5

Sonderauftrag / exklusiv

Ein Mensch mit diesem Programm besitzt außergewöhnliche Talente und Fähigkeiten, die sehr selten sind. Dieser Mensch hat oft eine besondere Mission, etwas Bedeutendes für die Menschheit oder eine Gemeinschaft zu tun. Wenn du dein Talent erkennst und entwickelst, kannst du deine Energien und Ziele in positive Bahnen lenken. Du siehst die Welt auf eine einzigartige Weise und wendest diese Vision in allem an, was du tust, sei es in deiner Arbeit, deinen Projekten oder deinem Auftreten. Deine Aktivitäten zielen darauf ab, der Gesellschaft einen Nutzen zu bringen, und du strebst danach, durch deine Einzigartigkeit hervorzustechen.

Im Streben nach Einzigartigkeit kannst du dir leicht die „Star-Krankheit" einfangen. Das Gefühl der Überlegenheit gegenüber anderen kann Überhand nehmen, was zu erheblichen Problemen führen kann. Es gibt Situationen im Leben, in denen es schwierig ist, deine besonderen Talente zu zeigen. Unter solchen Umständen könntest du deine Fähigkeiten vergeuden und aufhören, an deine Einzigartigkeit und deinen Wert zu glauben. Es besteht die Gefahr, dass du dich zu sehr auf deine Einzigartigkeit konzentrierst und dabei den Kontakt zur Realität verlierst.

Es ist wichtig, dass du deine besondere Lebensauffassung und Einzigartigkeit akzeptierst und sie in deiner Tätigkeit zum Ausdruck bringst. Ein gewöhnlicher Job ist für dich nicht geeignet. Du brauchst ein Projekt, das besonders ist und der Gesellschaft einen Nutzen bringt. Du solltest nach Möglichkeiten suchen, etwas Einzigartiges zu tun, das dir Ruhm und Anerkennung bringen kann. Ein Bereich wie Bloggen oder ein anderer kreativer Beruf könnte für dich passend sein.

Ein Beispiel zeigt ein Mädchen mit besonderen Talenten, die durch die Energien 7, 8 und 17 erhellt werden sollten. In ihrer aktuellen Situation sind diese Energien im Minus, was dazu führt, dass sie sich zurückhält und Angst hat, im Rampenlicht zu stehen.

Es ist notwendig, ihr beizubringen, sich ihren Ängsten zu stellen und sie zu benennen. Der Berater kann ihr helfen zu verstehen, dass in ihrer Angst ihre größte Ressource liegt, und Wege finden, diese Ängste zu überwinden.

Mit der Energie der 8 gibt es oft kein Gleichgewicht, und es kann zu einem starken Gerechtigkeitsempfinden kommen. Du neigst dazu, für Gerechtigkeit zu kämpfen und diejenigen zu bestrafen, die dich verletzen. Das ist ein Prozess, den du durchlaufen musst, um zu erkennen, dass es unerwünscht ist, ständig den Friedensrichter zu spielen. Jeder Mensch hat eine andere Vorstellung von Gerechtigkeit, und es ist wichtig, das zu akzeptieren.

Wenn die Energie der 17 ins Positive gewendet wird, kannst du dich öffnen und in Bereichen arbeiten, die mit Kreativität und Kunst zu tun haben. Du könntest in der Schönheitsindustrie, in der Mode- und Werbebranche, in Clubs, Restaurants, Diskotheken oder bei Shows erfolgreich sein. Auch Berufe im Bereich Transport und Logistik, wie Dispatcher, Stewardess oder Logistiker, könnten zu dir passen.

Mit der Energie der 8 könntest du in rechtlichen, wirtschaftlichen oder finanzbezogenen Berufen arbeiten. Es ist wichtig, das Gleichgewicht bei der Ausgabe von Geld zu halten und offiziell zu arbeiten. Das Programm „Sonderauftrag, exklusiv" wiederholt sich in der Matrix und betont seine Bedeutung für den Wirt der Matrix und die verstärkten Qualitäten dieser Energien.

Transformierende Fragen:
1. Wie kann ich meine außergewöhnlichen Talente und Fähigkeiten am besten nutzen, um der Gesellschaft zu dienen?
2. Welche Schritte kann ich unternehmen, um meine Ängste zu überwinden und meine Einzigartigkeit zu akzeptieren?
3. Wie kann ich das Gleichgewicht zwischen meinem Streben nach Einzigartigkeit und der Realität aufrechterhalten?
4. Welche beruflichen Möglichkeiten passen am besten zu meinen einzigartigen Fähigkeiten und meinem Wunsch nach Kreativität und Einfluss?
5. Wie kann ich lernen, andere Menschen in ihrem Streben nach Gerechtigkeit und Balance zu akzeptieren und zu unterstützen?

CODE 8-13-5 / SCHLÜSSEL 8

Umbesetzung / Fremder Ort

Ein Mensch mit dem Programm 8-13-5 ist oft genau an seinem Platz und zeigt seine Talente und Stärken, während er andere dazu anregt, dasselbe zu tun. Dieser Mensch hat keine Angst vor Veränderungen, Permutationen und ständigen Verbesserungen. Du bist in der Lage, moderne Technologien effektiv zu nutzen und die besten Spezialisten anzuziehen, was dir hilft, zu wachsen und dich weiterzuentwickeln.

Die Menschen in deiner Umgebung profitieren ebenfalls davon und entwickeln ihre besten Eigenschaften. Es besteht keine Angst vor Konkurrenz im Team, und durch die Kombination verschiedener Stile und Richtungen sowie effektive Zusammenarbeit werden optimale Ergebnisse erzielt.

In einer Beziehung hast du die Fähigkeit, tief in dich zu gehen, um Resultate zu erzielen, ohne dich selbst zu sehr zu erforschen. Du strebst danach, neue Facetten von dir selbst zu entdecken, indem du mit deinem Partner interessante Aktivitäten ausprobierst. Dies hilft, die Situation zu entschärfen und die Gefühle aufzufrischen.

Du besitzt genug Weisheit, um destruktive Beziehungen zu erkennen und sie zu beenden, was dir ein lang ersehntes Gefühl von Freiheit und Lebensfülle vermittelt. Du bist in der Lage, eine wirklich glückliche und erfüllende Beziehung aufzubauen.

Du zeichnest dich durch Langlebigkeit aus und bist erstaunlich lebendig. Du bist eine dieser „Menschen ohne Alter", die ihre Seele und ihren Körper jung halten. Du kannst verschiedene neue medizinische Technologien nutzen, um deine Gesundheit zu erhalten und dich durch verschiedene Methoden, einschließlich der Chirurgie, zu verbessern.

In der negativen Manifestation nimmst du möglicherweise einen Platz ein, der nicht wirklich deiner ist, und lebst das Leben eines anderen Menschen. Du verstehst dies (oder fühlst es zumindest), leidest im Stillen, bist aber nicht in der Lage, etwas daran zu ändern, selbst wenn es Gelegenheiten dazu gibt.

Übermäßiges logisches und rationales Denken hindert dich daran, die notwendigen Veränderungen vorzunehmen. Diese Wahrnehmung kann sich auf dein gesamtes Leben auswirken. Du ordnest gedanklich die Menschen neu, versuchst, die Ereignisse in deinem Kopf anders zu „lenken", aber in Wirklichkeit geschieht nichts und das Leiden geht weiter.

Es kann zu dem Punkt kommen, an dem dein Geschäft oder deine Karriere auseinanderfällt, und du bist nicht in der Lage, die notwendigen Veränderungen vorzunehmen. Die Angst vor dem Neuen und Unbekannten lähmt dich buchstäblich. Du rechtfertigst deine Untätigkeit mit dem Festhalten an Traditionen und Grundsätzen, was dazu führt, dass du viele Chancen im Leben verpasst.

Im persönlichen Leben kann es dir schwer fallen, neue Dinge zu versuchen oder ernsthafte Beziehungen einzugehen. Du vermeidest Heirat und die Geburt von Kindern aus Angst, die unglücklichen Erfahrungen deiner Eltern zu wiederholen. Manchmal mischst du dich aktiv in das Leben anderer Menschen ein und versuchst, sie zu verbessern, was oft destruktiv ist. Du könntest unaufgefordert Ratschläge geben oder versuchen, den Ehepartner oder das Kind eines anderen Menschen zu kontrollieren.

Dieses Verhalten wirkt sich auch auf deinen Körper aus und beeinträchtigt die Qualität deines Schlafs. Es kann zu psychischen und psychosomatischen Krankheiten führen, einschließlich Entzündungen, hormonellen Störungen und Hautkrankheiten. Auch angeborene Störungen wie Organasymmetrien sind möglich.

Du musst offen für Veränderungen sein, bereit zu experimentieren und ständig Neues zu entdecken. Das können Berufe, Orte oder Menschen sein. Es ist wichtig, Vielseitigkeit zu üben und gelassen zu sein. Versuche, deinen Platz im Leben zu verändern und anderen zu erlauben, dasselbe zu tun. Gib den Konservatismus und das Festhalten an eine bestimmte Arbeits- oder Lebensweise auf, besonders wenn du das Gefühl hast, dass die aktuelle Situation unbefriedigend ist. Betrachte das Leben als ein Spiel, um Veränderungen leichter und interessanter zu machen.

Kommuniziere mit Menschen, die bereit für Neues sind und ihr Leben kreativ gestalten. Dulde keine Unannehmlichkeiten im persönlichen Leben aus Angst vor Veränderungen. Probiere Dinge aus, die dein Leben zum Besseren verändern können. Nur durch das Ausprobieren verschiedener Rollen und Situationen kannst du verstehen, ob du an deinem Platz bist und das belastende Gefühl loswerden.

Transformierende Fragen:
1. Wie kann ich meine Angst vor Veränderungen überwinden und offen für neue Möglichkeiten werden?
2. Welche Schritte kann ich unternehmen, um meinen Platz im Leben zu finden und mich dort zu verwirklichen?
3. Wie kann ich meine Fähigkeiten und Talente am besten nutzen, um anderen zu helfen und gleichzeitig selbst zu wachsen?
4. Was kann ich tun, um negative Denkmuster zu durchbrechen und meine Energie auf wertvolle Projekte zu lenken?
5. Wie kann ich im persönlichen Leben mutiger sein und Veränderungen annehmen, die zu meinem Wohlbefinden beitragen?

CODE 9-3-21 / SCHLÜSSEL 6

Datenschutzbeauftragter / Reziproke Toleranz / Digitale Isolation / Kapitulation / Karmische Heilung von Engstirnigkeit und begrenztem Bewusstsein

Menschen mit dem Programm 9-3-21 verfügen über eine ausgezeichnete Selbstbeherrschung und Kontrolle über ihre Gefühle und Zustände. Du bist in der Lage, auch andere Menschen zu kontrollieren und zu steuern. Deine Management-, Verhandlungs- und Verkaufstalente sowie deine gute Ausdrucksweise machen dich zu einem hervorragenden Wirtschaftsführer und geistigen Mentor. Du hast einen ausgeprägten unternehmerischen Geist und weißt genau, wo und wie du Geld verdienen und ein Geschäft aufbauen kannst.

Deine innere Konzentration und dein strategisches Denken ermöglichen es dir, dich schnell auf das Wesentliche zu konzentrieren. Du hast Respekt vor älteren Menschen und deren Weisheit sowie vor den Werten der Familie. Selbstreflexion und die Suche nach deinem eigenen Weg sind dir wichtig, ebenso wie das Interesse am Lernen über das Leben und die Welt im Allgemeinen. Du neigst dazu, dich in einem meditativen Zustand zu befinden und die dabei gewonnenen Erkenntnisse an die Welt weiterzugeben.

Du erkennst, dass die Welt viel reichhaltiger ist, als es auf den ersten Blick scheint, und bist bereit, mit Dankbarkeit zu empfangen und zu geben. Du entdeckst in dir erfolgreich neue Facetten deiner Seele und gibst sie aus einem Zustand der inneren Fülle an die Welt weiter. Gleichzeitig nimmst du wertvolle Dinge aus deiner Umgebung auf und formst deine innere Welt, indem du ständig die Grenzen der Erkenntnis erweiterst.

Deine Beziehungen sind von Gleichberechtigung und Tiefe geprägt, und du hast Vertrauen in die Welt und ein Gefühl dafür, dass die Welt dir immer die benötigten Möglichkeiten bietet.

Du bist in der Lage, neue Technologien zum Nutzen des Unternehmens einzuführen und weiterzuentwickeln. Ein starkes Bedürfnis nach Macht und Sicherheit kann dazu führen, dass du dich außergewöhnlich, unantastbar und sicher fühlen möchtest.

Du könntest in jeder Hinsicht eine Grenze oder einen Zaun zu anderen Menschen schaffen und aufrechterhalten, dein Herz für Gefühle und Aufrichtigkeit verschließen. Eine Neigung zur Kontrolle und Unterdrückung anderer sowie zur Einschränkung ihrer Freiheit könnte sich entwickeln, ebenso wie Eifersucht und Manipulation.

Du könntest dazu neigen, andere zu beschuldigen, zu demütigen und zu beschämen, um einen Energieschub zu erhalten. Hyperkontrolle, überzogene Erwartungen an andere und Perfektionismus können auftreten, um deine Exklusivität, Macht und Integrität zu beweisen. Dies könnte zu einer Karriere in Bereichen wie Aufsicht, Überwachung, Verfolgung und Sicherheit führen.

Deine Tätigkeit könnte mit hoher Verantwortung, Buchhaltung und Finanzkontrolle verbunden sein, was komplexe Beziehungen zu diesen Bereichen und ihren Vertretern zur Folge haben könnte. Schulden und Kredite, die schwer zurückzuzahlen sind, könnten ebenfalls ein Problem darstellen. Du könntest ständig Missbrauch durch die Welt erwarten und überall Gefahr und Verrat vermuten.

Die Angst vor dem Verlust von Position, Status und Wohlstand sowie finanzielle Ängste könnten im Hintergrund präsent sein. Du könntest neidisch auf diejenigen sein, die größer, reicher und erfolgreicher sind, und versuchen, solche Menschen zu demütigen und ihre Tugenden herabzusetzen. Für dich könnten alle, die unter dir stehen, lediglich Ressourcen sein, um deine Aufgaben zu erfüllen und deine Bedürfnisse zu befriedigen.

Eine Unfähigkeit, Vereinbarungen einzuhalten, könnte dazu führen, dass andere Menschen mit gleicher Münze reagieren. Emotionale, moralische und physische Gewalt gegen Menschen, auch gegen Verwandte, könnten auftreten. Es besteht die Möglichkeit, dass du über eine robust ausgeprägte Persönlichkeit verfügst, die sich durch eine starke Fokussierung auf persönliche Ansichten auszeichnet.

Dies könnte darauf hindeuten, dass du eine eher konservative und begrenzte Perspektive einnimmst. Es wäre wichtig, sich zu öffnen und verschiedene Sichtweisen zu erkunden, um ein umfassenderes Verständnis der komplexen Welt zu erlangen!

Eines Tages könntest du alle Macht und Autorität verlieren und von denjenigen, denen du einst geholfen hast, eine Gegenleistung erwarten, die jedoch nicht eintreten wird. Du könntest die Welt in gut und schlecht, in eigen und fremd, in schwarz und weiß unterteilen und niemandem vertrauen. Die Unfähigkeit, sich auszuruhen und zu entspannen, sowie Verachtung für Nicht-Workaholics könnten ebenfalls ein Problem sein.

Eine Angst davor, hilflos und verletzlich zu werden und auf Hilfe von außen warten zu müssen, könnte bestehen. Dies könnte zu Krankheiten führen, die eine demütigende Abhängigkeit von nahestehenden Menschen zur Folge haben, wie Zerebralparese, Unbeweglichkeit und Beinprobleme.

Das Gefühl, unter ständigem Stress zu leben, Angst im Hintergrund und die Last der Verantwortung könnten dein überlastetes Nervensystem beeinträchtigen. Das Programm könnte sich in unmittelbarer Nähe zu anderen Programmen wie „Gefangener", und „Rebell" befinden, die komplementär in der karmischen Interaktion sind.

Lerne, nicht zu tun, worum du nicht gebeten wirst, und nicht zu helfen, um andere Menschen in Schuld zu bringen. Biete selbstlose Hilfe aus einem Zustand der Fülle an, aber nicht, um deine eigenen emotionalen Defizite auszugleichen. Vermeide karmische und finanzielle Schulden und lerne, um Hilfe zu bitten, zu delegieren und dankbar für die Gelegenheit zu sein. Aufrichtig zu sein und deine Schwächen zu erkennen, ist das Merkmal eines starken Menschen.

Isoliere dich nicht von anderen aus Angst, verletzlich zu sein, und teile die Welt nicht in Schwarz und Weiß ein. Sie ist viel bunter, komplexer und interessanter. Respektiere die eigenen Grenzen und den freien Willen anderer Menschen und sehe sie nicht als deine persönliche Ressource an.

Wenn du anderen Geld leihst, verabschiede dich mental von diesem Geld und vergib allen Schuldnern. Lebe nicht in Angst, minderwertig zu sein oder verletzt zu werden, denn das setzt dich bereits auf den Weg zur Verwirklichung dieser Angst. Erkenne und akzeptiere deine Ängste, um dich von ihnen zu befreien.

Baue für beide Seiten vorteilhafte Beziehungen auf, nimm einen gleichberechtigten Austausch vor und erfülle deine Versprechen und Verpflichtungen. Die Herausforderung besteht darin, persönliche Integrität zu finden, indem du deine Schattenseiten erkennst und die darin liegenden Ressourcen nutzt. Respektiere den freien Willen anderer Menschen und erkenne, dass du ihre Freiheit nicht einschränken kannst.

Es ist ratsam, nicht in eine Ehe einzutreten, die von Natur aus ungleich ist, mit dem alleinigen Ziel, die Ressourcen anderer zu nutzen und deine eigene Macht zu vergrößern. Es ist essentiell, solche Beziehungen zu vermeiden, da sie oft auf Ungerechtigkeit und Ausbeutung basieren. Unterdrücke deinen Partner nicht aus Angst, verletzlich zu sein. Enge Beziehungen sind nur möglich, wenn Menschen keine Angst haben, ihre Verletzlichkeit zu zeigen.

Befasse dich nicht übermäßig mit der materiellen Seite des Lebens; Finanzen sind nur ein Kompliment der Welt, dass du dich in die richtige Richtung bewegst. Wenn du dringend etwas kontrollieren musst, dann kontrolliere dich selbst und deine negativen Manifestationen. Konzentriere dich immer auf dich selbst und vermeide es, andere Menschen zu korrigieren. Es gibt immer etwas, das du in dir selbst tun kannst.

Transformierende Fragen:
1. Wie kann ich lernen, um Hilfe zu bitten und zu delegieren, ohne meine eigene Stärke zu verlieren?
2. Welche Glaubenssätze habe ich über Macht und Kontrolle, und wie kann ich sie verändern, um gesündere Beziehungen aufzubauen?
3. In welchen Bereichen meines Lebens kann ich loslassen und anderen vertrauen, um ein Gefühl der Leichtigkeit zu erfahren?
4. Wie kann ich meine eigenen Grenzen respektieren und gleichzeitig den freien Willen anderer anerkennen?
5. Was sind meine tiefsten Ängste in Bezug auf Verletzlichkeit, und wie kann ich diese Ängste transformieren, um authentische Verbindungen zu schaffen?

CODE 9-8-17 / SCHLÜSSEL 7

Die Wahrheit verstecken / Höchstes Gesetz / Spiegelbild / Unendliches Schuldsuchen / Der Kern des Unheils / Selbstergründung / Karmische Heilung von Einseitigkeit, Fehlen von Spiritualität und Arroganz

Menschen mit dem Programm 9-8-17 sind entweder durch verschlossene Informationen oder Geheimhaltung geprägt. Vielleicht hast du selbst etwas zu verbergen oder schottest dich bewusst von Informationen ab. Es fällt dir schwer, Informationen zu vermitteln, was sich in der Verzerrung von Tatsachen, Täuschung und allgemeiner Unwilligkeit äußern kann, etwas mitzuteilen.

Du neigst dazu, entweder ein Liebhaber des Schweigens und Alleinseins zu sein oder sprichst so verschnörkelt, dass es für andere schwierig ist, deine Äußerungen zu entschlüsseln. Diese Eigenschaft kann dich oft in unangenehme Situationen verwickeln, in denen Dritte involviert sind, wie Dreiecksbeziehungen, Klatsch und Tratsch.

In einer positiven Ausprägung zeigt sich das Programm „Die Wahrheit verstecken" durch folgende Fähigkeiten: Du bist authentisch und kannst andere in die Öffentlichkeit bringen. Du erkennst Täuschungen und versteckte Informationen schnell und machst es anderen schwer, etwas vor dir zu verbergen.

Du besitzt das Talent eines Psychologen und Verhandlungsführers, bist in der Lage, einen Menschen zu beruhigen und verstehst ihr wahres Wesen und ihre Beweggründe. Du kannst dich in die Lage eines Zuhörers versetzen und selbst schwierige Informationen annehmen, die aufrichtig mitgeteilt werden. Du bist in der Lage, dich durchzusetzen, deine Meinung zu äußern und Situationen auf faire und kluge Weise zu beeinflussen.

Eine der größten Herausforderungen ist, dass du oft die Wahrheit versteckst oder Informationen verschleierst. Du ziehst dich buchstäblich in dich selbst zurück und schottest dich von der Welt ab.

Entweder schweigst du über viele Dinge oder beschönigst sie und lenkst sie in eine andere Richtung, um den wahren Sachverhalt zu verbergen. Das führt dazu, dass du deine wahren Probleme nicht erkennst oder sie verschweigst, weil du nicht in der Lage bist, dich selbst vollständig zu verstehen. Dies betrifft sowohl tiefe emotionale Erfahrungen und Gefühle als auch einfache alltägliche Entscheidungen.

Um Schwierigkeiten zu überwinden, ist es wichtig, zu lernen, sich zu öffnen. Andernfalls stagniert die Energie in dem Bereich, den du eifersüchtig hütest. Zum Beispiel könnte dein Gehalt auf dem gleichen Niveau bleiben, solange du es vor deinem Partner verbirgst. Finde einen Menschen in deinem Leben, dem du wirklich vertrauen kannst.

Baue einen engen Kreis von Menschen auf, denen du vertrauen kannst. Suche Wege, dich auszudrücken, sei es durch Kreativität, soziale Netzwerke, sozialer Aktivismus, Lehren und Lernen. Beschäftige dich mit Geschichte, Biographien, interessanten Fakten, Rätseln und Puzzles. Überwinde die Angst, dich durchzusetzen, deine Meinung zu sagen, persönliche Grenzen abzustecken und Vorlieben und Wünsche zu äußern. Enthülle deine Geheimnisse in einem Memoir, einem Buch oder einem Tagebuch.

Transformierende Fragen:
1. Welche Ängste halten mich davon ab, die Wahrheit zu teilen und mich authentisch auszudrücken?
2. Wie kann ich lernen, meine Gedanken und Gefühle klar und ehrlich zu kommunizieren?
3. Welche Schritte kann ich unternehmen, um Vertrauen in meinen Beziehungen aufzubauen?
4. In welchen Bereichen meines Lebens verstecke ich die Wahrheit und warum?
5. Wie kann ich meine Fähigkeit, Täuschungen zu erkennen, positiv nutzen, um anderen zu helfen?

CODE 9-13-4 / SCHLÜSSEL 8
Die Endlichkeit des Seins

Menschen mit dem Programm 9-13-4 besitzen kraftvolle Energien, die ihnen die Fähigkeit verleihen, etwas, das hoffnungslos tot und überholt scheint, ein zweites Leben einzuhauchen. Es spielt keine Rolle, ob es sich um einen menschlichen Körper, Dinge, Beziehungen, Systeme, Methoden oder Projekte handelt – du kannst selbst ein scheinbar gescheitertes Unterfangen wiederbeleben.

Du kannst erfolgreich als Meister auf dem Gebiet der Schönheit, als Restaurator, Baumeister, Arzt, Chirurg und dergleichen tätig werden. Es ist, als ob du die Kontrolle über die Kraft der Zerstörung übernimmst und sie in die Kraft der Schöpfung verwandelst.

Wenn etwas locker, unzuverlässig oder gefährlich geworden ist, übernimmst du die Kontrolle, stellst die Ordnung wieder her, belebst und hältst sie aufrecht. Du entledigst dich gerne von unnötigem Gerümpel, veralteten und verfallenen Dingen und Geräten. Entweder wirfst du sie weg, verschenkst, verkaufst oder restaurierst sie und gibst ihnen ein zweites Leben. Die Energie in deinem Raum stagniert nicht lange.

Es ist dir angenehmer, wenn sich nur deine Energie in deinem Bereich befindet und nicht mit unnötigen Dingen überhäuft wird. Regelmäßige Entgiftungen, Entlastungstage, Diäten und innere Reinigungen für die Gesundheit und das Erlangen von körperlicher und seelischer Leichtigkeit sind dir vertraut. Auch regelmäßiger Internet-Entzug und Tage der Stille, an denen du in dich hineinhören kannst, sind dir wichtig.

Du bist in der Lage, dir plötzlich einzugestehen, dass eine Angelegenheit jede Relevanz verloren hat und sie einfach abzuschließen, ohne sie für später aufzubewahren. So hängt nichts mehr als etwas Unfertiges in deinem Raum, das auf seine Vollendung wartet.

Mögliche Probleme können darin bestehen, dass die Lebenskräfte auszugehen scheinen und sie für nichts mehr ausreichen – weder für Schöpfung noch für den Lebensprozess (auch nicht für die grundlegende Selbstfürsorge). Es kann sich anfühlen, als ob nichts Sinn macht und du dich nur in dich selbst zurückziehen willst, in den Energiesparmodus. Menschen mit diesem Programm erwarten oft Täuschung, Betrug, Verrat und Grausamkeit und haben keinen Glauben an den besten Ausgang von Ereignissen.

Das Leben scheint sich in einem Hintergrundzustand des Untergangs abzuspielen. Weltanschauungen werden von außen aufgezwungenen, veralteten Überzeugungen geprägt, wie „Ohne Fleiß kein Preis" oder „Sein Glück muss man sich hart erarbeiten".

Du hast möglicherweise keine Selbstbestimmung und kannst das Leben nicht genießen oder dich an einfachen Momenten erfreuen. Dekadente Stimmungen und das Auskosten des eigenen Unglücks führen zu psychosomatischen Krankheiten. Du kannst dich in einen Zustand der Panik, Depression oder Apathie hineinsteigern.

Das Szenario der Missbrauchserwartung und des Scheiterns wird durchgespielt, und du programmierst dich selbst, indem du nur an Versagen, Sinnlosigkeit und Fehler denkst. Meistens ziehst du genau das an, worauf du deine Aufmerksamkeit richtest. Ideen und Wünsche werden sehr schnell begraben, sogar im Stadium der Entstehung. Du erlaubst dir nicht, Fehler zu machen, es zu versuchen und neu anzufangen, wenn du scheiterst.

Du kannst auch Spaß an zerstörerischen Prozessen haben und sie selbst in Gang setzen. Es ist jedoch wichtig, diese Liebe zur Zerstörung darauf zu richten, negative Prozesse, Dinge und Szenarien zu vernichten, die deine Entwicklung und die Erfüllung deiner Träume behindern.

Das Programm lehrt, zu verstehen, dass der Tod (in jeder Hinsicht) ein Teil des Lebens ist, sein integraler Bestandteil. Nach jedem Absterben gibt es eine Wiedergeburt, neues Leben. Die Natur um uns herum ist ein Beispiel dafür. Sich auf etwas zu fixieren verhindert, dass wir uns weiterentwickeln und bleiben damit in einer stagnierenden Phase.

Das steht im Widerspruch zu unserer natürlichen Neigung, uns zu verändern und zu wachsen. Es ist wichtig, die zyklische Natur der Lebensprozesse als eine Norm wahrzunehmen, die unabhängig von unserer Meinung unverändert bleibt. Durch das Widersetzen machen wir die Dinge nur noch schlimmer und unser Leben unerträglich.

Erlaube dir, Fehler zu machen, denn sie gehören zum Leben. Lass manche Phasen dankbar los und stelle dich anderen, indem du das Gelernte anwendest. Schlechte Erfahrungen können nicht vermieden werden, sie sind notwendig, um die nächste Stufe zu erreichen. Die Aufgabe besteht darin, das Leben sowohl in der Sonne als auch im Regen zu genießen. Aktiviere die lebensbejahende Energie um dich herum, um Menschen kennenzulernen und ihnen nahe zu sein, die neue, aufschlussreiche Lebensereignisse und den Übergang in eine neue Phase mit sich bringen.

Lenke dein Energiegeschenk in die richtige Richtung und verwandle etwas, das nicht funktioniert. Wenn du etwas Lebendiges in deine Obhut nimmst, wie eine Blume, ein Tier oder ein Projekt, wird das Leben einen frischen Atemzug Energie machen, neue Kräfte werden erscheinen. Überprüfe regelmäßig die Dinge um dich herum. Wenn Dinge länger als ein Jahr nicht getragen wurden, verschenke, verkaufe oder wirf sie weg. Lösche regelmäßig Notizen und Aufgabenlisten, die zu lange liegen geblieben sind. Räume auch deine Korrespondenz, E-Mails und den Speicher von Geräten und Gadgets auf.

Lerne, alle überholten Prozesse, Überzeugungen und Verhaltensmuster zu beenden. Ohne Bedauern – aus den Augen, aus dem Sinn. Beende, was du begonnen hast, ohne die Dinge in der Luft hängen zu lassen. Wenn die Angelegenheit nicht abgeschlossen ist, sondern jede Relevanz verloren hat, gib sie bewusst und endgültig auf.

Transformierende Fragen:

1. Wie kann ich lernen, die zyklische Natur des Lebens zu akzeptieren und zu nutzen?

2. Welche alten Überzeugungen und Verhaltensmuster hindern mich daran, mein volles Potenzial zu entfalten?

3. Wie kann ich meine Fähigkeit nutzen, Dinge zu transformieren und ihnen ein zweites Leben zu geben?

4. Welche neuen Gewohnheiten und Praktiken kann ich in mein Leben integrieren, um meine Energie zu erneuern und aufrechtzuerhalten?

5. Wie kann ich lernen, sowohl die guten als auch die schlechten Phasen des Lebens zu genießen und daraus zu wachsen?

CODE 9-16-7 / SCHLÜSSEL 5

Schweigen

Die Kraft der Worte liegt tief im Inneren jedes Menschen verborgen, und das gilt besonders für dich, wenn du das Programm 9-16-7 trägst. Du bestichst durch deine ruhige und rationale Art und bist somit in der Lage, auch in schwierigen Situationen einen kühlen Kopf zu bewahren. Andere schätzen dich dafür als willensstarke und selbstbewusste Persönlichkeit mit innerer Stärke. Dennoch neigst du dazu, deine Angelegenheiten und dein Privatleben für dich zu behalten und keine Beschwerden über Umstände oder Kollegen zu äußern. Du hast die Fähigkeit, anderen zuzuhören, ohne zu urteilen oder unerwünschte Ratschläge zu geben.

Dennoch besteht die Herausforderung darin, dich anderen gegenüber zu öffnen und deinen Standpunkt klar zu äußern. Auch wenn du unzufrieden bist, tendierst du dazu, zu schweigen und zu behaupten, dass alles in Ordnung ist. Dadurch erschwerst du die Interaktion mit deiner Umwelt und verpasst viele Möglichkeiten. Die Unwilligkeit, aus deiner Komfortzone herauszukommen und deine Stille aufzugeben, kann deine natürliche Begabung langfristig beeinträchtigen.

Es wird empfohlen, dass du beginnst, dich auf irgendeine Weise auszudrücken – sei es durch das Teilen deiner Gefühle und Gedanken oder durch das Vertreten deines Standpunkts. Es ist wichtig, Probleme nicht für dich zu behalten, sondern dich zu öffnen und das zu kommunizieren, was wirklich wichtig ist. Durch diese Praxis kann das Talent des Redens und Erzählens nach und nach entfaltet werden.

Nur so kann ein Gleichgewicht erreicht werden und die Umsetzung deiner Ziele wird dein Leben positiv verändern. Im schlimmsten Fall werden Situationen unvermeidlich sein, die dich dazu drängen werden, trotz deiner Zurückhaltung zu sprechen. Jeder Umstand – auch negative – kann zu einem Katalysator für persönliches Wachstum werden.

Indem du anderen hilfst, ihr Wissen zu erweitern, zeigst du nicht nur Großzügigkeit und Freundlichkeit, sondern auch deine Fähigkeit zur Empathie und Zusammenarbeit. Es ist sehr wichtig zu verstehen, dass der Austausch von Wissen und Erfahrungen der Schlüssel zu persönlichem Wachstum und gemeinsamem Fortschritt ist. Wenn du anderen hilfst, ihr volles Potenzial zu entfalten, kannst du aktiv dazu beitragen, eine bessere Welt für uns alle zu schaffen. Sei stolz darauf, ein Mensch zu sein, der sich seiner selbst bewusst ist und anderen dabei hilft, ihr Bestes zu geben.

Um mit dieser Fügung umzugehen, ist es wichtig, an deiner Aggressivität zu arbeiten, vor allem an deiner inneren Aggressivität. Vermeide es, an materiellen Dingen festzuhalten und konzentriere dich stattdessen auf spirituelles Wachstum. Arbeite an deinem Charakter und vermeide es, wütend auf dich selbst oder andere zu sein. Gib nicht anderen die Schuld für deine eigenen Fehler und klammere dich nicht an Menschen oder Dinge.

Eine positive Einstellung zum Leben und zu den Menschen in deiner Umgebung ist sehr wichtig. Bemühe dich, freundlich und respektvoll zu sein und anderen das Gefühl zu geben, dass sie geschätzt und geliebt werden. Hilf anderen, wenn du kannst, ohne etwas dafür zu erwarten. Sei geduldig und verständnisvoll und versuche, Konflikte friedlich und respektvoll zu lösen.

Meditiere regelmäßig oder praktiziere Yoga, um deine Seele zu beruhigen und deine Gedanken zu klären. Lies inspirierende Bücher oder höre beruhigende Musik, um deine Stimmung zu heben und deinen Geist zu erfrischen. Verbringe Zeit in der Natur und genieße ihre Schönheit und Ruhe. Denke daran, dass dein Leben nicht nur von deinen Taten, sondern auch von deinen Gedanken und Gefühlen abhängt.

Versuche, negative Gedanken und Gefühle loszulassen und stattdessen eine positive Einstellung zu kultivieren. Du kannst deine mitgebrachten Programme verbessern und ein glücklicheres und erfüllteres Leben führen, indem du an deinem Charakter arbeitest und dich spirituell entwickelst.

Es ist dir wichtig, Menschen bei der Selbstverwirklichung zu helfen und sie beim Erreichen ihrer Ziele zu unterstützen. Wenn du Aggression zeigst, ist es wichtig, diese zu verarbeiten und zu lernen, mit deiner Wut umzugehen. Um die 7. Energie zu erarbeiten, ist es hilfreich, sich mit den eigenen Mustern und Verhaltensweisen auseinanderzusetzen. Es kann dabei helfen, sich bewusst zu machen, welche Aufgaben du aus vergangenen Leben mitgenommen hast und welche Erfahrungen du bereits gemacht hast.

Dabei solltest du dich auch mit deinen eigenen Stärken und Schwächen auseinandersetzen, um besser zu verstehen, wie du anderen Menschen am besten helfen kannst. Insgesamt dreht sich die siebte Energie darum, anderen Menschen beizustehen und sie auf ihrem individuellen Weg zu unterstützen. Es ist von Bedeutung, sich selbst gut zu kennen und zu verstehen. Auf diese Weise kannst du die eigenen Ressourcen optimal nutzen und ein erfülltes Leben führen.

Transformative Fragen:
1. Wie kannst du dich anderen gegenüber öffnen und deinen Standpunkt klarer äußern?
2. Welche Methoden könntest du nutzen, um deine Gefühle und Gedanken besser zu kommunizieren?
3. In welchen Bereichen deines Lebens neigst du dazu, zu schweigen und warum?
4. Wie könntest du beginnen, Probleme offen zu teilen und Hilfe anzunehmen?
5. Was hält dich davon ab, aus deiner Komfortzone herauszukommen und deine Stille aufzugeben?

CODE 9-20-11 / SCHLÜSSEL 4

Das Aussterben der Ahnen / Der Ruf der Ahnen / Die Wiederbelebung des Ahnenwissens / Die besondere Aufgabe der Familie / Der Weg der Unabhängigkeit / Das Leiden verpasster Chancen / Der Schneekönigin-Effekt / Karmische Heilung von sozialer Angst, Vergebungsunfähigkeit, Engstirnigkeit / Angst vor Ausgrenzung (fear of missing out, FOMO)

Es gibt Seelen, die in die Welt kommen, um das Erbe ihrer Ahnen zu tragen und es auf eine höhere Ebene zu bringen. In deinem Fall zeigt sich dies durch das Programm 9-20-11: Das Aussterben der Gattung. Dieses Programm ist ein Indikator dafür, dass es im Clan keine Entwicklung gibt. Deine Aufgabe besteht darin, dich selbst weiterzuentwickeln, denn durch deine persönliche Transformation wird auch der Clan wieder aufblühen. Du bist die letzte Hoffnung deines Clans.

Die Herausforderungen, denen du gegenüberstehst, können sich in verschiedenen Formen zeigen: Männer, die die Familie verlassen, frühe Todesfälle von Männern, Geburt von Mädchen oder Probleme wie Alkoholismus. Deine Aufgabe ist es, all diese negativen Einflüsse zu transformieren und zu verändern. Wenn das Programm in den Chakren steht, kann es besondere gesundheitliche Probleme und Depressionen hervorrufen.

Auch die Nichtakzeptanz von Verwandten oder Probleme in den Geburtskanälen können Hinweise auf den Verlust von Mama oder Papa sein. Kreative Sterilität oder Kinder, die sich selbst überlassen werden, können ebenfalls Ausdruck dieses Programms sein. Wenn es um Geldkarma geht, bringen Kinder Geld, und Abtreibungen sind nicht erlaubt, da sie den Fluss unterbrechen würden.

Die Wurzeln dieses Programms liegen oft in vergangenen Inkarnationen, in denen gegen die Gesetze der Sippe verstoßen wurde – sei es durch Ehen mit Vertretern anderer Rassen oder durch Handlungen, die der Sippe, dem Volk oder der Menschheit schweren Schaden zugefügt haben. Dies könnte durch Erfindungen von Waffen, Kriege, Schädigung der Ökologie oder Zerstörung von Tempeln geschehen sein.

Frauen in der Sippe haben aus Notwendigkeit ihre Herzen vor allen Emotionen verschlossen, was unter Umständen wie Krieg gerechtfertigt war. Doch die Lektion besteht darin, das Herz wieder zu öffnen, wenn das Leben wiederhergestellt ist.

Der Fluss der Liebe in der Familie ist durch ein verschlossenes Herz blockiert. Kinder werden ohne Liebe geboren und wachsen ohne Liebe auf, was zu einer Verzerrung führt. Solche Kinder suchen oft nach Liebe durch Aggression, Gewalt oder Grausamkeit. Sie versuchen, das fehlende Gleichgewicht auf eine verzerrte Weise wiederherzustellen.

In dieser Inkarnation kommst du, um den Clan zu heilen und auf eine neue geistige Ebene zu bringen. Deine Aufgabe ist es, den Nachnamen fortzusetzen und die Sippe wiederzubeleben. Wenn du Söhne hast, ist das ein großer Erfolg, denn es zeigt, dass es eine Fortsetzung der Familie gibt. Deine spirituelle Entwicklung ist entscheidend für die Heilung dieses Programms. Wenn das Programm aufgedeckt wird, bedeutet es, dass du bereit bist, es zu heilen, denn keine Information kommt zu einem Menschen, der nicht bereit oder in der Lage ist, etwas dagegen zu tun.

Häufig wird dieses Programm in Verbindung mit einem anderen Programm angeboten, wie zum Beispiel 21-7-13: Zerstörung und Tod vieler Menschen. Vielleicht war jemand im Clan ein Kriegsherr oder Erfinder von Waffen, die Tod und Zerstörung brachten, was zur Schließung des Clans führte.

Deine Stärken liegen in der Fähigkeit, ein einflussreiches Mitglied deiner Familie oder deines Clans zu werden. Du besitzt Einfühlungsvermögen und Weisheit, was besonders wichtig ist, um die Familienbande wiederherzustellen. Trotz nicht idealer Beziehungen im Elternhaus nimmst du Ehe und Familie ernst. Bei der Entwicklung deiner Talente solltest du die spirituelle Seite betonen und deine Fähigkeiten auch zur Verbesserung des psychologischen Umfelds im Elternhaus einsetzen.

Mögliche Probleme treten auf, wenn sich viele Generationen in einer Familie geistig nicht entwickelt haben. Männer scheiden früh im Leben aus, Frauen sind unfruchtbar oder können keine dauerhaften Beziehungen führen und verschieben das Kinderkriegen.

Du solltest deine Kraft nutzen, um die negative Energie der Familie zu brechen. Spirituelle Entwicklung ist der Schlüssel. Wenn es keine Möglichkeit gibt, dein Leben dem zu widmen, solltest du dich zumindest im Bereich der spirituellen Praktiken entwickeln. Dies wird den allgemeinen Zustand verbessern und den negativen Einfluss des Schicksals von der Familie nehmen. Die Hauptsache ist, nicht in Panik zu verfallen, sondern sich ernsthaft und bewusst mit der spirituellen Selbstentwicklung zu beschäftigen. Dann wird sich die Situation mit dem Fortbestehen der Familie ändern.

Transformierende Fragen:
1. Welche Schritte kannst du unternehmen, um deine spirituelle Entwicklung zu fördern und das Erbe deiner Familie zu heilen?
2. Wie kannst du deine Stärken nutzen, um ein einflussreiches Mitglied deiner Familie oder deines Clans zu werden?
3. Was hindert dich daran, dein Herz zu öffnen und den Fluss der Liebe in deiner Familie wiederherzustellen?
4. Wie kannst du deine kreativen und spirituellen Talente einsetzen, um das psychologische Umfeld in deinem Zuhause zu verbessern?
5. Was kannst du tun, um die negative Energie der Vergangenheit zu transformieren und eine positive Zukunft für deine Familie zu schaffen?

CODE 11-9-16 / SCHLÜSSEL 9

Selbstzerstörung / Phönix aus der Asche / Unbeugsame Willenskraft in extremen Lagen / Reprogrammierung der Lebensskripte / Radikale Weltanschauungsrekonstruktion / Pionier der Neuschöpfung / Spirituelle Revitalisierung / Karmische Heilung von Obduranz und Aggressivität / Durchbrechen von Barrieren

Du trägst alle Eigenschaften in dir, die für ein erfolgreiches und glückliches Leben notwendig sind. Du kannst leicht Entscheidungen treffen, bist bereit für grundlegende Veränderungen und wagst es, Risiken einzugehen. Umgeben von vielen Freunden, fühlst du dich in verschiedenen Lebensbereichen gut aufgehoben. Diese starken Eigenschaften spiegeln die Kraft des mythologischen Phönix wider, der buchstäblich aus der Asche wiedergeboren wird und die Fähigkeit besitzt, alles von vorne zu beginnen. Jeder Einzelne trägt eine machtvolle Lebensenergie in sich.

Irgendwann tritt eine Sättigung mit einem wohlhabenden und ruhigen Lebensfluss ein, und du beginnst, mit dem Schicksal zu experimentieren. Du fühlst dich dazu veranlasst, ein Selbstzerstörungsprogramm zu aktivieren und lehnst plötzlich tolle Beziehungen, eine Familie und einen guten Job ab. Du beginnst, gefährliche und seltsame Hobbys sowie Aktivitäten auszuprobieren, setzt dein Leben aufs Spiel und gibst dich den verheerenden Auswirkungen von Alkohol oder Drogen hin. Wenn dies nicht im mittleren Alter eintritt, dann geschieht es im wohlhabenden Leben eines nahestehenden Menschen.

Es ist entscheidend, dass du keine Hilfe von nahestehenden Menschen annimmst, um selbstständig die Selbstzerstörung zu erleben und das Ende zu erreichen. Dadurch kannst du neue Chancen und Kraft gewinnen, um eigenständig in ein normales Leben zurückzukehren. Im Falle eines geliebten Menschen ist es besser, keinen Druck auszuüben und heimlich Einfluss zu nehmen, beispielsweise durch eine Alkoholtherapie. Dies wird zu keinem guten Ergebnis führen.

Das Programm der Selbstzerstörung wird einfach weniger abrupt und weniger intensiv verlaufen. Es ist entscheidend, den Absturz zu bewältigen und aus eigener Kraft aus einer schwierigen Situation herauszukommen.

Es ist von großer Bedeutung, dein volles Potenzial zu entfalten und der Welt deine Talente zu präsentieren. Dabei solltest du jedoch darauf achten, andere nicht zu unterdrücken oder zu kritisieren. Ärgere dich nicht über die Langsamkeit anderer, sondern versuche stattdessen, dein Wissen und deine Fähigkeiten mit anderen zu teilen und sie dazu zu inspirieren, ihr eigenes Potenzial zu entdecken.

Eine positive und unterstützende Einstellung kann dazu beitragen, ein harmonisches und produktives Arbeitsumfeld zu schaffen, in dem jeder sein Bestes geben kann. Vergiss dabei nicht, dir selbst auch Zeit zur Erholung zu geben und deine Energiereserven wieder aufzufüllen. Achte auf deine eigenen Bedürfnisse und deine Gesundheit, denn nur so kannst du deine Energie aufrechterhalten und weiterhin erfolgreich sein.

Um mit dieser Führung umzugehen, ist es wichtig, an deiner Aggressivität zu arbeiten, vor allem an deiner inneren Aggressivität. Vermeide es, an materiellen Dingen festzuhalten und dich stattdessen auf spirituelles Wachstum zu konzentrieren. Arbeite an deinem Charakter und vermeide es, wütend auf dich selbst oder andere zu sein. Gib nicht anderen die Schuld für deine eigenen Fehler und klammere dich nicht an Menschen oder Dinge.

Eine positive Einstellung zum Leben und zu den Menschen in deiner Umgebung ist sehr wichtig. Bemühe dich, freundlich und respektvoll zu sein und anderen das Gefühl zu geben, dass sie geschätzt und geliebt werden. Hilf anderen, wenn du kannst, ohne etwas dafür zu erwarten.

Sei geduldig und verständnisvoll und versuche, Konflikte friedlich und respektvoll zu lösen. Meditiere regelmäßig oder praktiziere Yoga, um deine Seele zu beruhigen und deine Gedanken zu klären. Lies inspirierende Bücher oder höre beruhigende Musik, um deine Stimmung zu heben und deinen Geist zu erfrischen. Verbringe Zeit in der Natur und genieße ihre Schönheit und Ruhe. Denke daran, dass dein Leben nicht nur von deinen Taten, sondern auch von deinen Gedanken und Gefühlen abhängt.

Versuche, negative Gedanken und Gefühle loszulassen und stattdessen eine positive Einstellung zu kultivieren. Du kannst deine mitgebrachten Programme verbessern und ein glücklicheres und erfüllteres Leben führen, indem du an deinem Charakter arbeitest und dich spirituell entwickelst.

Transformierende Fragen:
1. Wie kann ich die Kraft des Phönix in meinem Alltag nutzen, um immer wieder neu zu beginnen und mich weiterzuentwickeln?
2. Was sind die ersten Schritte, die ich unternehmen kann, um meine Selbstzerstörungstendenzen zu erkennen und zu überwinden?
3. Wie kann ich anderen Menschen helfen, ihr Wissen und ihr Potenzial zu entfalten und somit auch mein eigenes Wachstum zu fördern?
4. Welche Methoden kann ich anwenden, um meine innere Aggressivität zu reduzieren und ein friedlicheres, spirituell erfülltes Leben zu führen?
5. Wie kann ich meine eigenen Talente und Fähigkeiten bestmöglich einsetzen, um anderen zu helfen und gleichzeitig meine eigenen Bedürfnisse und meine Gesundheit zu berücksichtigen?

CODE 13-16-3 / SCHLÜSSEL 5

Scheidung

Menschen mit diesem Programm entwickeln sich ständig weiter und engagieren sich sowohl für ihr geistiges als auch für ihr materielles Wachstum. Du bist eine geborene Führungspersönlichkeit mit großer Stärke und kannst Treffen von Menschen organisieren, die sich gegenseitig nützlich sein können. Vielleicht fungierst du sogar als Heiratsvermittler und erkennst, wer für wen geeignet ist.

In Partnerschaften, die einen gemeinsamen Weg einschlagen, kann der eine Partner die Rolle des Stärkeren und Führenden übernehmen, während der andere die unterstützende Rolle einnimmt. So kann sich beispielsweise ein Mann in einer Ehe beruflich und gesellschaftlich weiterentwickeln, während die Frau sich mehr auf die Familie und das Zuhause konzentriert. In solch einer Verbindung kann der Mann irgendwann das Bedürfnis verspüren, seiner Partnerin ebenfalls Entwicklungsmöglichkeiten zu bieten, was die Partnerschaft nur noch stärker macht.

Es ist auch möglich, dass einer der Partner erkennt, dass er eine unterstützende Rolle hat und diese bewusst annimmt, wodurch die Partnerschaft stabil bleibt. Wenn die Partner jedoch erwachsen werden und aus der Beziehung herauswachsen, kann die Scheidung ein natürliches Phänomen sein, das es ihnen ermöglicht, dankbar auf eine neue Ebene überzugehen.

Manchmal sind zwischenmenschliche Beziehungen bis zu einem gewissen Punkt erfolgreich, bis die Partner plötzlich den Wunsch verspüren, sie zu beenden. Dies kann in Ehen, Beziehungen zu Eltern, im Geschäft oder mit Kollegen geschehen. Solche Beziehungen haben einen Sinn, solange jemand als Lehrer oder führender Partner auftritt, und verlieren ihren Sinn, wenn der schwächere Partner stärker und gleichwertig wird.

Es gibt auch abhängige Beziehungen, in denen die Menschen unglücklich sind, aber aus verschiedenen Gründen nicht den Mut haben, sich zu trennen.

Wenn jeder Partner weniger persönlichen Freiraum hat, entsteht oft Frustration, die dazu führt, dass sie sich nach mehr Abstand zueinander sehnen, um wieder Raum für sich selbst zu schaffen. Das Programm lehrt, die Beziehung durch Freiheit und die Verteilung der Energieströme und Rollen zu erhalten.

Es ist wichtig, den Wohnraum zu vergrößern, damit jeder einen eigenen Raum hat, und für Geschäftspartner, die Verantwortlichkeiten zu trennen. Es ist auch wichtig, rechtzeitig mit deinem Partner zu sprechen und Grenzen, Regeln und Rollen festzulegen, denen jeder Partner zustimmt.

Wenn beide Partner starke Persönlichkeiten sind, sollten sich ihre Tätigkeitsbereiche und Verantwortungsbereiche nicht überschneiden, um Streitigkeiten und Konkurrenz zu vermeiden. Es ist wichtig, festzulegen, wer für was im Haus und in der Familie zuständig ist. Mit einem solchen Programm ist es möglich, die Stärken der Partner zu erkennen und diese Kräfte zu bündeln, um gemeinsame Ziele in der Partnerschaft zu erreichen.

In der Beziehung zu den Eltern können belastende Emotionen auftreten, deren Ursachen durch eine Rückbesinnung erforscht werden sollten. Mögliche Ängste können die Furcht vor dem Alleinsein, das Verlassenwerden, nicht geliebt zu werden oder den Verlust der Mutter sein. Oft spielt auch eine starke Abhängigkeit von der Mutter eine Rolle.

Scheidung kann auch den Wunsch symbolisieren, alles aufzugeben und Dinge nicht zu Ende zu bringen, sei es in Beziehungen oder in der Verwirklichung von Zielen. Es ist notwendig, sich ein Ziel zu setzen und darauf zuzugehen, egal wie stark der Wunsch ist, aufzugeben.

Oft wiederholen sich in der Beziehung die elterlichen Szenarien. Zum Beispiel, wenn die Eltern geschieden sind, hat ein Mensch mit diesem Programm immer den Wunsch, sich scheiden zu lassen.

Transformierende Fragen:

1. Wie ist die Beziehung zwischen deinen Eltern?

2. Gibt es schwere Energien, die du von ihnen übernommen hast?

3. Fühlst du eine Angst vor dem Alleinsein oder dem Verlassenwerden?

4. Welche Abhängigkeiten prägen deine Beziehungen und wie könntest du diese überwinden?

5. Wie kannst du sicherstellen, dass du deine Ziele verfolgst und nicht aufgibst, auch wenn es schwierig wird?

CODE 18-10-10 - SCHLÜSSEL 2

Angst, dem Universum zu vertrauen / Das Kind das an Magie glaubt/ Glücksfall / Schwelle zwischen Vergangenheit und Zukunft / Millionen-Dollar-Mindset /Mentalität des Mangels / Gesetzesangst für die Schuldigen, Schicksalsangst für die Unschuldigen / Neophobie / Futurophobie / Karmische Heilung von Geldangst, Mangelmentalität und Zukunftssorge

Wenn du in einem Zustand des Misstrauens und der Angst lebst, ist es schwierig, sich zu entspannen und dem Universum zu vertrauen. Du könntest ständig Unterstützung benötigen, da dir das Vertrauen fehlt, dich auf dein Leben und deine Intuition zu verlassen. Es fällt dir schwer, Geschenke anzunehmen und du neigst dazu, Dinge zu erzwingen, anstatt sie fließen zu lassen.

Die Herausforderung besteht darin, zu lernen, dich zu entspannen, im Hier und Jetzt zu leben und deiner Intuition zu folgen. Dies ist eine Lektion, die darauf abzielt, deinen eigenen Weg zu akzeptieren und im Glauben gestärkt zu werden.

In einer vergangenen Inkarnation hast du möglicherweise aufgrund dramatischer Ereignisse den Glauben aufgegeben. Dies führt dazu, dass du in diesem Leben Schwierigkeiten hast, dich zu entspannen und ständig in Anspannung lebst, aus Angst, dass dir etwas zustoßen könnte.

Du fühlst dich gezwungen, hart zu arbeiten, weil du befürchtest, dass das Geld plötzlich ausgehen könnte oder dass deine Beziehung leidet, wenn du dich nicht anstrengst. Diese ständige Anspannung und die Angst vor der Zukunft lassen dich nicht zur Ruhe kommen.

Du könntest in einem Zustand des ständigen Mangels leben, sei es an Ressourcen, Geld oder Beziehungen. Es fällt dir schwer, das Leben zu genießen und dein Kreativkanal könnte blockiert sein. Du hoffst vielleicht in diesem Leben nur auf dich selbst und lebst ein hartes Leben voller „Sollen" und „Müssen".

Doch wenn du beschließt, loszulassen und zu sagen „Es ist mir egal, alles läuft so, wie es läuft", dann können Wunder geschehen. Wenn du dich entspannst und dem Fluss des Lebens vertraust, wirst du feststellen, dass die Dinge oft auf unerwartete Weise positiv verlaufen. Geld könnte plötzlich und auf ungewöhnliche Weise zu dir kommen, und du wirst feststellen, dass du am richtigen Ort zur richtigen Zeit bist. Wenn du im Fluss des Lebens bist, ergeben sich für dich günstige Situationen und du hast keine finanziellen Sorgen.

Auf der negativen Seite kannst du unter ständiger Angst leiden, dass das Geld ausgeht oder dass die Zukunft unsicher ist. Du könntest das Gefühl haben, dass die Welt ein gefährlicher Ort ist und dass du alles kontrollieren musst, um sicher zu sein. Dies kann zu einem Leben in Schulden, Workaholismus und schwierigen Beziehungen führen. Gesundheitliche Probleme können ebenfalls auftreten, insbesondere in den Bereichen Atemwege, Blutsystem, Urogenitalsystem und Lymphsystem.

Die Herausforderung besteht darin, auf deine eigene Kraft und göttliche Unterstützung zu vertrauen. Egal was geschieht, du wirst es schaffen, und Gott wird dir helfen. Viele Ängste im Bereich des Geldes könnten dich plagen, aber es ist wichtig zu erkennen, dass Geld im Fluss ist und dass Verluste manchmal notwendig sind, um zu erwachen.

Die Aufgaben deiner Seele in diesem Leben bestehen darin, den Glauben wiederzufinden. Der Glaube hilft dir, eine Verbindung zu deiner göttlichen Quelle herzustellen und die Liebe und Fürsorge des Schöpfers zu spüren. Dies kann dir helfen, die Angst zu heilen und ein neues Verständnis der Realität zu erreichen.

Du bist sehr materialistisch denkend und bevorzugst bewährte Methoden und Zuverlässigkeit in allem. Spontaneität ist nicht dein Ding, aber du bist fleißig und strebst immer danach, dein Ziel zu erreichen, ohne einfache Wege oder Verbindungen zu nutzen. Du verlässt dich lieber auf deine eigenen Fähigkeiten.

Es lohnt sich, zu lernen, den höheren Mächten zu vertrauen, die in jeder Situation das beste Ergebnis vorbereitet haben. Entspanne dich und erlaube dir spontane Aktionen.

Probiere neue Dinge aus und halte dich nicht an die Wege, auf denen du bereits Erfolg hattest. Lerne, nicht nur an dich selbst zu glauben, sondern auch auf dein Herz zu hören und keine Angst davor zu haben, neue Wege zu gehen oder ungewöhnliche Problemlösungen auszuprobieren.

Transformierende Fragen:
1. Wie kannst du lernen, dich zu entspannen und dem Fluss des Lebens zu vertrauen?
2. Welche Schritte kannst du unternehmen, um deine Intuition zu stärken und ihr zu folgen?
3. Welche Glaubenssätze hindern dich daran, die Geschenke des Lebens anzunehmen?
4. Wie kannst du mehr Spontaneität in dein Leben bringen und die Kontrolle loslassen?
5. Was hindert dich daran, die alten karmischen Muster loszulassen und dich ganz dem Fluss des Lebens hinzugeben?

CODE 18-11-11 - SCHLÜSSEL 4

Angst vor der Annahme von magischer Macht / Programm der Enthüllung / Aus der Dunkelheit treten / Aus dem Verborgenen treten / Angst vor der Enthüllung / Zerschlagene Seele / Furcht vor Sichtbarkeit / Angst, echt zu sein / Selbstentfaltung / Wecke das innere Biest nicht

In diesem Programm, das durch die Zahlen 18-11-11 gekennzeichnet ist, stehst du vor der Herausforderung, deine magische Macht anzunehmen und dem Universum sowie deinem eigenen Glück zu vertrauen. Du könntest zögern, die Geschenke des Lebens anzunehmen, was dazu führt, dass du wichtige Informationen verschließt und Chancen verpasst. Die bedrückendste Erfahrung ist oft der Zustand der Ungewissheit oder die Momente, in denen du das Gefühl hast, von anderen abhängig zu sein und einfach abwarten zu müssen.

Es ist wichtig, den höheren Mächten zu vertrauen, die in jeder Situation das beste Ergebnis vorbereitet haben. Lerne, dich zu entspannen und dir spontane Aktionen zu erlauben. Probiere neue Dinge aus und halte dich nicht an die Wege, auf denen du bereits Erfolg hattest. Vertraue nicht nur auf deinen Verstand, sondern höre auch auf dein Herz. Habe keine Angst, neue Wege zu gehen oder ungewöhnliche Problemlösungen auszuprobieren.

Dieses Programm fordert dich heraus, die Macht der Elemente zu beherrschen. Du hast die Fähigkeit, die Elemente zu kontrollieren. Es ist wichtig, zu lernen, deine Macht zu kontrollieren, sonst wird die Macht dich kontrollieren. In früheren Inkarnationen hattest du ungewöhnliche magische Kräfte und ein enormes Potenzial.

Vielleicht konntest du die Elemente kontrollieren, die Erdenergien beeinflussen oder hattest heilende Fähigkeiten. Die Frage ist, wie du diese Macht genutzt hast. Denn solch mächtige Gaben wurden dir gegeben, um bestimmte Probleme zu lösen – zum Wohle der Menschen und der Welt als Ganzes.

Es ist möglich, dass du in der Vergangenheit die Grenzen deiner Fähigkeiten überschritten hast und deine Kräfte nicht richtig kalkuliert hast, was sich negativ auf die Gesundheit und das Leben anderer ausgewirkt hat. Vielleicht hast du Schaden angerichtet, was zu einem Fehler führte, und du konntest dir selbst nicht verzeihen. In dieser Inkarnation erhältst du wieder ein mächtiges Potenzial und starke Energie. Es ist wichtig, diese Kräfte zu entfalten und zum Wohle der Menschen zu nutzen.

Wenn du deine Macht nicht kontrollieren kannst, kann dies zu Aggressionen und destruktiven Emotionen führen. Im negativen Sinne zeigt sich dieses Programm durch intensive Arbeit über die Grenzen der Ermüdung hinaus, was oft zu zerstörerischen Kräften führt. Geräte können kaputtgehen, Glühbirnen durchbrennen und es kann zu Kurzschlüssen kommen. Diese Ereignisse geschehen aufgrund des Energiepotenzials des Raumes. Dein innerer Zustand kann wie ein Kampf mit deiner zerstörerischen Kraft sein, bis es zu einem Ausbruch in Form von Aggression kommt.

Wenn du nicht an deine Stärke glaubst, könntest du Schwäche und Ohnmacht zeigen, was zu ständiger Müdigkeit führt. Dieses Programm zeigt sich oft durch starke emotionale Ausbrüche während der Kommunikation. Deine Unfähigkeit, dein Potenzial zu verwirklichen, kann sich durch Übergewicht oder sexuelle Unzufriedenheit ausdrücken. Du könntest gesundheitliche Probleme im Beckenbereich haben.

Es ist notwendig, sich selbst mit einzigartigen Fähigkeiten zu akzeptieren und zu lernen, mit dieser Energie umzugehen. Nutze deine Fähigkeiten zum Wohle der Menschen, beispielsweise durch heilende Berührungen. Akzeptiere auch deinen Charme und deine magische Anziehungskraft auf andere. Wenn du diese Möglichkeiten nutzt, findest du geistiges Gleichgewicht und körperliche Gesundheit.

Du hast von Natur aus einzigartige Fähigkeiten, Energie zu kontrollieren und Menschen zu heilen. Du hast Zugang zu Weisheit und besonderem Wissen, das für andere oft unerreichbar ist. Trotz dieser Fähigkeiten bist du bescheiden und neigst dazu, deine Talente zu verbergen und dich selbst zu unterschätzen.

Wenn du die tatsächlichen Energieströme nicht steuern kannst, kann dies zu gesundheitlichen Problemen führen. Meistens leidet der Körper unter Übergewicht, weil die angesammelte Energie nicht richtig abfließen kann. Der Wunsch, deine Fähigkeiten zu vergraben und nicht zu nutzen, kann dir nur schaden.

Es ist wichtig, dich selbst mit deinen einzigartigen Fähigkeiten zu akzeptieren und zu lernen, mit dieser Energie umzugehen. Nutze sie zum Wohle der Menschen, beispielsweise durch heilende Berührungen. Akzeptiere auch deinen Charme und deine magische Anziehungskraft auf andere. Wenn du diese Möglichkeiten nach bestem Wissen und Gewissen nutzt, kannst du geistiges Gleichgewicht und körperliche Gesundheit finden.

Transformierende Fragen:
1. Wie kannst du lernen, deine magische Macht anzunehmen und zu nutzen, ohne Angst zu haben?
2. Welche Schritte kannst du unternehmen, um dein Potenzial zum Wohle der Menschen zu entfalten?
3. Wie kannst du Vertrauen in die höheren Mächte und in dein eigenes Glück entwickeln?
4. Was hindert dich daran, deine einzigartigen Fähigkeiten zu akzeptieren und sie zum Wohle anderer zu nutzen?
5. Wie kannst du lernen, deine Energie besser zu kontrollieren und destruktive Muster zu vermeiden?

CODE 19-5-4 / SCHLÜSSEL 1

Stärke neu bewerten / Unzuverlässige Verankerungen / Versicherung/ 4-5-19 Meister seines Fachs / Fachmann / Lehrer-Mentor / Voller Einsatz / Mit Lorbeeren gekrönt / Pathologische Gier, Macht, Stärke stärken

Menschen, die diesen Pfad beschreiten, sammeln wertvolle Erfahrungen, die ihnen als Polster für den Übergang durch verschiedene Beziehungen, geschäftliche Unternehmungen und persönliche Angelegenheiten dienen. Sie brechen veraltete Dinge oder Beziehungen ab und erkennen, dass dies für ihr persönliches Wachstum und Fortschritt unerlässlich ist. Diese Menschen sind zuverlässig, gewinnen das Vertrauen anderer und strahlen positive Energie aus. Sie schätzen die kleinen Dinge im Leben und können mit Logik und Vernunft in Beziehungen einsteigen, die später eine emotionale Bindung und einen optimistischen Ausblick annehmen.

Dies ermöglicht es dir, dich über unerwartete Ergebnisse zu freuen, die besser ausfallen als erwartet. Du bist ein angesehener Fachmann auf deinem Gebiet und bist sehr vertrauenswürdig. Du arbeitest in Unternehmen mit gleichgesinnten, talentierten Menschen und in einem HR-Team, das Informationsunterstützung, Zertifizierung, Versicherung und Sicherheitsmaßnahmen bietet. Du bist geschickt darin, eine sichere und geschützte Aufenthaltsumgebung zu organisieren, die das Wachstum und die Entwicklung anderer fördert.

Diese Menschen können auch im Bereich der sicheren Transaktionsunterstützung arbeiten und verfügen über ein breites Netzwerk vertrauenswürdiger Menschen, um eventuell auftretende Probleme zu lösen. Sie leiden selten unter gesundheitlichen Problemen, da sie Ruhe und Ausgeglichenheit in ihrem Leben priorisieren und ihre Energieniveaus effektiv verwalten, durch eine Kombination verschiedener körperlicher Aktivitäten und intuitiver Ernährung. Du bevorzugst oft natürliche Stoffe und Steine.

Diese Art von Mensch hält oft an seinen Beziehungen, Jobs und Menschen fest und glaubt, dass dies seine letzte Chance ist und dass sich die Dinge nicht verbessern werden.

Du erkennst nicht, dass jede Erfahrung zu einem bestimmten Zweck gegeben ist, als Sprungbrett dient. Je mehr du festhältst, desto häufiger kommst du in Phasen des Verlusts, wenn du wieder auf den Punkt kommst.

In zwischenmenschlichen Beziehungen besteht manchmal die Versuchung, den Partner verändern zu wollen, während man selbst keine eigenen Anpassungen vornimmt. Dies kann zu einer Partnerschaft führen, in der beide Partner unreif erscheinen und stark durch die Erziehung und Prägung ihrer Eltern beeinflusst sind. Alternativ könnte man sich mit einem wenig aufregenden, aber bequemen Partner zufriedengeben und gleichzeitig nach den Aspekten suchen, die in einer vermeintlich stabilen Beziehung fehlen. Es ist wichtig, sich bewusst zu machen, dass echte Veränderung oft von innen kommen muss, um eine erfüllte und harmonische Partnerschaft zu erreichen.

Bei der Arbeit kann es zu Situationen höherer Gewalt kommen, die alles stören und Ressourcen erschöpfen. Du kannst riskante Geschäfte oder Projekte mit nicht vertrauenswürdigen Partnern eingehen, die dir Versprechungen machen, nur um dir ein unrentables Geschäft zu hinterlassen und zu versuchen, neue Kunden unter dem Deckmantel eines vielversprechenden Projekts zu gewinnen. Oftmals liegen unbestätigte Details oder wenige Informationen über geschäftliche und andere Fälle vor.

Diese Art von Mensch hat eine übermäßig optimistische Einstellung, denkt nicht alle Details durch und berücksichtigt nicht die negativen Aspekte. Dies führt zu Verlusten und Schwierigkeiten. Bei dieser Art von Mensch kann es zu Muskel-Skelett-Problemen kommen, einschließlich des Verlusts von Gliedmaßen oder anderen Teilen ihrer Wirbelsäule oder ihres Skeletts. Es kann auch sein, dass du plötzlich eine Glatze bekommst oder Probleme hast, Mikronährstoffe aufzunehmen.

In jedem Unternehmen ist es wichtig, alles zu überprüfen – Personen, Informationen und Details – ohne Angst, als paranoid abgestempelt zu werden. Sobald sich eine solche Person entspannt, gibt es Ärger. Es ist schlecht, Leute von der Straße, Bekannte/Freunde oder einfach inkompetente Leute einzustellen.

Es ist wichtig, einen Bezugspunkt im Leben zu haben, direkten Kontakt mit einem verlässlichen Element von etwas aufzubauen und es zu steuern. Allerdings ist es auch wichtig, sich nicht zu sehr auf solche Übergangsverbindungen in jedem Lebensbereich einzulassen.

Lernen, im Moment zu leben und keine Annahmen zu treffen, dass die aktuelle Situation die bestmögliche ist, kann von Vorteil sein. Erfahrungen sammeln und lernen, loszulassen, kann Chancen für Wachstum und Entwicklung eröffnen. Geschieht dies nicht, kann dies zu Angst führen und dazu, sich mit dem Nötigsten zufrieden zu geben.

Transformierende Fragen:

1. Hast du dich schon einmal gefragt, wie du dein Leben so gestalten kannst, dass du sowohl deine eigenen Bedürfnisse erfüllst als auch anderen Raum gibst?
2. Welche Schritte könntest du unternehmen, um mehr Gleichgewicht zwischen Arbeit, Freizeit, Beziehungen und persönlicher Entwicklung zu finden?
3. Wie kannst du mehr Toleranz und Offenheit in dein tägliches Leben integrieren?
4. In welchen Situationen könntest du aktiv zuhören und versuchen, die Perspektiven anderer besser zu verstehen?
5. Welche Stärken und Schwächen erkennst du in dir selbst und anderen, und wie könntest du diese Erkenntnisse nutzen, um ein unterstützendes und wertschätzendes Umfeld zu schaffen?

CODE 19-8-7 / SCHLÜSSEL 7

Die Falle / Box

Du bist ein wahrer Unabhängigkeitsfanatiker, mutig und entschlossen, selbst in den schwierigsten Situationen. Deine pfiffige Einstellung zum Leben und deine Stärke, Verantwortung zu übernehmen, machen dich einzigartig. Du liebst es, deine Freiheit zu genießen und fühlst dich in dieser Unabhängigkeit wohl.

Doch manchmal steckst du vielleicht in einer Sackgasse fest und es fühlt sich an, als gäbe es keinen Ausweg. Du könntest jahrelang in einer Frustzone verharren und darauf warten, dass sich alles von alleine löst. Die Angst, von anderen kontrolliert zu werden, kann überwältigend sein, und enge Räume lassen dich unwohl fühlen.

Keine Panik! Es gibt immer einen Weg, auch wenn er im Moment nicht sichtbar ist. Aufgeben ist niemals eine Option. Es geht darum, Möglichkeiten zu finden und mutig zu handeln, auch wenn es Risiken gibt. Nur so kannst du verhindern, dass die Situation sich verschlimmert. Denke immer daran: „Alles wird gut."

Vertraue auf deine innere Stärke und sei bereit, dich den Herausforderungen des Lebens zu stellen. Deine Fähigkeit, Lösungen zu finden und dich aus schwierigen Situationen zu befreien, wird dir immer wieder helfen, aufzustehen und weiterzugehen. Du hast die Kraft und die Entschlossenheit, deinen eigenen Weg zu finden und erfolgreich zu gehen.

Lerne, auf deine Intuition zu hören und die kleinen Signale des Lebens zu erkennen. Sie werden dir den Weg weisen, selbst in den dunkelsten Momenten. Glaube an dich selbst und an die unendlichen Möglichkeiten, die das Leben bietet. Lass dich nicht von Ängsten oder Zweifeln zurückhalten. Du hast die Kraft, alles zu überwinden und deine Ziele zu erreichen.

Sei großzügig, engagiere dich in gemeinnützigen Projekten und werde zu einer inspirierenden Persönlichkeit des öffentlichen Lebens. Wenn du anderen hilfst, ihre finanziellen Probleme zu lösen, trägst du dazu bei, eine positive Veränderung in der Gesellschaft herbeizuführen.

Es ist wichtig, dass wir unsere Ressourcen und Fähigkeiten nutzen, um die Welt zu einem besseren Ort zu machen. Dein Beitrag kann den Unterschied machen. Indem du dich aktiv für die Bedürfnisse anderer einsetzt, übernimmst du Verantwortung und leistest einen wertvollen Beitrag. Wenn jeder von uns seinen Teil beiträgt, können wir eine Welt schaffen, in der jeder die Chance auf ein erfülltes Leben hat.

Indem du dich auf diese Weisheit konzentrierst und sie in deinem täglichen Leben anwendest, wirst du die Energie der 8 aktivieren. Diese Energie ermöglicht es dir, das Leben mit Akzeptanz und Gelassenheit anzunehmen, ohne dich von den Umständen oder den Urteilen anderer stören zu lassen. Sie gibt dir die Kraft, in jeder Situation zentriert zu bleiben und das Beste aus allem zu machen, was dir begegnet. Konzentriere dich auf das Positive und befreie dich von negativen Gedanken und Gefühlen, um ein erfülltes und glückliches Leben zu führen.

Hast du schon einmal darüber nachgedacht, wie du deine Ressourcen und Fähigkeiten einsetzen kannst, um anderen zu helfen? Welche Projekte könnten von deinem Engagement profitieren? Wie kannst du heute schon beginnen, eine positive Veränderung in deinem Umfeld zu bewirken?

Lebe jeden Tag bewusst und nutze diese Energie, um dich selbst weiterzuentwickeln. Akzeptiere die Dinge, die außerhalb deiner Kontrolle liegen, und erkenne, dass du die Macht hast, deine Reaktion darauf zu beeinflussen. Lass dich nicht von den Meinungen oder dem Verhalten anderer beeinflussen. Sei offen und tolerant, aber behalte dein eigenes Wohl im Auge.

Wie gehst du mit Herausforderungen und Hindernissen um? Siehst du sie als Chance für Wachstum und Lernen? Wie kannst du aus deinen Erfahrungen lernen und dich weiterentwickeln?

Sei dir bewusst, wie du deine Gedanken und Gefühle lenkst. Konzentriere dich auf das Positive und trainiere deine Gedanken, in Lösungen statt in Problemen zu denken. Lass dich nicht von negativen Gedanken oder Selbstzweifeln einschränken, sondern übernimm die Kontrolle über deine innere Haltung und deine Handlungen.

Wie oft überprüfst du deine Gedanken und Gefühle? Welche Techniken könntest du anwenden, um deine Gedanken positiver zu lenken? Was sind die ersten Schritte, die du unternehmen kannst, um eine positive innere Haltung zu entwickeln?

Sei offen für das, was auf dich zukommt. Das Leben ist voller Überraschungen und Veränderungen, und es ist wichtig, flexibel und anpassungsfähig zu sein. Betrachte jede Situation als Chance, etwas Neues zu lernen oder dich auf eine neue Art und Weise zu entfalten. So kannst du mit Zuversicht und Gelassenheit auf unbekanntem Terrain navigieren.

Welche neuen Möglichkeiten könntest du heute entdecken? Wie kannst du flexibel auf Veränderungen reagieren und sie zu deinem Vorteil nutzen? Was könntest du tun, um deine Anpassungsfähigkeit zu verbessern und offener für das Unbekannte zu sein?

Die 8. Energie ermöglicht es dir, das Beste aus deinem Leben zu machen, unabhängig von den äußeren Umständen. Akzeptiere und lebe in Harmonie mit dem, was ist, aber sei auch bereit, dich weiterzuentwickeln und neue Wege zu erkunden. Nutze diese Energie, um ein erfülltes und glückliches Leben zu führen - sei dankbar für das, was du hast, aber bleibe auch offen für das, was kommen wird.

Wie wäre es, wenn du dir die Zeit nimmst, wirklich hinzuschauen, was in deinem Leben gerade passiert? Welche Veränderungen kannst du wahrnehmen? Welche neuen Möglichkeiten zeichnen sich ab, die du vielleicht bisher übersehen hast?

Bei der 7. Energie ist es wichtig, Menschen bei der Selbstverwirklichung zu helfen und sie beim Erreichen ihrer Ziele zu unterstützen. Wenn du Aggression zeigst, ist es entscheidend, diese zu verarbeiten und zu lernen, mit deiner Wut umzugehen. Aggression, Wut, Zorn und Hass sind Ablenkungsimplantate.

Stell dir die Frage: Wo in deinem Leben kannst du mehr Unterstützung und Vertrauen anbieten? Wo kannst du deinen Mitmenschen helfen, ihre Ziele zu erreichen?

Menschen bei ihrer persönlichen Entwicklung zu helfen und sie auf ihrem Weg zu begleiten, kann eine erfüllende Erfahrung sein. Dabei ist es wichtig, eine unterstützende und vertrauensvolle Beziehung aufzubauen, in der sich der andere sicher und akzeptiert fühlt. Aggression hingegen kann diese Beziehung schnell belasten und den anderen verunsichern.

Welche Wege kannst du finden, um deine eigene Wut zu verarbeiten? Welche positiven Veränderungen könnten dadurch in deinen Beziehungen entstehen?

Es ist deshalb ratsam, sich mit der eigenen Wut auseinanderzusetzen und zu lernen, sie zu kontrollieren und auf konstruktive Weise auszudrücken. Dies kann nicht nur die Beziehungen zu anderen verbessern, sondern auch dein eigenes Wohlbefinden steigern. Letztendlich ist es wichtig, ein gesundes Gleichgewicht zwischen Unterstützung und Selbstpflege zu finden, um langfristig erfolgreich dabei zu sein, anderen bei ihrer Selbstverwirklichung zu helfen.

Wie wäre es, wenn du dir die Frage stellst: Wo in deinem Leben kannst du noch mehr Balance und Harmonie schaffen? Welche Schritte könntest du unternehmen, um deine innere Ruhe zu finden?

Indem du dich auf die 7. Energie konzentrierst, kannst du deine Fähigkeit stärken, anderen auf ihrem Weg zu helfen und ihnen zu ermöglichen, ihr volles Potenzial zu entfalten. Vermeide es, dich von negativen Emotionen leiten zu lassen, und fokussiere dich stattdessen auf positive, konstruktive Handlungen und Gedanken. Deine innere Balance und Harmonie werden dir dabei helfen, eine Quelle der Inspiration und Unterstützung für andere zu sein.

Was, wenn du heute damit beginnst, diese Energien bewusst in deinem Leben zu integrieren? Welche Wunder könnten sich daraus entfalten?

Transformierende Fragen:

1. Welche Strukturen oder Systeme in meinem Leben akzeptieren mich nicht, und warum möchte ich dennoch dazugehören?

2. Wie kann ich meine familiären Beziehungen stärken und meine Lieben so akzeptieren, wie sie sind?

3. Welche eigenen Muster und Verhaltensweisen muss ich erkennen und bearbeiten, um anderen besser helfen zu können?

4. Welche Techniken kann ich anwenden, um meine Aggressionen zu verarbeiten und ein ruhigeres, ausgeglicheneres Leben zu führen?

5. Wie kann ich mein Wissen und meine Erfahrungen effektiv teilen, um anderen zu helfen und die Gemeinschaft zu stärken?

CODE 19-9-8 / SCHLÜSSEL 9

Hoffnungslosigkeit / Geschenk eines Diplomaten / Programm zur Suche nach karmischer Gerechtigkeit / Karmische Heilung von Egozentrismus, intellektueller Stolz

Ein Mensch mit einer ausgeprägten Intimität und einer einladenden Ausstrahlung zieht häufig die Aufmerksamkeit seiner Umgebung auf sich. Dies geschieht nicht primär aufgrund äußerlicher Anziehung, sondern vielmehr aufgrund der Tiefe seiner Gedanken und der Weite seiner Gesten.

Deine umfangreiche soziale Vernetzung und der herzliche Kreis von Unterstützern, die dir in schwierigen Zeiten zur Seite stehen, sind bemerkenswert. Dank deiner charmanten Präsenz und deiner Fähigkeit, präzise und einfühlsame Worte zu finden, vermagst du es, seelische Wunden zu heilen und den psychisch-emotionalen Zustand deiner Mitmenschen ins Gleichgewicht zu bringen.

Unmerklich umhüllst du die Menschen in deinem Umfeld mit selbstloser Fürsorge und Wärme, was deine natürliche Überzeugungskraft und dein rhetorisches Talent noch verstärkt. Dies befähigt dich, effektive Verhandlungen zu führen und zeichnet dich als Mensch aus, der mit einer Vielzahl von Menschen kommunizieren kann. Du bist in der Lage, unterschiedliche Lösungsansätze für Probleme in Betracht zu ziehen und innovative Möglichkeiten zur Projektentwicklung zu erörtern.

Es scheint, als ob du in deinem Denken keine ausweglose Situation akzeptierst. Deine Persönlichkeit vereint das Bedürfnis nach individueller Rückzugsmöglichkeit mit einem lebendigen Interesse an Öffentlichkeit, was sich darin ausdrückt, dass du an vielen Projekten aktiv beteiligt bist.

Du bist ein enthusiastischer Mensch, der fest daran glaubt, dass jeder seine Ziele verwirklichen kann, und du bist bereit, andere durch dein eigenes Beispiel, deinen Glauben und deine Hoffnung zu inspirieren!

Dennoch stehen dir Möglichkeiten offen, die es anzuschauen gilt. Gelegentlich kannst du dich gegenüber anderen Menschen und der äußeren Welt verschlossen zeigen, was deine Fähigkeit hemmt, neue Informationen rasch und effizient zu erfassen. Es mag dir widerfahren, dass du dich nutzlos und machtlos fühlst und dich in deinen eigenen Erfahrungen unendlich in eine Ecke der Hoffnungslosigkeit zurückziehst.

Dein Selbstwertgefühl könnte entweder unterschätzt oder überbewertet sein; beides stellt jedoch zwei Seiten derselben Medaille dar. Möglicherweise hast du in deiner Kindheit Erfahrungen gemacht, in denen du mit anderen verglichen und abgewertet wurdest. Dies könnte entweder zu einem tief verwurzelten Glauben daran führen oder dich dazu anregen, diesen Eindruck zu widerlegen, indem du dein Selbstwertgefühl überdimensionierst und dich als übermäßig bedeutend darstellst.

Im beruflichen Umfeld könnten dir die herausforderndsten und undankbarsten Aufgaben übertragen werden, was ein weiteres Indiz für ein unzureichendes Selbstwertgefühl darstellen kann. Soziale Entfremdung kann sich manifestieren, da du dich von der Welt und der Gesellschaft entfremdet fühlst — als säßest du im Außen vor einer unsichtbaren Barriere des Misstrauens, die dich von den anderen trennt.

Möglicherweise wirst du auch von mangelndem Erfolg im beruflichen Bereich verfolgt und verlierst den Glauben an dich selbst und an deine Ambitionen. Es könnte dazu führen, dass du eine Leidenschaft aufgibst, abrupt kündigst und dich innerlich zurückziehst. Zudem kannst du dich möglicherweise in einem Netz aus einschränkenden Überzeugungen und festgelegten Rollen gefangen fühlen, während du dennoch im Einklang mit ihnen lebst.

Es bleibt das Gefühl zurück, nicht stark genug zu sein und stets eine Form von Unterstützung zu benötigen, ohne jedoch die Fähigkeit zu besitzen, konkrete Hilfe anzufordern, stattdessen nur indirekt Andeutungen zu machen und dann andere dafür verantwortlich zu machen, dass sie dich nicht verstehen.

Die Balance deines Selbstwertgefühls zu finden und dir deines inneren Wertes bewusst zu werden, sollte oberste Priorität besitzen. Setze auf Selbstvertrauen, statt zu versuchen, andere von deinem Wert zu überzeugen. Identifiziere die einschränkenden Überzeugungen, die dich festhalten, und suche nach Strategien, um diese rational zu überwinden. Setze dir ambitionierte Ziele, definiere deinen Lebensauftrag, gliedere große Aufgaben in überschaubare Schritte und verfolge diese strategisch.

Umgebe dich mit Gleichgesinnten in einer warmherzigen Gemeinschaft, in der sich alle gegenseitig unterstützen und an einander glauben. Vergleiche dich niemals mit anderen! Es ist entscheidend, sich von anderen inspirieren zu lassen und den eigenen Fortschritt ausschließlich mit dem eigenen Werdegang zu vergleichen, um eigene Leistungen zu würdigen.

Entwickle ein Bewusstsein für deine Verhaltensmuster, analysiere deine Prokrastination und persönliche Sabotage und erkenne die zugrunde liegenden Gründe, die dein Handeln hemmen. Erinnere dich daran, dass es keine hoffnungslosen Fälle gibt! Alles, was dir begegnet, liegt innerhalb deiner Reichweite, auch wenn die notwendigen Mittel zur Überwindung von Schwierigkeiten nicht immer sofort erkennbar erscheinen. Lerne, um Hilfe zu bitten und diese auch anzunehmen. Menschen sind deine wertvolle Ressource und dein Geschenk — sie sind bereit zu helfen; sei also bereit, deren Unterstützung anzunehmen!

Transformierende Fragen:
1. Wie kann ich mein Selbstwertgefühl stärken und mir meines angeborenen Wertes bewusst werden?
2. Welche einschränkenden Überzeugungen stehen mir im Weg, und auf welche Weise kann ich sie ändern?
3. Wie kann ich eine unterstützende und herzliche Gemeinschaft um mich herum aufbauen, die an mich glaubt?
4. In welchen Lebensbereichen vergleiche ich mich mit anderen, und wie kann ich meinen eigenen Fortschritt stattdessen würdigen?
5. Welche Schritte kann ich unternehmen, um bewusst und zielgerichtet voranzuschreiten?

CODE 19-9-10 / SCHLÜSSEL 2

Die Macht von Reinem Strom / Eine Analyse / Mission des Lehrers / Jagd nach Triumph / Zielstrebigkeit / Maßlosigkeit / Karmische Wiederherstellung der Balance zu Vorfahren

Du hast eine Aura von hoher Spiritualität und kannst positive Energie lenken und andere inspirieren. Deine Fähigkeit, Gleichgesinnte um dich zu scharen und anzuleiten, macht dich zu einem natürlichen Führer. Trotz deiner Einfachheit und Freundlichkeit besitzt du eine ganzheitliche und starke Persönlichkeit. Es besteht jedoch das Risiko, dass du die Kontrolle über deine Energie in böser Absicht missbrauchst.

Du könntest der Gefahr ausgesetzt sein, in Sekten zu landen oder in mysteriöse Kriminalfälle verwickelt zu werden. Der Wunsch, alles auf einmal zu bekommen und andere Menschen mit deinen Gaben zu beeinflussen, kann sich negativ auswirken. Andererseits besteht auch die Gefahr, dass deine Fähigkeiten unterschätzt werden und dass dein Vertrauen in die inneren Gefühle schwindet.

Es ist von großer Bedeutung, sich richtig zu entwickeln und das Leben nicht durch schlechte Einflüsse und den zerstörerischen Gebrauch deiner Fähigkeiten zu verschmutzen. Im Idealfall solltest du deinen Lebenszweck finden und ihm folgen. Auf diesem Weg kannst du den größten Erfolg und die größte Harmonie erreichen.

Zum Beispiel könntest du ein spiritueller Mentor werden oder Menschen auf lebenswichtige Energieorte auf dem Planeten begleiten. Es ist wichtig, ein Meister der reinen Energie zu werden, dich selbst zu schätzen und interne Prinzipien zu befolgen.

Die 19. Energie ist eine sehr wichtige Energie, die dir ermöglicht, im Leben erfolgreich zu sein. Wenn du diese Energie aktivieren möchtest, solltest du lernen, großzügig zu sein und dich an gemeinnützigen Projekten zu beteiligen. Indem du eine Persönlichkeit des öffentlichen Lebens wirst und im Interesse der Mehrheit handelst, kannst du einen positiven Einfluss auf die Gesellschaft haben.

Eine weitere wichtige Sache, die du tun könntest, um die 19. Energie zu aktivieren, ist, anderen Menschen bei der Lösung ihrer Geldprobleme zu helfen. Wenn du anderen hilfst, kannst du dir selbst helfen. Es gibt viele Möglichkeiten, wie du anderen helfen kannst, ihre finanziellen Probleme zu lösen. Du kannst zum Beispiel Schulungen zum Thema Finanzen anbieten oder mit anderen zusammenarbeiten, um ein gemeinnütziges Projekt zu starten, das sich auf finanzielle Bildung konzentriert.

Wenn du diese Schritte befolgst, kannst du die 19. Energie erlangen und ein erfolgreiches und erfülltes Leben führen. Denke daran, dass es wichtig ist, sich auf das Gemeinwohl zu konzentrieren und anderen zu helfen, wenn du erfolgreich sein möchtest.

Indem du anderen hilfst, ihr Wissen zu erweitern, zeigst du nicht nur Großzügigkeit und Freundlichkeit, sondern auch deine Fähigkeit zur Empathie und Zusammenarbeit. Es ist sehr wichtig zu verstehen, dass der Austausch von Wissen und Erfahrungen der Schlüssel zu persönlichem Wachstum und gemeinsamem Fortschritt ist. Wenn du anderen hilfst, ihr volles Potenzial zu entfalten, kannst du aktiv dazu beitragen, eine bessere Welt für uns alle zu schaffen. Sei stolz darauf, ein Mensch zu sein, der sich seiner selbst bewusst ist und anderen dabei hilft, ihr Bestes zu geben.

Auf diese Weise wird die zehnte Energieform entfaltet! Sei nicht zurückhaltend – zeige dein volles Potenzial! Versuche, in verschiedenen Situationen die richtige Wahl zu treffen, höre auf deine Intuition und sei ein verantwortungsbewusster Mensch. Sei dankbar für alles und lerne, dich zu entspannen und dieser Welt zu vertrauen. Das Leben ist eine Reise voller Herausforderungen und Möglichkeiten.

Es ist wichtig, dass wir uns darauf verlassen, unser Bestes zu geben und unsere Fähigkeiten zu verbessern. Gleichzeitig sollten wir uns aber nicht zu sehr unter Druck setzen lassen. Eine gesunde Work-Life-Balance ist entscheidend für ein erfülltes Leben. Wir sollten uns Zeit für Entspannung und Selbstfürsorge nehmen. Wenn wir uns Zeit für uns nehmen, können wir unsere Batterien wieder aufladen und uns auf die nächste Herausforderung vorbereiten.

Auch unsere Beziehungen zu pflegen ist wichtig. Familie und Freunde sind ein wichtiger Teil unseres Lebens und können uns unterstützen, wenn wir sie brauchen. Wir sollten viel wertvolle Zeit mit ihnen verbringen. Schließlich sollten wir uns bewusst sein, dass das Leben unbedenklich ist und wir nicht alles kontrollieren können. Es ist wichtig, dass wir uns auf die Dinge konzentrieren, die wir beeinflussen können. Von den Dingen, die außerhalb unserer Kontrolle liegen, sollten wir uns lösen. Wenn wir lernen, uns zu entspannen und der Welt zu vertrauen, können wir mehr Frieden und Glück in unserem Leben finden.

Erinnere dich daran, dass das Leben eine faszinierende Reise darstellt, die du in deinem eigenen individuellen Tempo gestalten und beschreiten darfst! Jeder Schritt, den du machst, ist einzigartig und bedeutungsvoll – genieße diesen Prozess in all seinen Facetten! Lass dich nicht von äußeren Erwartungen und Druck beeinflussen. Du bist der Schöpfer deiner Realität und hast die Macht, dein Leben nach deinen Wünschen zu gestalten.

Nimm dir Zeit für dich selbst, entdecke deine inneren Stärken und setze sie ein, um ein erfülltes Leben zu führen. Akzeptiere, dass nicht alles in deiner Kontrolle liegt und vertraue darauf, dass das Universum dir genau das bringt, was du brauchst, um zu wachsen und zu gedeihen. Lebe im Hier und Jetzt, schätze die kleinen Momente und sei dir bewusst, dass du die Fähigkeit hast, dein Leben in eine positive Richtung zu lenken.

Transformierende Fragen:
1. Wie kann ich meine spirituellen Fähigkeiten nutzen, um anderen zu helfen und die Welt um mich herum zu verbessern?
2. Welche Schritte kann ich unternehmen, dass ich meine Energie positiv und nicht destruktiv einsetze?
3. Welche gemeinnützigen Projekte kann ich unterstützen, um einen positiven Einfluss auf meine Gemeinschaft auszuüben?
4. Wie kann ich mein Wissen und meine Erfahrungen teilen, um anderen zu helfen, ihr volles Potenzial zu entfalten?
5. Wie kann ich eine gesunde Work-Life-Balance finden, die mir ermöglicht, meine Fähigkeiten zu verbessern und gleichzeitig Zeit für Selbstfürsorge und Entspannung zu finden?

CODE 20-5-3 / SCHLÜSSEL 1

Mein Zuhause als Tempel / Die Welt der Gastfreundschaft, Kreativität und Innovation / Macht der Familie / Revitalisierung der Ahnenbräuche / Spirituelle Kunst / Verlassenheitssyndrom / Autonome Kindheit / Wiederherstellung der generationellen Verbindung

Für Menschen, die das 20-5-3-Programm leben, ist es von Bedeutung, einen eigenen Raum im Leben zu haben, den sie als ihren „Tempel" betrachten und in dem sie selbst als Diener fungieren. Dies kann ihr Zuhause, ihre Familie oder ihre Arbeit sein, aber auch jeder andere Raum und jede Lebenssphäre. Sie sind von einer ausgeprägten Energieblase umgeben, in der ihre eigenen Regeln und Bräuche gelten. Alles muss auf eine besondere Art und Weise erledigt werden. Auch ihr Zuhause ist einzigartig gestaltet und möglicherweise ziert ein Familienwappen das Haus.

Du zeichnest dich durch Gastfreundschaft aus und bist Experte in deinem Bereich. Du hast Freude daran, Geschichten zu erzählen und Menschen zusammenzubringen, um eine warme und einladende Atmosphäre in deinem Zuhause zu schaffen. Du achtest auf die kleinsten Details bei der Organisation von Veranstaltungen und bist fürsorglich, wodurch du eine Atmosphäre schaffst, die Komfort und Freude für dich selbst und andere bringt. Im Berufsleben bist du bodenständig und einfallsreich.

Du bist in der Lage, mit den vorhandenen Materialien zu erfinden und zu gestalten. Oft fühlst du dich von reiner Wissenschaft und Forschung angezogen, wie beispielsweise der Arbeit im Labor. Trotz deines Erfolgs bleibst du bescheiden und strebst nicht nach Ruhm. Du bist begeistert davon, deine Innovationen zu teilen und sie in verschiedenen Lebensbereichen umzusetzen.

Menschen, die dieses Programm leben, können ein einzigartiges Aussehen haben, wie beispielsweise unterschiedliche Frisuren, Haarfarben, Tätowierungen oder Ohrpiercings. Du legst Wert auf die Zubereitung frischer Lebensmittel und hast möglicherweise Interesse an Naturheilkunde und Freude an der Herstellung pflanzlicher Heilmittel.

Welche Elemente in deinem Leben empfindest du als deinen Tempel, und wie gestaltest du sie, um deine eigene Energie zu fördern und zu bewahren? Bist du bereit, dein Wissen und deine Geschichten mit anderen zu teilen, um eine inspirierende und unterstützende Gemeinschaft zu schaffen?

Menschen, die das 20-5-3-Programm leben, neigen dazu, exklusiv zu sein und andere auf Distanz zu halten. Manchmal zeigen sie sogar Aggression. Nur wenige ausgewählte Menschen werden in ihren inneren Kreis aufgenommen. Du kannst jedoch manchmal nicht erklären, nach welchem Prinzip du diese Menschen auswählst. Du könntest unbewusst andere aufgrund ihres Geschlechts, ihres Glaubens oder ihrer Ansichten auswählen. Sobald du Erfolg hast und eine bestimmte Position erreichst, kommt es häufig vor, dass du anfängst, eine Abneigung gegenüber jenen zu entwickeln, die in der sozialen Hierarchie unter dir stehen.

Du neigst dazu, andere zu erniedrigen und ihre Gefühle zu missachten. Diese Haltung resultiert aus einer kritischen Sichtweise auf das Verhalten anderer, wodurch du sie schnell etikettierst und oftmals ohne Bedacht beleidigende Bemerkungen von dir gibst. Du bist überzeugt, stets im Recht zu sein und ignorierst die Perspektiven deiner Mitmenschen. Es ist essenziell, sich bewusst zu machen, wie wichtig Empathie und Respekt im Umgang miteinander sind. Stelle sicher, dass du den Wert jedes Menschen anerkennst, unabhängig von deren Status!

Im Geschäftsleben stehst du bei der Personalrekrutierung vor Herausforderungen, da du unrealistische Anforderungen stellst und lange unbezahlte Probezeiten vorschreibst. Dies führt zu einer hohen Mitarbeiterfluktuation im Unternehmen. Auch die Kommunikation und Interaktion unter den Mitarbeitern, mit Kollegen und Abteilungen ist kaum vorhanden. Alles wird zentralisiert vom Direktor gesteuert.

Schließlich bist du als Geschäftsinhaber überfordert und beschließt aufzuhören. Darüber hinaus neigst du dazu, dich zu sehr auf unwichtige Details deines Unternehmens zu konzentrieren, wie zum Beispiel das Design des Logos oder die Entwicklung von Dokumenten, während die Gewinnmaximierung vernachlässigt wird und dies der Konkurrenz erlaubt, dich zu übertreffen.

Denke über das Konzept der Bewachung des „Tempels" nach und darüber, ob er wirklich als Zufluchtsort dient. Oft isolierst du dich und nimmst übermäßige Belastungen auf dich, was zu Negativität in deinem Leben führt. Es ist möglich, dies in positive Eigenschaften umzuwandeln, die Menschen anziehen.

Im Geschäftsleben ist es von entscheidender Bedeutung, zu lernen, wie man Aufgaben delegiert, ein geschlossenes Team aufbaut und eine effektive Kommunikation zwischen allen Ebenen der Mitarbeiter etabliert. Vermeide es, die ganze Verantwortung zu übernehmen und einen direktiven Führungsstil zu pflegen. Nimm Aufgaben aus einer breiteren Perspektive an und vermeide es, dich in Kleinigkeiten zu verstricken. Vermeide es unbedingt, unrealistische Anforderungen an deine Mitarbeiter zu stellen! Ein Unternehmen sollte sich nicht ausschließlich auf unzuverlässige oder befristet angestellte Kräfte stützen, da dies auf lange Sicht zu Misserfolg führen kann. Setze stattdessen auf ein stabiles und engagiertes Team, um nachhaltigen Erfolg zu gewährleisten!

Wenn es um die Gesundheit geht, ist es wichtig, die Selbstfürsorge in den Vordergrund zu stellen, ohne sich übermäßig darauf zu konzentrieren. Zeit in der Natur zu verbringen, Atemübungen zu machen und Entspannung in Sanatorien zu suchen, kann von Vorteil sein. Es ist von entscheidender Bedeutung, Fachleuten (Ärzten) bei der Behandlung zu vertrauen, ihr Fachwissen auf diesem Gebiet und ihr Potenzial anzuerkennen, deinen Körper besser zu verstehen als du. Es ist wichtig, dass deine Lieben verständnisvoll und aufmerksam sind bei allen versteckten gesundheitlichen Problemen, die bei dir auftreten könnten.

Indem du dein Wissen kostenlos weitergibst, Gesetze einhältst, Steuern zahlst, vor dem Staat ehrlich bist und unter keinen Umständen illegalen Betrug begehst, erarbeitest du die 5. Energie. Zusätzlich solltest du dich bemühen, eine positive Einstellung zu bewahren und deine Mitmenschen respektvoll zu behandeln. Implementiere deine Ideen mit Leidenschaft und Kreativität, aber sei auch geduldig und beharrlich in deinem Vorgehen. Sei dir bewusst, dass der Weg zum Erfolg nicht immer einfach ist, aber mit Kontinuität und Ausdauer wirst du deine Ziele erreichen.

Vertraue auf deine Fähigkeiten und lass dich nicht von Rückschlägen entmutigen. Mit der richtigen Einstellung und Entschlossenheit kannst du die 5 Arkana erreichen und deine Ziele im Leben verwirklichen.

Karma kann oft eine schwere Last sein, aber es ist wichtig, dass wir lernen, damit umzugehen und es zu verarbeiten. Indem wir Großzügigkeit und Wohltätigkeit zeigen, können wir unser Karma in positive Energie umwandeln und anderen helfen. So erarbeitest du die 3. Energie. Es ist auch wichtig, an der Flexibilität unseres Charakters zu arbeiten, damit wir uns an verschiedene Situationen anpassen können und nicht von unserem Karma überwältigt werden. Die Kaiserin ist ein großartiges Beispiel dafür, wie man Macht und Kontrolle ausüben kann, ohne andere zu unterdrücken oder zu demütigen. Wir können viel von ihr lernen und uns bemühen, das Gleiche zu tun.

Hier sind einige Fragen, die dich zu tieferer Selbsterkenntnis führen können: Wie kannst du in deinem täglichen Leben mehr Großzügigkeit zeigen? Welche Schritte kannst du unternehmen, um deine Familienbeziehungen zu stärken? Was hindert dich daran, deine Fähigkeiten voll zu nutzen? Welche inneren Blockaden musst du überwinden, um deine Ziele zu erreichen? Wie kannst du dein Wissen und deine Erfahrungen nutzen, um anderen zu helfen? Indem du diese Fragen reflektierst und in deinem Handeln berücksichtigst, wirst du die Energien der Arkana in dein Leben integrieren und ein harmonisches, erfülltes Dasein führen.

Transformierende Fragen:
1. Wie kann ich meine Wohn- und Arbeitsumgebung so gestalten, dass sie ein echter Zufluchtsort für mich und meine Lieben ist?
2. Welche Schritte kann ich unternehmen, um offener und zugänglicher für andere zu werden und nicht exklusiv und distanziert zu wirken?
3. Wie kann ich meine Aufgaben im Geschäftsleben effektiver delegieren und ein harmonischeres Team aufbauen?
4. Was kann ich tun, um mein Vertrauen in Fachleute, insbesondere im Gesundheitsbereich, zu stärken und meine Gesundheit besser zu pflegen?
5. Wie kann ich die Beziehungen zu meinen Familienmitgliedern verbessern und eine tiefere, dauerhaftere Bindung aufbauen?

CODE 20-7-5 / SCHLÜSSEL 5

Raus aus dem System / Existenz im Einklang mit kosmischen Gesetzen / Architekt des Familienfundaments / Bewahrer der Blutslinien / Umsetzung gewachsener Weisheit / Karmische Heilung von Vorwürfen, Beschwerden und karmischen Lasten

Du bist ein wahrer Held für all jene, die von der Gesellschaft ausgeschlossen werden. Du hast die Fähigkeit, entweder dabei zu helfen, diese Ausgestoßenen wertvoll für das System zu machen, oder du gründest eine separate Organisation, die ihre Rechte schützt.

Es kann sein, dass du von einer bestimmten Struktur oder einem bestimmten System nicht akzeptiert wirst, oder dass es viele Menschen in deinem Umfeld gibt, die aus verschiedenen Gründen von der Gesellschaft abgelehnt wurden. Für eine bestimmte Gruppe oder Organisation scheint deine Arbeit oder dein Engagement nicht zu existieren, sie wird einfach ignoriert.

Du könntest beispielsweise mit ganzem Herzen an einem Projekt arbeiten, aber sobald das Projekt beendet ist, wird es als unnötig betrachtet. Oder du hast dein Zuhause verlassen und bist in ein anderes Land gezogen, aber die Familie deines Partners akzeptiert diese Beziehung nicht.

Du solltest herausfinden, ob du wirklich zu einer Struktur gehören möchtest, die dich nicht akzeptiert. Analysiere, wie viel du für deine Arbeit, dein Engagement oder deine Gefühle von diesem System oder dieser Organisation belohnt wurdest. Manchmal ist das, was wir uns wünschen, nicht unbedingt das Beste für uns. Vielleicht wäre es für dich besser, deine eigene, bessere Gemeinschaft oder dein eigenes System zu erschaffen.

Es ist wichtig, an familiären Beziehungen zu arbeiten. Akzeptiere deine Lieben so, wie sie sind. In der heutigen schnelllebigen Welt kann es schwierig sein, Zeit für die Familie zu finden. Aber es ist von entscheidender Bedeutung, regelmäßig daran zu arbeiten, die Beziehungen zu deinen Angehörigen zu pflegen und zu stärken.

Oft neigen wir dazu, unsere Lieben zu kritisieren oder versuchen, sie zu ändern, anstatt sie einfach so zu akzeptieren, wie sie sind. Doch nur durch Akzeptanz und Verständnis können wir eine tiefe und dauerhafte Bindung aufbauen. Es ist wichtig, dass wir unseren Familienmitgliedern zuhören, ihre Bedürfnisse verstehen und ihnen in schwierigen Zeiten beistehen. Indem wir uns auf unsere familiären Beziehungen konzentrieren und daran arbeiten, sie zu verbessern, können wir ein erfülltes und glückliches Leben führen.

Es sollte dir wichtig sein, Menschen bei der Selbstverwirklichung zu helfen und sie beim Erreichen ihrer Ziele zu unterstützen. Um die 7. Energie zu erarbeiten, ist es hilfreich, sich mit den eigenen Mustern und Verhaltensweisen auseinanderzusetzen. Es kann dabei helfen, sich bewusst zu machen, welche Aufgaben man aus vergangenen Leben mitgenommen hat und welche Erfahrungen man bereits gemacht hat.

Dabei sollte man sich auch mit den eigenen Stärken und Schwächen auseinandersetzen, um besser zu verstehen, wie man anderen Menschen am besten helfen kann. Wenn man dazu neigt, Aggressionen zu zeigen, ist es wichtig, diese zu verarbeiten und zu lernen, mit der eigenen Wut umzugehen. Entspannungstechniken wie ätherische Öle, Clearings, Yoga oder Meditation können dabei helfen. Auch ein Matrix-Berater kann helfen, alte Blockaden und Muster aufzulösen und neue Handlungsmöglichkeiten zu finden.

Du hast eine wunderbare Gabe und eine einzigartige Perspektive, die darauf wartet, mit der Welt geteilt zu werden. Deine Erfahrungen und dein Wissen sind wertvoll und können anderen Menschen helfen, ihren eigenen Weg zu finden. Indem du deine Weisheit teilst, kannst du nicht nur dein eigenes Wachstum fördern, sondern auch das der Gemeinschaft um dich herum.

Die Arkana 5 erinnert uns daran, wie wichtig es ist, die Gesetze zu respektieren und ehrlich zu handeln. Steuern zu zahlen und keine illegalen Wege zu gehen, sind nicht nur rechtliche Anforderungen, sondern auch spirituelle Praktiken.

Sie symbolisieren deine Integrität und deine Bereitschaft, Verantwortung zu übernehmen. Das ist kein Verlust, sondern eine Bereicherung – für dich und die Gesellschaft.

Stell dir vor, wie erfüllend es ist, wenn du in Harmonie mit den Menschen um dich herum lebst. Wenn du die Prinzipien der Arkana 5 in dein Leben integrierst, schaffst du eine solide Basis für Vertrauen und Respekt. Du baust Brücken zwischen dir und anderen, indem du zeigst, dass du ein verantwortungsbewusster und ehrlicher Mensch bist.

Durch das Befolgen der Arkana 5 wächst du nicht nur spirituell, sondern trägst auch zu einer besseren Welt bei. Du wirst ein Leuchtturm für andere, ein Beispiel dafür, wie man in Einklang mit sich selbst und der Gemeinschaft leben kann. Nutze diese Gelegenheit, um deine inneren Schätze mit der Welt zu teilen und gleichzeitig ein Leben voller Erfüllung und Integrität zu führen.

Transformierende Fragen:
1. Welche Strukturen oder Systeme in meinem Leben akzeptieren mich nicht, und warum möchte ich dennoch dazugehören?
2. Wie kann ich meine familiären Beziehungen stärken und meine Lieben so akzeptieren, wie sie sind?
3. Welche eigenen Muster und Verhaltensweisen muss ich erkennen und bearbeiten, um anderen besser helfen zu können?
4. Welche Techniken kann ich anwenden, um meine Aggressionen zu verarbeiten und ein ruhigeres, ausgeglicheneres Leben zu führen?
5. Wie kann ich mein Wissen und meine Erfahrungen effektiv teilen, um anderen zu helfen und die Gemeinschaft zu stärken?

CODE 20-9-7 / SCHLÜSSEL 9

Das geheime Vermächtnis / Neuinterpretation von Werten / Transformation von Prioritäten / Evolution des Wertesystems

Eine Seele, die das Sammeln liebt, hat die Fähigkeit, zahlreiche Schätze anzuhäufen – sei es Wissen, Erfahrungen oder finanzielle Mittel. Reichtum zu erwerben erlaubt dir, ein wertvolles Vermächtnis für die kommenden Generationen zu schaffen! Du kannst positive Energie verbreiten und andere inspirieren. Mit deinem Talent, Gleichgesinnte um dich zu versammeln, kannst du Menschen führen und lehren. Trotz deiner Bescheidenheit und Freundlichkeit hast du eine starke und umfassende Persönlichkeit!

Allerdings könnte es auch sein, dass du manchmal Gelegenheiten verpasst, dein gesammeltes Wissen oder Geld zu nutzen, um dein Leben zu bereichern. Deine Ressourcen könnten stagnieren oder sich sogar negativ auswirken. Wenn du beispielsweise zu viel sparst, um für Notfälle gewappnet zu sein, geht das Leben vielleicht an dir vorbei, ohne dass du es richtig genießen kannst. Möglicherweise fühlst du dich auch, als würde dir etwas fehlen und bist auf äußere Hilfe angewiesen, um dich weiterzuentwickeln. Deshalb gibt es vielleicht Dinge in deinem Leben, die du vor anderen verheimlichst.

Es ist wichtig, dass du deine Erfahrungen und dein Wissen teilst! Sei es durch das Schreiben von Büchern oder das Austauschen von Informationen mit anderen. Auch solltest du deine Geheimnisse zumindest mit deinen Lieben teilen. Geld sollte nicht als Belastung betrachtet werden; es sollte fließen und investiert oder geteilt werden. So kannst du ein erfülltes Leben leben und dein Vermächtnis positiv weitergeben!

Um dein volles Potenzial zu erreichen, ist es entscheidend, dass du lernst, auch mal loszulassen und Vertrauen in andere zu setzen. Das bedeutet, Aufgaben zu delegieren und darauf zu vertrauen, dass andere ebenfalls gute Entscheidungen treffen können. Wenn du Verantwortung teilst, schaffst du Freiräume und kannst deine Energie effektiver nutzen.

Die 7. Energie dreht sich darum, anderen beizustehen und sie auf ihrem Weg zu unterstützen. Dabei ist es wichtig, dich selbst gut zu kennen! Mit dieser Selbstkenntnis kannst du deine eigenen Ressourcen optimal nutzen und ein erfülltes Leben führen. Es erfordert Mut und Offenheit, die Bedürfnisse anderer ernst zu nehmen und sie zu unterstützen.

Vergiss nicht, dass das Streben nach Perfektion oft hinderlich sein kann. Du darfst Fehler machen und daraus lernen! Das Leben ist ein ständiger Lernprozess, und Rückschläge sind Chancen für Wachstum. Wenn du eine flexible und anpassungsfähige Haltung einnimmst, bist du in der Lage, Herausforderungen zu meistern und gestärkt daraus hervorzugehen!

Transformierende Fragen:
1. Wie kann ich mein Wissen und meine Erfahrungen effektiv teilen, um sowohl mir selbst als auch anderen zu helfen?
2. Welche Schritte kann ich unternehmen, um meine Familienbeziehungen zu stärken und eine tiefere Bindung aufzubauen?
3. Wie kann ich sicherstellen, dass ich meine Ressourcen sinnvoll nutze und nicht nur horte?
4. Was kann ich tun, um meine eigenen Grenzen zu überwinden und mich anderen gegenüber zu öffnen?
5. Wie kann ich andere Menschen auf ihrem Weg zur Selbstverwirklichung unterstützen und gleichzeitig meine eigenen Stärken und Schwächen besser verstehen?

Anhang

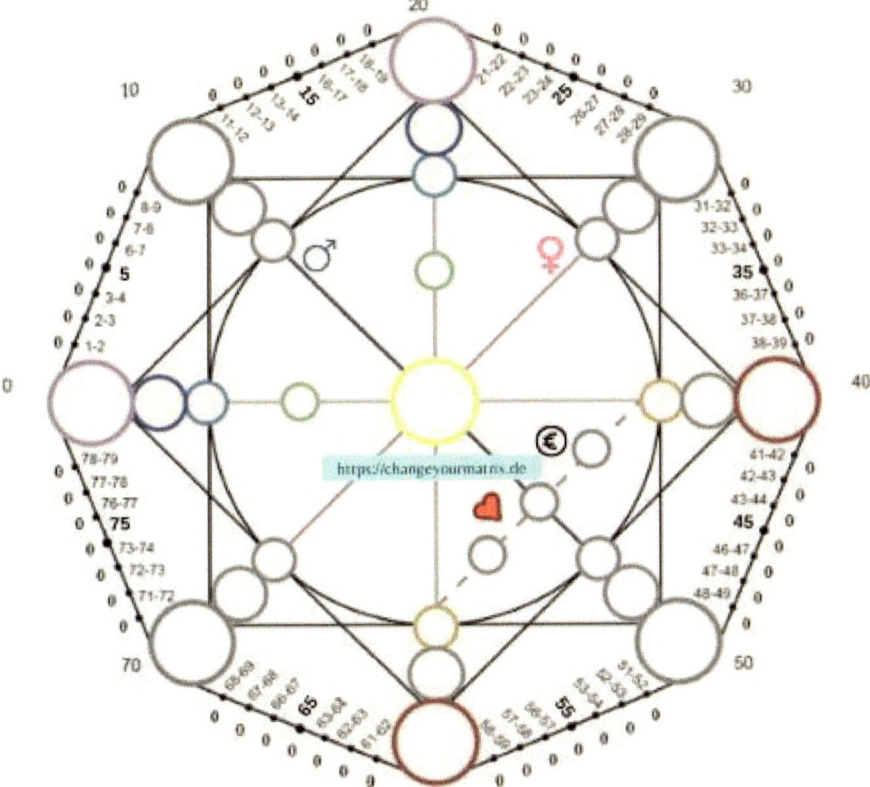

https://changeyourmatrix.de

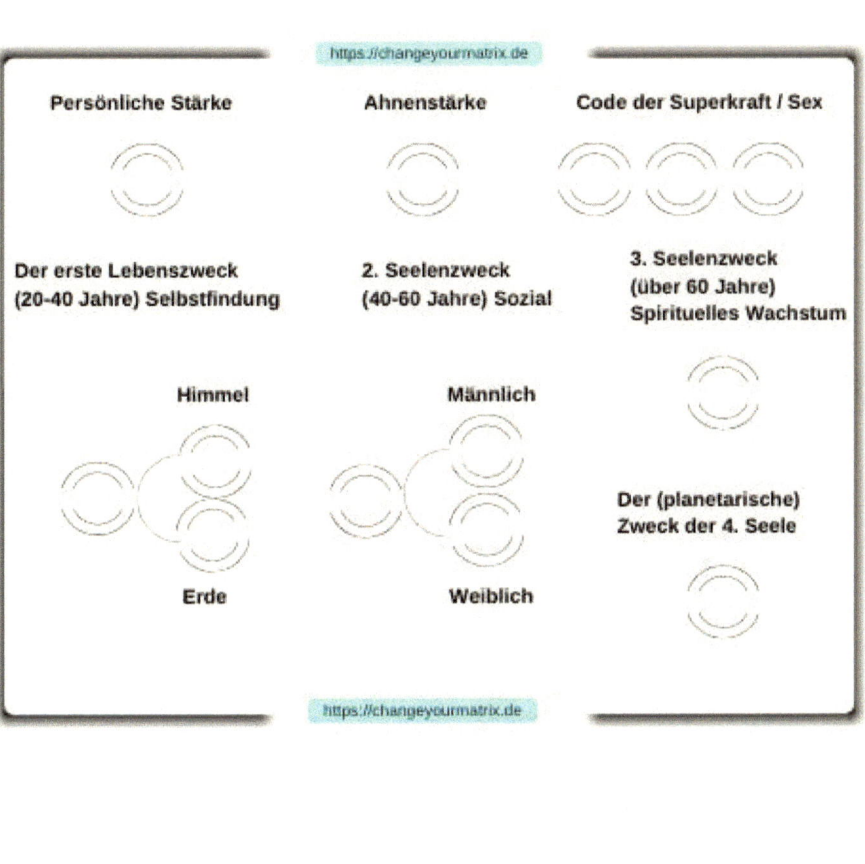

Persönliche Stärke

Ahnenstärke

Code der Superkraft / Sex

Der erste Lebenszweck
(20-40 Jahre) Selbstfindung

2. Seelenzweck
(40-60 Jahre) Sozial

3. Seelenzweck
(über 60 Jahre)
Spirituelles Wachstum

Himmel

Männlich

Der (planetarische)
Zweck der 4. Seele

Erde

Weiblich

Chakrenkarte

https://changeyourmatrix.de

Name des Chakras Zuordnung der Körperteile	Physik	Energie	Emotion
Sahasrara (Kronenchakra) Haare, Gehirn, oberer Teil des Kopfes	◯	◯	◯
Ajna (Chakra des dritten Auges) Augen, Ohren, Nase, Oberkiefer	◯	◯	◯
Vishuddha (Hals-Chakra) Unterkiefer, Hals, Schultern, Arme	◯	◯	◯
Anahata (Herzchakra) Herz, Lunge, Bronchien, Brust, Rippen	◯	◯	◯
Manipura (Solarplexus-Chakra) Mittlere Wirbelsäule, Magen-Darm-Trakt, Leber	◯	◯	◯
Svadhishthana (Sakralchakra) Dickdarm, Nieren, Nebennieren	◯	◯	◯
Muladhara (Wurzelchakra) Beine, Anus, Kreuzbein, Urogenitalsystem	◯	◯	◯
Ergebnis Knochen insgesamt, Lymph- und Kreislaufsystem, Fettleibigkeit	◯	◯	◯

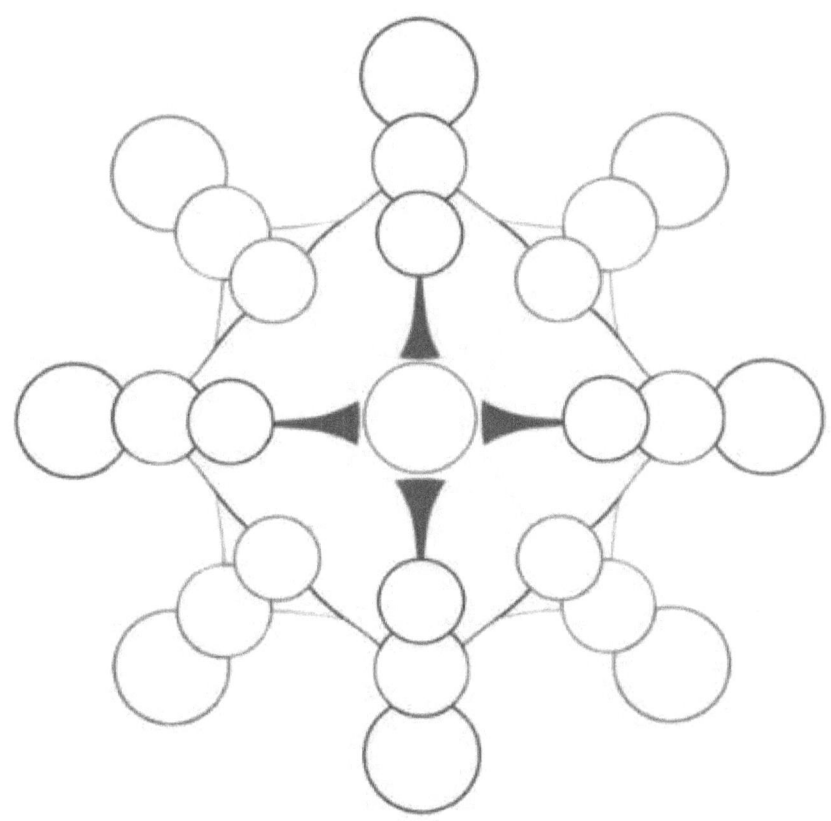

Häufig gestellte Fragen (FAQ)

Jeder Mensch ist einzigartig, aber ich wurde an meinem Geburtstag zusammen mit tausenden anderen geboren. Haben wir nicht alle dasselbe Ziel?

Absolut! Jeder Mensch, der an demselben Tag geboren wird, verfügt über dasselbe grundlegende Energiepotential. Ob und wie dieses Potential ausgeschöpft wird, hängt jedoch von zahlreichen Faktoren ab: Welche Eltern hast du gewählt? Durch welche Familie bist du zur Welt gekommen? Welches ungenutzte Karma bringst du mit? In welchem Land bist du aufgewachsen?

Bei Zwillingen ist es besonders auffällig, dass oft die Energieressourcen aufgeteilt sind. Ein prägnantes Beispiel sind die Kaulitz-Brüder, bei denen deutlich zu erkennen ist, welche spezifische Energie jeder Einzelne verkörpert. Darüber könnte man endlos diskutieren!

Wie kann ich erkennen, ob die Matrixcodes meiner Energien positiv oder negativ sind?

Um herauszufinden, ob deine Energien im positiven oder negativen Bereich liegen, ist es entscheidend, den Kontext zu betrachten, durch den diese Energien fließen. Wenn die Resultate in diesem Bereich suboptimal sind, ist die Wahrscheinlichkeit hoch, dass die Energie im Minusbereich verankert ist – in diesem Fall lohnt es sich, aktiv daran zu arbeiten!

Beispielsweise: Wenn es in der Beziehung zu einem geliebten Menschen Schwierigkeiten gibt, sind die Energien, die das familiäre Miteinander bestimmen, vermutlich im Minus. Ebenso, wenn ein Mensch ständig finanzielle Probleme hat, Schulden ansammelt oder von unerwarteten Ausgaben überrascht wird, lässt sich leicht erkennen, dass der Geldkanal aktuell rote Zahlen schreibt.

Zusammengefasst: Um zu bestimmen, ob deine Energien positiv oder negativ sind, stelle dir ehrlich die Frage: „Bin ich mit den Ergebnissen in diesem Lebensbereich zufrieden?" Bei einer positiven Antwort gibt es keinen Grund zur Sorge! Wenn die Antwort jedoch negativ ausfällt, sind deine Energien im Minus und erfordern eine schrittweise Transformation von Minus zu Plus!

Werden meine finanziellen Probleme gelöst, wenn ich den Geldkanal analysiere?

Dieser Kanal verdeutlicht, auf welche Weise Energien den Fluss von Geld zu dir lenken und dessen Abfluss beeinflussen. Ein kontinuierliches Fehlen finanzieller Mittel ist oft das Resultat ineffektiver Handlungen, nicht nur im Geldbereich, sondern auch in anderen Lebensaspekten.

Daher gilt: Solange du das zugrunde liegende Problem deiner finanziellen Situation nicht adressierst, bleibt eine Veränderung aus!

Wie kann man die energetischen Ströme von negativ auf positiv umwandeln?

Die grundlegende Arbeit mit den Matrixcodes des Schicksals umfasst die transformative Übersetzung der Energien. Beginne, indem du definierst, welcher Bereich deiner Lebenssituation priorisiert werden sollte. Beispielsweise könnte ein Mensch in einer Partnerschaft mit Kommunikationsschwierigkeiten konfrontiert sein, was zu einem Mangel an gegenseitigem Verständnis oder gar zum vollständigen Fehlen einer harmonischen Beziehung führt. In solchen Fällen ist sofortige Intervention erforderlich!

Sobald das spezifische Problemfeld festgelegt ist, ist es wichtig, die Energien, die für das Ergebnis verantwortlich sind, eingehend zu analysieren. Der nächste Schritt besteht darin, ehrlich auf einer Skala von 1 bis 10 zu reflektieren, inwieweit die Verantwortung für diese Energien übernommen wird, hier bieten wir unsere Unterlagen **„Wohnen im Plus"** für jede Arkana an. Eine sorgfältige Analyse der Vor- und Nachteile der bestehenden Energien wird Klarheit darüber bringen, welche Schritte als Nächstes zu unternehmen sind – ziele darauf ab, positive Resultate zu erreichen!

Wie schnell werden positive Veränderungen in meinem Leben spürbar?

Der Wiedergenesungsprozess von Lebenssituationen und Schicksalsstrukturen verläuft bei jedem Menschen in einem unterschiedlichen Tempo, da jeder Einzelne einzigartig ist. Einige Menschen sind in der Lage, die sogenannte „karmische Schicht" rasch zu beseitigen und erleben schnelle Heilung. Andere hingegen benötigen möglicherweise mehr Zeit.

Es ist jedoch wichtig zu erkennen, dass es unwesentlich ist, auf welcher Ebene sich ein Mensch befindet oder wie herausfordernd seine Umstände waren, bevor er sich der energetischen Strömungen bewusst wurde. Sobald du verstehst, welche Aufgaben in deiner speziellen Situation zu bewältigen sind, beginnt eine schnelle Transformation!

Um diesen Weg effektiv zu gehen, können Arbeits- Tage- und Malbücher eine große Unterstützung sein. Unser veröffentlichtes Buch „Farben der Seele" und zwei bald erscheinende Arbeitsbücher bieten dir Werkzeuge, um deine Matrixcodes aktiv zu transformieren und deine Energien ins Positive zu lenken. Bist du bereit, den ersten Schritt zu machen?

VERTIEFUNG IN DIE WELT DER ESOTERIK: TAROT UND MAGIE

Hast du dich jemals gefragt, wie tief und vielfältig das Verständnis und die Anwendung der Tarotkarten und magischen Praktiken sein können? Die Bücher „Code des Tarot angewandte Zauberei" von Elena Anopova und Anasita Carmelitski, „Gesetze des Universums" von Boris Monosow, „Waites Geheimnis" von Tereza Slavovych-Dosaeva und Olesya Sidorenko sowie „Das Heilige Tarot" von K.K. Zain (Elbert Benjamin) bieten dir einen umfassenden Einblick in diese faszinierende Welt.

Code des Tarot angewandte Zauberei - Elena Anopova und Anasita Carmelitski

Wie wäre es, wenn du die traditionelle Symbolik der Tarotkarten mit modernen magischen Praktiken kombinieren könntest? Dieses Buch bietet dir detaillierte Anweisungen, wie du die Karten zur Zauberei und spirituellen Arbeit einsetzen kannst. Die Autorinnen richten sich an Leser, die tiefer in die esoterische Nutzung des Tarots eintauchen möchten und bieten sowohl theoretische als auch praktische Anleitungen.

Gesetze des Universums - Boris Monosow

„Gesetze des Universums" ist eine umfassende Enzyklopädie, die eine vollständige Sammlung magischen Wissens und Rituale bietet. Hast du dich je gefragt, welche Geheimnisse die Zivilisationen verborgen halten oder wie fortgeschrittene magische Techniken wie der Sammelpunkt und die Unterwerfung der Realität funktionieren? Dieses Werk ist eine wertvolle Ressource für jeden, der ein umfassendes Verständnis der magischen Künste anstrebt.

Waites Geheimnis - Tereza Slavovych-Dosaeva und Olesya Sidorenko

Stell dir vor, du könntest eine tiefgründige Analyse der Tarotkarten basierend auf der traditionellen Symbolik und den Lehren von Arthur Edward Waite erhalten. „Waites Geheimnis" richtet sich an Leser, die ein tieferes Verständnis für die esoterischen Bedeutungen der Tarotkarten erlangen möchten. Das Buch verbindet historische und spirituelle Perspektiven und zeigt, wie die Karten zur persönlichen und spirituellen Entwicklung genutzt werden können.

Das Heilige Tarot - K.K. Zain (Elbert Benjamin)

Hast du dich je gefragt, wie Tarotkarten mit verschiedenen Systemen und Symbolen wie der Kabbala, Astrologie und Archetypen verbunden sind? „Das Heilige Tarot. Die Kunst des Kartenlesens basierend auf spiritueller Wissenschaft" bietet dir eine ausführliche Beschreibung der Tarotkarten sowie Anweisungen zu deren Verwendung zur Wahrsagerei und Meditation. Der Autor betont, wie die Karten zur persönlichen Entwicklung und Selbstfindung genutzt werden können.

BEGEGNUNGSSTÄTTE PHÖNIX-VEREIN FÜR ALTERNATIVE LEBENSWEISEN

Liebe Lesende!

Der Begegnungsstätte Phönix Verein Verein für alternative Lebensformen möchte seinen Mitgliedern ein Forum für ein selbstbestimmtes Leben  bieten und den natürlichen Umgang mit der Fauna und der Flora, in Verbindung mit alternativen Gesundheitsthemen, Lebensformen und Lebensweisen fördern. Der Verein unterstützt Menschen, damit sie selbstbestimmt ihr kreatives und schöpferisches Potential entdecken und entfalten können.

Wir bieten Selbstfindungskurse, Retreats, Massagen, Persönlichkeits-entwicklung an, Schulungen zu bestimmten Themen wie Entspannung, gesundheitliche Selbsthilfe usw. Wir führen Buchlesungen durch und sind thematisch breit aufgestellt.

Übernachtungsmöglichkeiten stehen zur Verfügung und bieten einem Zugang zur Natur für die Stärkung des Umwelt- und Gesund-heitsbewusstseins, zur Persönlichkeitsentwicklung sowie zu Möglichkeiten der Freizeitgestaltung durch Sport, Spiel, Gespräche und gemeinsame Aktivitäten zur Verfügung.

Der Verein fördert die Aus- und Weiterbildung seiner Mitglieder und von Coaches für ein glückliches und zufriedenes Leben durch außerschulische und außerberufliche Bildung. Die Mitglieder können eigene Angebote für Vorträge, Lehrgänge und Seminare in den Vereinseinrichtungen anbieten.

Tobias Wolf

Hallo liebe Leser!

Als Kind habe ich gelernt, meiner Intuition zu vertrauen und war öfters der Einzige, der einen bestimmten Standpunkt zu einer Situation vertrat. Nicht weil gegen alle war, sondern ich nur meiner Intuition folgte. Während meines Mechatronik-Studiums (ohne Abschluss) habe ich weitere wichtige Erkenntnisse gewonnen, die mich die Welt neu sehen ließen. Auch die anschließende Selbstausbildung im Trading spielte eine entscheidende Rolle auf meinem Weg der Selbstfindung. Als tragende Säule zum Erfolg sehe ich heute eine umfassende Persönlichkeitsentwicklung.

2017 erkrankte ich an einer schweren Bronchitis mit hohem Fieber, die mich für vier Wochen komplett außer Gefecht setzte, gefolgt von massivem Haarausfall etwa acht Wochen später. Diese Lebensprüfungen und Herausforderungen haben mich dazu gebracht, mein Leben und meine Ziele neu zu denken. Aus Interesse an alternativer Medizin, Meditationen, Kabbala, Präastronautik, der persönlichen Weiterentwicklung und des tiefen Verständnisses für spirituelle Zusammenhänge ziehe ich Erfahrungen, die mir einen umfassenderen Blick auf das Leben und die menschliche Existenz zu gewinnen. Seitdem war ich nicht mehr krank.

Seit einem Jahr bin ich auch als Ausbilder für die Matrix of Fate-Methode tätig. Diese Methode zielt darauf ab, verborgene Muster und Zusammenhänge in der persönlichen Rolle des Menschen zu enthüllen, die das Verständnis für ihr Potenzial grundlegend erweitern können.

Beste Grüße

Tobias Wolf

Tatjana van Eeden

Liebe Seelenreisende!

Mein irdischer Name ist Tatjana van Eeden, und ich freue mich sehr, Dir dieses Buch vorstellen zu dürfen. Seit vielen Jahren beschäftige ich mich leidenschaftlich mit Themen der Persönlichkeitsentwicklung, Spiritualität, Alchemie und ganzheitlichen Heilmethoden. Als erfahrener Facilitator und Autorin möchte ich mein Wissen und meine Erfahrungen mit dir teilen.

Mein persönlicher Weg begann vor fast 40 Jahren Jahren, als ich mich intensiv mit den Geheimnissen des Universums in allen Facetten und Realität auseinandersetzte. In meiner Praxis begleite ich Menschen auf ihrem individuellen Weg der Selbsterkenntnis und unterstütze sie dabei, ihre eigenen Potenziale zu entfalten.

In diesem Buch möchte ich dir nicht nur theoretisches Wissen vermitteln, sondern auch praktische Werkzeuge an die Hand geben, die es dir ermöglichen, dein volles Potenzial zu entfalten und dein Leben bewusst zu gestalten. Meine Methoden basieren auf einer ganzheitlichen Betrachtungsweise, die Körper, Geist und Seele miteinbezieht.

Ich hoffe, dass dieses Buch dir Inspiration, Klarheit und neue Erkenntnisse bringt. Möge es dich auf deinem persönlichen Weg zu mehr Erfüllung und innerem Wachstum dienen.

Herzlichst,

Tatjana van Eeden

Kontaktinformationen:

Für weitere Informationen und Kontaktmöglichkeiten:
E-Mail: changeyourmatrix@habmalnefrage.de
Telefon: 0152-08937129

Für Fragen und Anfragen stehen wir Dir gerne zur Verfügung.

Scanne den QR-Code, um unseren Matrix-Kanal zu besuchen oder kontaktiere uns direkt über die angegebenen Kontaktdaten:

Scannen Sie den QR-Code, um direkt auf unseren Support auf Telegram zuzugreifen:

Scannen Sie den QR-Code, um direkt auf unsere Website zuzugreifen:

Kontaktinformationen und Meisterausbildung:

Für weitere Informationen über unsere nächste Ausbildung, die am 26. August 2024 beginnt, kontaktiere uns gerne:

Wir freuen uns auf deine Kontaktaufnahme und Teilnahme an unserer bevorstehenden Meisterausbildung!

Vielen herzlichen Dank,

dass du dieses Buch bis zur letzten Seite verfolgt hast! Mögen die wertvollen Erkenntnisse und Weisheiten, die darin enthalten sind, dir auf deinem persönlichen Weg zu Gute kommen. Freue dich schon jetzt auf ein weiteres Buch, das mit faszinierenden Themen und neuen Einsichten aufwarten wird. Sei gespannt auf weitere inspirierende Inhalte!